Invenzioni

Un'enciclopedia per bambini curiosi

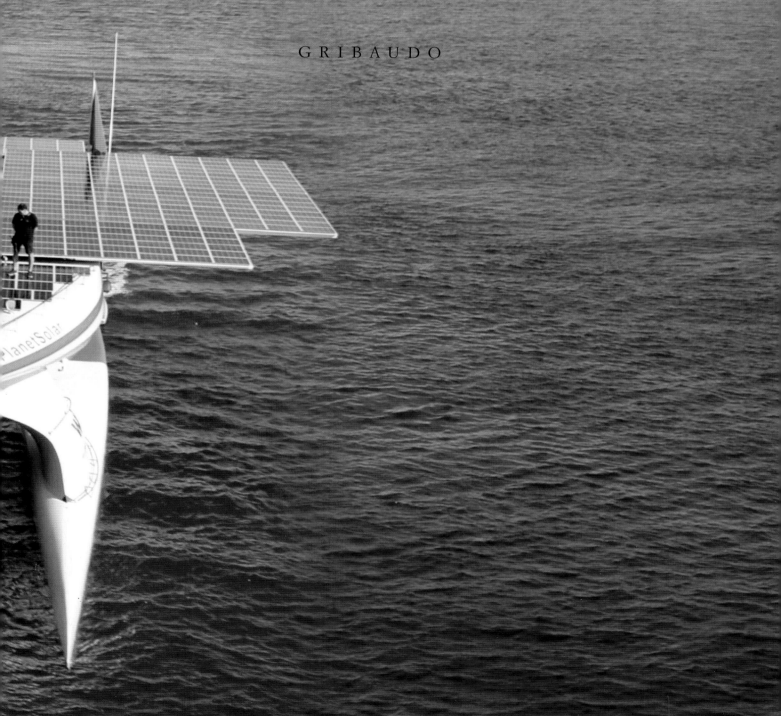

Invenzioni

Un'enciclopedia per bambini curiosi

GRIBAUDO

DK London
Senior Editor Carron Brown
Senior Art Editor Rachael Grady
Editorial team Ann Baggaley, Ashwin Khurana, Camilla Hallinan,
Jessica Cawthra, Sarah Edwards
Art Editors Chrissy Barnard, Louise Dick
Jacket Designer Surabhi Wadhwa-Gandhi
Producer, Pre-production Gillian Reid
Managing Editor Francesca Baines
Managing Art Editor Philip Letsu
Publisher Andrew Macintyre
Art Director Karen Self
Design Director Phil Ormerod
Publishing Director Jonathan Metcalf

DK Delhi
Senior Editor Sreshtha Bhattacharya
Senior Art Editor Ira Sharma
Project Editor Priyanka Kharbanda
Editorial team Ankona Das, Neha Ruth Samuel,
Rupa Rao, Vatsal Verma
Jacket Designer Juhi Sheth
Senior DTP Designer Harish Aggarwal
Picture Researchers Nishwan Rasool, Deepak Negi
Production Manager Pankaj Sharma
Managing Editor Kingshuk Ghoshal
Managing Art Editor Govind Mittal

Testi: John Farndon, Jacob Field, Joe Fullman, Giles Sparrow,
Andrew Humphreys • Consulente: Roger Bridgman

Prima pubblicazione in Gran Bretagna
2018 by Dorling Kindersley Limited
80 Strand, London, WC2R 0RL

Invenzioni
Un'enciclopedia per bambini curiosi

Titolo originale
Inventions - a children's encyclopedia
Traduzione: Anna Fontebuoni

PER L'EDIZIONE ITALIANA
© 2019 Dorling Kindersley Limited

in collaborazione con

Gribaudo - IF - Idee editoriali Feltrinelli Srl
Socio Unico Giangiacomo Feltrinelli Editore Srl
via Andegari, 6 - 20121 Milano
www.gribaudo.it / info@gribaudo.it

Prima edizione 2019
[9(E)] 978-88-580-2439-3

Stampato in Cina

UN MONDO DI IDEE
www.dk.com

Sommario

PRIME CONQUISTE

Le prime cose inventate
dai nostri antenati furono
probabilmente semplici
strumenti di pietra.
Altre grandi idee, come
la ruota, cambiarono
per sempre le nostre vite.

Primi utensili

I nostri lontani antenati comparvero in Africa oltre due milioni di anni fa. Gli scienziati li hanno chiamati con il nome latino di *Homo habilis*, perché ritengono che siano stati capaci di costruire e usare la primissima invenzione: gli attrezzi di pietra. Con l'evoluzione umana, divennero sempre più complessi e adatti a numerose esigenze.

Punta di freccia di selce, ca. 4000 a.C.

ATTREZZI DI PIETRA

I primi popoli costruirono attrezzi modellando dei pezzi di pietra, come selci o quarzo, con un'altra pietra dura. In tal modo, diventavano oggetti afferrabili con una mano, da utilizzare per tagliare, raschiare, incidere e così via. Il primo utensile conosciuto è un'ascia manuale, che si poteva usare per scavare, uccidere prede, affettare la carne e tagliare il legno.

L'ascia era sagomata tagliando a schegge una pietra.

Ascia manuale di 1,5 milioni di anni fa circa

CACCIA A DISTANZA

Per cacciare, gli uomini avevano bisogno di armi. Fra le prime inventate, oltre 400.000 anni fa, vi furono lance di legno con pietre taglienti in cima. Permettevano ai cacciatori di attaccare la preda da lontano, al sicuro da animali grossi e pericolosi. Circa 60.000-70.000 anni fa, furono inventati i primi archi e frecce, che avevano una portata maggiore.

Arpione fatto con un corno di cervo, ca. 6500-4000 a.C.

FARE IL FUOCO

Il fuoco fu fondamentale per cucinare e fornire calore e luce. Oltre 6.000 anni fa, forse in Egitto, i popoli preistorici inventarono il trapano ad arco per accendere il fuoco. Era un attrezzo da ruotare in modo da provocare una frizione sufficiente a far bruciare piccole particelle.

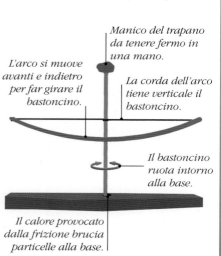

Manico del trapano da tenere fermo in una mano.

L'arco si muove avanti e indietro per far girare il bastoncino.

La corda dell'arco tiene verticale il bastoncino.

Il bastoncino ruota intorno alla base.

Il calore provocato dalla frizione brucia particelle alla base.

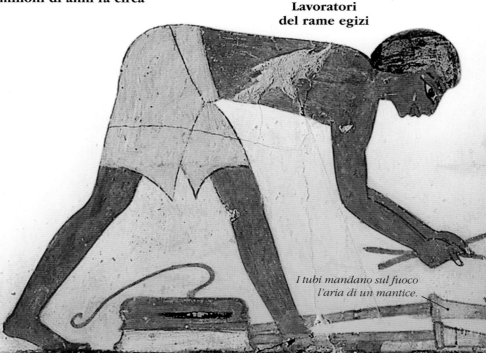

Lavoratori del rame egizi

I tubi mandano sul fuoco l'aria di un mantice.

ATTREZZI IN METALLO

Nel 3500 a.C. ca., gli abitanti di Europa, Asia e Africa iniziarono a usare i metalli. Era un materiale molto migliore della pietra: si plasmava e si lavorava più facilmente e manteneva un margine più affilato. All'inizio si usarono il rame e il bronzo, ma dal 1200 a.C. si cominciò a sfruttare il ferro. I metalli erano utili per fare molte cose: armi, armature, attrezzi agricoli, gioielli, chiodi e pentole.

Lama di rame legata a un'asta di legno con corda di pelle.

Ascia di rame preistorica

Lama tagliente di bronzo

Falce dell'età del bronzo

Falce dell'età del ferro

Questa falce andava probabilmente attaccata a un manico di legno.

▶ **ATTREZZI AGRICOLI**
Mentre le falci erano usate comunemente per raccogliere cereali coltivati, le asce servivano a disboscare foreste per l'agricoltura. Questi tre esempi mostrano strumenti in rame, bronzo e ferro.

WOW!

I primi strumenti di pietra, detti "olduvaiani", risalgono a 2,6 milioni di anni fa. Furono trovati nella gola di Olduvai, in Africa.

FONDERE E MESCOLARE

Prima di lavorarli, i metalli andavano "fusi". Il procedimento consisteva nello scaldare a fuoco molto alto i minerali del metallo (le rocce che lo contenevano) per eliminare sostanze indesiderate. Dopo aver imparato a estrarre i metalli, gli uomini scoprirono che, unendoli, si otteneva un materiale più forte, detto lega. La prima lega inventata fu il bronzo, composto da stagno e rame.

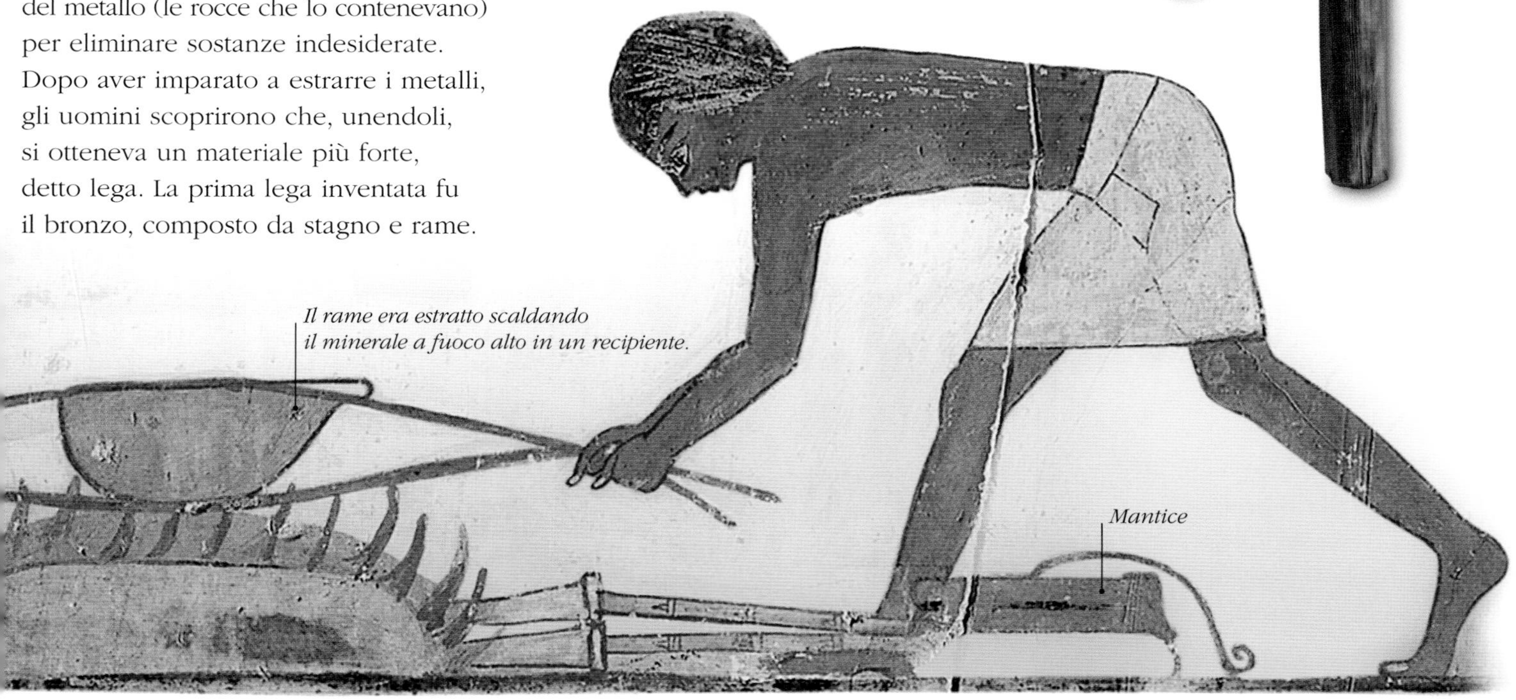

Il rame era estratto scaldando il minerale a fuoco alto in un recipiente.

Mantice

Agricoltura

Per migliaia di anni, i nostri antenati furono cacciatori-raccoglitori, continuamente in movimento per cacciare animali e raccogliere piante selvatiche di cui cibarsi. Circa 12.000 anni fa, le popolazioni del Medio Oriente iniziarono a vivere in comunità agricole stabili. Il processo di insediamento, detto "rivoluzione agricola", permise di avere riserve più sicure di cibo. Nel 500 a.C. l'agricoltura era diffusa in tutto il mondo.

MIGLIORI COLTIVAZIONI

Gli antichi agricoltori scoprirono che, piantando solo le specie selvatiche più grandi e robuste, le coltivazioni ne traevano vantaggio. Questo sistema si chiama domesticazione. In Medio Oriente si coltivarono il grano o l'orzo, derivati da graminacee selvatiche. La coltivazione più importante delle Americhe fu il mais (granoturco), domesticato nel 7000 a.C.

◄ DAL PRIMITIVO AL MODERNO
Con la domesticazione, la specie di mais primitivo (sinistra) divenne quel molto più grande moderno (destra).

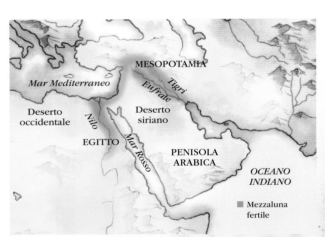

LA MEZZALUNA FERTILE

I primi agricoltori vissero nella regione della Mesopotamia, attuale Iraq meridionale. Fra due fiumi, il Tigri e l'Eufrate, le coltivazioni crescevano in un suolo ricco, e gli animali addomesticati prosperavano. Nel 9000 a.C. l'agricoltura si diffuse in tutto il Medio Oriente, in una zona a forma di mezzaluna che arrivava in Egitto.

ERPICE

Una delle prime importanti invenzioni in agricoltura fu l'erpice. Questo strumento, simile a un rastrello, era usato dopo l'aratura per spezzare le zolle e levigare la superficie, in modo da facilitare la semina. I primi erpici erano di legno, ma poi fu usato il ferro.

L'aratro, tirato da animali, spesso in coppia, tagliava rapidamente il suolo duro.

Modello di aratro sumero

ARATRO

L'aratro fu fabbricato in Asia orientale attorno al 5000 a.C. Costituito da una lama collegata a una cornice di legno, serviva a preparare il terreno tagliandone lo strato superiore per portare in superficie i nutrienti. L'aratura formava trincee, dette solchi, in cui venivano gettati i semi.

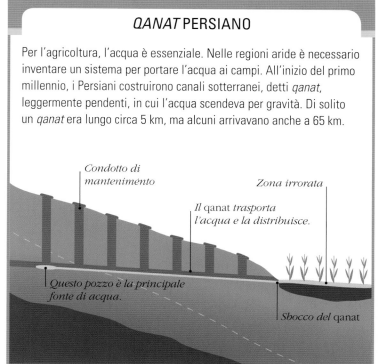

QANAT PERSIANO

Per l'agricoltura, l'acqua è essenziale. Nelle regioni aride è necessario inventare un sistema per portare l'acqua ai campi. All'inizio del primo millennio, i Persiani costruirono canali sotterranei, detti *qanat*, leggermente pendenti, in cui l'acqua scendeva per gravità. Di solito un *qanat* era lungo circa 5 km, ma alcuni arrivavano anche a 65 km.

Condotto di mantenimento

Zona irrorata

Il qanat *trasporta l'acqua e la distribuisce.*

Questo pozzo è la principale fonte di acqua.

Sbocco del qanat

▼ **PREPARAZIONE DEL TERRENO**
Gli attrezzi agricoli, fra cui l'erpice, venivano trainati da buoi, come qui, o da cavalli. Gli animali erano addomesticati per aiutare nei lavori di campagna e come cibo.

Modello di argilla di un granaio, Cina, ca. 150 a.C.

Per mantenere asciutto e alla giusta temperatura il grano, lo si conserva a un livello rialzato.

Il secondo livello si raggiunge con una scala.

GRANAIO

Attorno al 9000 a.C. furono costruiti i primi depositi di grano, o granai, in quella che ora è la Giordania. Gli edifici erano progettati per conservare all'asciutto il grano o altri cereali come il riso. Era necessario avere luoghi in cui tenere il raccolto che non si consumava o vendeva immediatamente.

Invenzione della ruota

La ruota è una delle cose più importanti mai inventate, anche se non si sa chi sia stato il primo a concepirla. Le ruote erano utili prima di tutto ai vasai, per fare recipienti perfettamente rotondi; poi, attorno al 3500 a.C., qualcuno ebbe l'idea di usarle per spostare uomini e materiali. La ruota cambiò completamente la vita quotidiana, rendendo più facili i viaggi, i commerci e il lavoro.

I pioli di legno tengono fermo l'asse.

Il pezzo a croce tiene insieme le tavole.

SLITTE E RULLI

Prima della ruota, a volte gli oggetti pesanti erano trasportati con il metodo a "slitte e rulli". La slitta era una piattaforma collocata sopra numerosi tronchi rotondi. Mentre alcune persone trascinavano la slitta, altre spostavano continuamente l'ultimo rullo e lo mettevano davanti. Era un lavoro duro, ma il carico si muoveva.

Il rotolamento creava meno frizione (forza fra due superfici che si toccano) dello scivolamento.

Operai dell'antico Egitto che spostano un carico per costruire le piramidi

RUOTA DEL TORNIO

Si ritiene che siano stati i Mesopotamici, che vivevano nell'attuale Iraq, i primi a costruire ruote, forse già nel 5000 a.C. Si trattava di dischi di pietra o di argilla usati per fare vasi. L'argilla umida era messa sulla ruota, che veniva poi girata a mano mentre il vasaio la plasmava.

Ruota

Antico modellino egizio di un vasaio

12

RUOTA A DISCO

Le prime ruote usate per il trasporto erano dischi massicci fatti con tavole di legno. Venivano attaccate a semplici carri, carretti e cocchi, tirati da cavalli o da buoi. Viaggiare su questi veicoli era molto scomodo.

Manico usato per tirare o spingere la carriola.

Carriola cinese

CARRIOLA

La carriola fu inventata nell'antica Grecia fra il VI e il IV secolo a.C. o in Cina nel II secolo d.C. Mentre quella greca aveva una ruota davanti come quelle attuali, in quella cinese la ruota stava nel mezzo.

RUOTE DELLA PREGHIERA

Le ruote della preghiera sono tipiche del buddismo, una delle religioni più diffuse al mondo. Sono cilindri di metallo cavo contenenti un rotolo di carta in cui è stampato un mantra (verso o frase sacra). I buddisti credono che facendo girare la ruota, o lasciandola ruotare nel vento, sia come recitare una preghiera a voce alta.

RUOTA E ASSE

In gran parte dei veicoli moderni, le ruote, mosse da un motore, sono collegate ad assi cilindrici. Quando il veicolo si muove, gli assi e le ruote girano insieme. Gli assi delle altre ruote sono fissati al veicolo, e si muovono con esso. Nei primi veicoli, tutti gli assi erano fissati alle ruote.

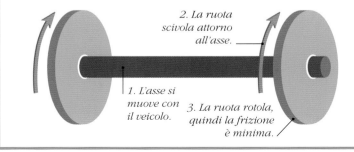

2. La ruota scivola attorno all'asse.

1. L'asse si muove con il veicolo.

3. La ruota rotola, quindi la frizione è minima.

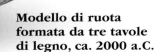

Modello di ruota formata da tre tavole di legno, ca. 2000 a.C.

Viaggiare su strada

L'uso di veicoli su ruote per spostarsi sulla terraferma risale a oltre 5000 anni fa. Di solito erano tirati da animali (e a volte anche da esseri umani). Esistevano vari generi di carri e carretti primitivi: alcuni erano destinati al trasporto di passeggeri e materiali, altri erano usati in guerra.

Carro da guerra

- **Cos'è?** Carro da battaglia sumero
- **Chi?** Non si sa
- **Dove e quando?** Mesopotamia, ca. 2500 a.C.

I Sumeri, che abitavano nell'attuale Iraq, inventarono un carro da guerra con quattro solide ruote a disco. Era tirato da onagri (asini asiatici) e usato per portare sul luogo di battaglia importanti condottieri. Costituiva anche una piattaforma, da cui i soldati potevano lanciare i giavellotti.

Primo carro su ruote

- **Cos'è?** Veicolo a due ruote
- **Chi?** Non si sa
- **Dove e quando?** Mesopotamia, ca. 3000 a.C.

Uno dei primi veicoli terrestri fu il semplice carro a due ruote tirato da uno o due grandi animali domestici, come buoi o cavalli. Fu ideato circa nello stesso periodo in luoghi diversi: Mesopotamia (ora Iraq), Caucaso (regione fra l'Europa e l'Asia) ed Europa orientale. In seguito, l'uso di carri su ruote si diffuse anche in Africa e in Asia.

Carro tirato da buoi

Figurina di terracotta rinvenuta in un antico sito della valle dell'Indo (Pakistan), ca. 2400 a.C.

Carro da guerra raffigurato su una scatola decorata dell'antica città mesopotamica di Ur, ca. 2500 a.C.

Carretto commerciale

- **Cos'è?** Carro coperto
- **Chi?** Non si sa
- **Dove e quando?** Eurasia, ca. 2500 a.C.

Nel 2500 a.C., i carretti a quattro ruote erano comuni in tutta Europa e in Asia. Erano tirati da animali robusti e potevano trasportare carichi molto pesanti. Avevano una copertura di protezione ed erano ideali per trasportare beni di scambio e passeggeri.

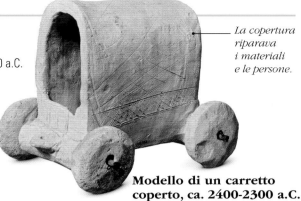

La copertura riparava i materiali e le persone.

Modello di un carretto coperto, ca. 2400-2300 a.C.

Cocchio egizio

- **Cos'è?** Cocchio a due ruote
- **Chi?** Non si sa
- **Dove e quando?** Egitto, ca. 1600 a.C.

I cocchi erano le macchine da corsa dell'antichità. Questi piccoli veicoli a due ruote, tirati da cavalli, trasportavano solo due persone. I Mesopotamici li idearono, ma gli Egizi li migliorarono, usando ruote a raggi invece di quelle massicce di legno. Si ridusse così il peso del veicolo, rendendolo più veloce e facile da guidare.

Giogo tirato da due cavalli

▲ COCCHIO DA BATTAGLIA LEGGERO
I cocchi da battaglia, costruiti per essere veloci e ben manovrabili, costituivano una piattaforma mobile per gli arcieri per arrivare rapidamente in tutto il campo di battaglia.

Piattaforma per il conducente e l'arciere

Le leggere ruote a raggi permettevano maggiore velocità.

Diligenza

- **Cos'è?** Carrozza
- **Chi?** Non si sa
- **Dove e quando?** Europa, XVII secolo

La diligenza, che comparve per la prima volta in Gran Bretagna, forniva un regolare servizio su strada, con fermate come quelle degli autobus moderni. Era dotata di ammortizzatori delle ruote, offrendo così un viaggio più comodo dei veicoli precedenti. Le diligenze rimasero un'importante mezzo di trasporto fino a metà del XIX secolo, quando furono sostituite dalla ferrovia.

Carrozza

- **Cos'è?** *Raeda*
- **Chi?** Non si sa
- **Dove e quando?** Roma, II secolo a.C.

I Romani costruirono una rete stradale in tutto l'impero. Per viaggiare usavano la *raeda*, veicolo a quattro ruote tirato da un massimo di 10 cavalli o muli. Vi potevano salire molti passeggeri con i loro bagagli, fino a un peso di circa 350 kg. Riusciva a percorrere fino a 25 km al giorno.

Una carrozza chiusa trasporta passeggeri e beni.

Tiro di 4 cavalli

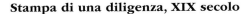

Stampa di una diligenza, XIX secolo

Navigare

Gli uomini cominciarono a viaggiare per mare oltre 10.000 anni fa. All'inizio, le barche erano semplici canoe e zattere spinte da remi o da pali, poi si fecero più grandi e complesse, dotate di vele di tela o di pelle animale per catturare l'energia del vento. Ciò permise di fare viaggi più lunghi, e gli uomini dovettero inventare strumenti che stabilissero dove si trovavano e in quale direzione stavano andando.

I tre ranghi di remi erano collocati in modo che i remi non si toccassero.

LA TRIREME

La trireme era una nave mossa da tre ranghi di remi, ma aveva anche una o due vele. La inventarono i Greci o i Fenici attorno al 700 a.C. per navigare e commerciare in tutto il Mediterraneo.

Di giorno, in cima c'era uno specchio che rifletteva la luce e di notte un fuoco acceso.

IL FARO

I fari avvertono le navi del pericolo e le guidano verso un porto sicuro. Il primo che si conosca fu costruito nel 280 a.C. a Pharos, una piccola isola vicino alla città egizia di Alessandria. Era detto "il faro di Alessandria", ed era alto 110 m; fu una delle sette meraviglie del mondo antico.

Modello del faro di Alessandria

ANTICA CARTA NAUTICA POLINESIANA

La popolazione della Polinesia ha sempre navigato nella vasta distesa del Pacifico meridionale, fra isole distanti chilometri una dall'altra. La posizione di isole, atolli (anelli di corallo) e correnti oceaniche era trascritta su carte nautiche, fatte con strisce di foglie di cocco essiccate, legno e conchiglie.

NELLA GIUSTA DIREZIONE

La bussola fu inventata in Cina nel III secolo a.C. Gli strumenti moderni hanno al centro un ago magnetizzato, collegato al campo magnetico terrestre, che segna sempre il nord. Le prime bussole segnavano il sud. I naviganti iniziarono a usarle dall'XI secolo d.C.

L'ago della bussola funziona solo se può girare liberamente.

Bussola cinese, metà XIX secolo

Lo strumento si tiene da questo anello.

PERCORRERE I MARI

I primi marinai calcolavano la propria posizione in mare con uno strumento chiamato astrolabio, che misurava l'angolo fra oggetti nel cielo, come la Luna, e l'orizzonte. Fu probabilmente progettato dagli antichi Greci attorno al 200 a.C. ed entrò in uso nel VII secolo d.C. Fu poi perfezionato dagli astronomi musulmani, che lo usarono per trovare la direzione della città sacra, La Mecca.

Scala per misurare l'altezza di stelle e pianeti sull'orizzonte.

▼ **ASTROLABIO NAUTICO**
Questo strumento, inventato nel XVI secolo, forniva letture precise alle navi che attraversavano i mari.

Puntatore fissato al centro che ruota.

Mirino attraverso cui osservare le stelle.

Base pesante per mantenere stabile lo strumento.

Giunca cinese

- **Cos'è?** Barca a vela cinese
- **Chi?** Non si sa
- **Dove e quando?** Cina, ca. II secolo d.C.

Le prime barche a vela, fra cui le giunche, furono progettate in Cina e sono usate ancora oggi in tutta l'Asia. Avevano vele quadre, tenute insieme da pezzi di legno detti "stecche", che permettevano di aprirle e di chiuderle facilmente e rapidamente.

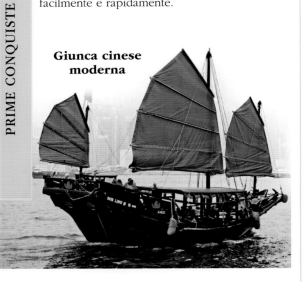

Giunca cinese moderna

Nave lunga

- **Cos'è?** Nave vichinga
- **Chi?** Non si sa
- **Dove e quando?** Norvegia, ca. IX secolo d.C.

I popoli nordici, detti anche Vichinghi, idearono la nave lunga. Si trattava di vascelli stretti e leggeri adatti a navigare in fiumi e in acque poco profonde, ma abbastanza robusti da sfidare il mare aperto. La nave lunga aveva un'unica grande vela centrale e remi di legno, che si usavano quando c'era poco vento.

L'albero sostiene una grande vela quadra, di lana o di lino.

Modello di nave lunga vichinga

Navi a vela

Le prime imbarcazioni a vela, in legno, furono costruite in Egitto circa 5000 anni fa, ma civiltà di tutto il mondo ne produssero di simili. Fino al XIX secolo, le navi che percorrevano i mari sfruttavano l'energia del vento, che catturavano con vele di tela. Erano usate per commercio, esplorazione e guerra.

Le vele erano di solito di tela.

Nave tonda

- **Cos'è?** Cocca
- **Chi?** Non si sa
- **Dove e quando?** Nord Europa, ca. X secolo d.C.

Nell'Europa medievale, una delle navi più comuni fu la "nave tonda", o cocca. Era progettata secondo lo schema "a fasciame sovrapposto", cioè con le tavole che formavano lo scafo disposte una sull'altra. Le cocche erano usate soprattutto per il commercio, poiché erano robuste, facili da costruire e avevano moltissimo spazio per il carico.

Modello di una cocca

Alcune cocche furono trasformate in navi da guerra, inserendo a prua piattaforme da cui i marinai lanciavano frecce e palle di cannone sui nemici.

Nave del tesoro

Le vele erano fatte con strisce di bambù.

- **Cos'è?** Nave del tesoro cinese
- **Chi?** Non si sa
- **Dove e quando?** Cina, ca. XV secolo d.C.

Dal 1405 al 1433, l'ammiraglio cinese Zheng He compì sette "viaggi del tesoro" fra l'Asia e l'Africa orientale. La flotta era composta da decine di "navi del tesoro". Erano molto invelate e grandi circa il doppio di quelle europee del tempo. Gli enormi vascelli trasportavano tesori che rivelavano la ricchezza e la tecnologia avanzata della Cina.

Modello di nave del tesoro dell'esploratore cinese Zheng He

Kobukson

- **Cos'è?** Nave testuggine coreana
- **Chi?** Non si sa
- **Dove e quando?** Corea, XV secolo d.C.

I Coreani furono i primi a coprire il ponte delle navi con piastre corazzate per proteggerle dai proiettili nemici. Le cosiddette navi testuggine erano dotate di molti cannoni. Alcune a prua avevano una testa di drago che eruttava un gas simile a nebbia per nascondere i movimenti della nave.

Ponte superiore coperto di piastre di ferro appuntite.

A volte la testa di drago nascondeva un cannone.

Modello di kobukson coreano

Nave europea a lungo raggio

- **Cos'è?** Caracca
- **Chi?** Non si sa
- **Dove e quando?** Europa, XV secolo d.C.

Nell'Europa del XV secolo, il tipo di nave più comune fu la caracca. Era un grande veliero in grado di attraversare mari difficili e trasportare sufficienti provviste per un lungo viaggio. Nel 1492, l'esploratore Cristoforo Colombo usò una caracca per il suo viaggio in America.

Riproduzione di una caracca

Archimede

Archimede fu uno dei maggiori inventori dell'antichità, oltre che un brillante matematico e fisico. Nacque nella città greca di Siracusa, in Sicilia, nel 287 a.C. e si pensa che abbia studiato in Egitto. Inventò molti importanti strumenti meccanici, fra cui un sistema di pulegge che riusciva a sollevare pesi enormi. I suoi scritti scientifici sono utili ancora oggi.

IN LOTTA CONTRO I ROMANI

Si ritiene che, quando Roma attaccò Siracusa nel 214 a.C., per difendere la città furono usate due invenzioni di Archimede. La prima furono degli specchi che concentravano la luce del sole sulle navi romane, incendiandole. La seconda, detta "mano di ferro" (sotto), era una gru con un uncino gigante che afferrava le navi e le capovolgeva.

Dipinto italiano che mostra l'uncino a forma di un'enorme mano, 1600

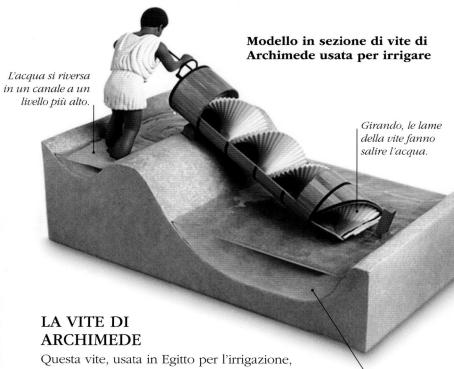

Modello in sezione di vite di Archimede usata per irrigare

L'acqua si riversa in un canale a un livello più alto.

Girando, le lame della vite fanno salire l'acqua.

Acqua a un livello più basso

LA VITE DI ARCHIMEDE

Questa vite, usata in Egitto per l'irrigazione, faceva salire l'acqua da un livello basso a uno più alto. Forse l'inventore non fu Archimede, ma a lui si attribuisce l'uso ben noto della vite per pompare fuori l'acqua dalle navi. Era come un cavatappi dentro un cilindro cavo: girandola, l'acqua saliva.

BIOGRAFIA

287 a.C.	ca. 250 a.C.	ca. 225 a.C.	218 a.C.
Archimede nasce a Siracusa, in Sicilia, al tempo città-stato greca. Suo padre era astronomo e matematico.	Si pensa che sia andato in Egitto a studiare. Scrive un trattato di geometria intitolato *La misura del cerchio* e un altro sui fluidi intitolato *Sui corpi galleggianti*.	Scrive altre due importanti opere: *Sulle spirali* e *Della sfera e del cilindro*.	Inizia la seconda guerra punica fra Cartagine e Roma. Siracusa, città natale di Archimede, si allea con Cartagine.

LA CORONA D'ORO DI GERONE

Il re di Siracusa sospettava che la sua nuova corona non fosse di oro puro e desiderava analizzarla. Archimede la mise in una vasca piena d'acqua e notò che ne spostava un volume maggiore di un pezzo d'oro dello stesso peso. Dimostrò così che la corona conteneva altri metalli, meno densi.

▲ EUREKA - HO TROVATO!

Archimede fu il primo a scoprire che, quando un oggetto è immerso in un liquido, muove un volume d'acqua pari a quello del corpo immerso. Si dice che abbia avuto questa intuizione nella vasca da bagno.

214 a.C.	ca. 212 a.C.	75 a.C.
Le forze romane assediano Siracusa.	I Romani conquistano e distruggono Siracusa. Uccidono Archimede, anche se era stato ordinato loro di non fargli del male.	Il famoso scrittore romano Cicerone, in visita in Sicilia, scopre che la tomba di Archimede è andata in rovina e ne ordina il restauro.

Un Romano colpisce Archimede

Gli esordi dell'industria

L'invenzione di strumenti meccanici che sostituivano gran parte del lavoro di uomini e animali fu un primo passo verso l'industrializzazione. Le prime macchine erano azionate dall'acqua, dal vento o dalla forza di gravità, e non richiedevano molta manodopera. Le industrie più grandi, che impiegavano numerosi operai, si svilupparono solo alla fine del XVIII secolo.

WOW!

I mulini a ruota azionati da uomini o da animali facevano funzionare alcune delle prime macchine. Questo lavoro era spesso usato come punizione per i criminali.

▶ **LA PIÙ GRANDE DEL MONDO**
Le norie più famose si trovavano a Hama, in Siria. Ve ne sono ancora 17, fra cui questa, di 22 m di diametro, la più grande del mondo.

Modello di una pompa idraulica dell'antica Grecia, azionata da animali

Contenitori di bronzo per l'acqua

L'animale faceva girare la ruota.

PRIME MACCHINE

Nel IV secolo a.C., non si sa di preciso dove, forse in India, in Grecia o in Egitto, furono inventate grandi ruote per pompare acqua o per azionare macchinari. A volte il lavoro era eseguito da uomini o da animali. Si scoprì però che era più proficuo far muovere la ruota dall'acqua di un fiume o di un torrente. Le ruote idrauliche furono i primi apparecchi a trasformare una forza naturale in energia meccanica.

MAGLIO A CADUTA LIBERA

Nel I secolo a.C., gli antichi Cinesi usavano un'attrezzatura massiccia, detta maglio a caduta libera, per lavorare il cibo, sminuzzare il bambù per farne carta o plasmare metalli incandescenti. Lo strumento, troppo pesante per essere sollevato da una sola persona, doveva essere spostato con mezzi meccanici; i primi erano azionati da ruote idrauliche.

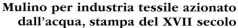

Mulino per industria tessile azionato dall'acqua, stampa del XVII secolo

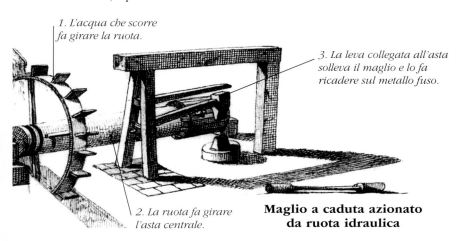

1. L'acqua che scorre fa girare la ruota.

3. La leva collegata all'asta solleva il maglio e lo fa ricadere sul metallo fuso.

2. La ruota fa girare l'asta centrale.

Maglio a caduta azionato da ruota idraulica

NORIA

Nel Medioevo, gli ingegneri arabi inventarono un tipo di ruota idraulica, nota come noria. Sollevava l'acqua da fiumi o laghi e la trasportava nelle case come acqua da bere o per lavare, o nei campi per annaffiare le colture. Quando la ruota girava, l'acqua era raccolta da camere cave disposte lungo il bordo e versata in un serbatoio, per poi essere incanalata altrove.

MULINI MOTORIZZATI

L'industria tessile sfruttò vantaggiosamente le ruote idrauliche. L'energia della ruota che girava azionava un macchinario che filava e tesseva. Prima dell'invenzione delle macchine a carbone, nel XVIII secolo, le industrie tessili erano situate vicino a corsi d'acqua.

COME FUNZIONA UNA RUOTA IDRAULICA

Attorno al bordo della ruota idraulica sono disposti lame e secchi. Quando l'acqua che cade o che scorre li colpisce, fa girare la ruota. La rotazione sposta un asse al centro della ruota, collegato alla macchina.

L'acqua colpisce le lame o le pale e scorre sul bordo, facendo girare la ruota.

Direzione di rotazione della ruota

Direzione della corrente d'acqua

Ruota parzialmente sommersa in acqua corrente

23

Primi congegni meccanici

Le popolazioni che si erano insediate stabilmente in città e villaggi iniziarono a inventare e a costruire strumenti che potessero aiutare nelle faccende quotidiane, come preparare da mangiare. Molti dei primi importanti congegni furono ideati per produrre materiale da trasformare in indumenti, ed erano usati in casa o in piccole botteghe.

Una donna indiana fa girare un filatoio a mano per produrre filo

Primo telaio a mano

- ■ **Cos'è?** Telaio per tessitura
- ■ **Chi?** Antichi Egizi
- ■ **Dove e quando?** Egitto, ca. 500 a.C.

I tessuti si fanno intrecciando fili ad angolo retto. Il telaio a mano fu inventato per rendere il procedimento più semplice e rapido. I primi telai erano semplici cornici che tenevano ben saldi fili verticali (l'ordito), mentre fili orizzontali (la trama) vi passavano attraverso.

Modello di telaio a mano usato dai primi popoli europei, 800-600 a.C.

Macina per cereali

- ■ **Cos'è?** Macina manuale per cereali
- ■ **Chi?** Non si sa
- ■ **Dove e quando?** Sud Europa, ca. 600 a.C.

Le macine di pietra per cereali servono a trasformare il grano in farina. Consistono in due pietre circolari, disposte una sull'altra. Quella inferiore, la "dormiente", non si muove; quella superiore, o "attiva", ha una maniglia per farla ruotare. Quando la macina gira, schiaccia il cereale che vi è stato versato da un foro al centro.

Primo telaio a tiro

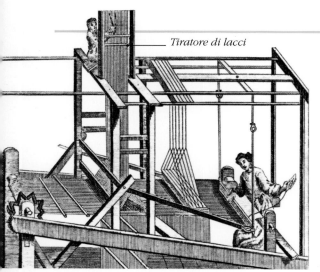

Tiratore di lacci

- ■ **Cos'è?** Telaio per tessuti operati
- ■ **Chi?** Antichi Cinesi
- ■ **Dove e quando?** Cina, ca. 400 a.C.

Il telaio a tiro, che permetteva un maggiore controllo sui fili di quello a mano, fu inventato per produrre tessuti operati, soprattutto di seta. La parte fondamentale era il "tiratore di lacci", che sollevava i singoli fili di ordito. Erano macchinari grossi, spesso lunghi 4 m, e richiedevano l'impiego di due persone.

Le macine per cereali sono ancora in uso in alcune parti del mondo

Impugnatur[a] di legno per girare la pietra attiva

Foro per il cereale

Filatoio a pedale

- **Cos'è?** Filatoio azionato a pedale
- **Chi?** Non si sa
- **Dove e quando?** Germania, 1533 ca.

Quando nacque la ruota per filare, vi fu aggiunta una tavoletta azionata dal piede, detta "pedale". Il movimento su e giù del piede dell'operatore faceva girare la ruota. Le fibre grezze erano tenute su un'asta collegata al filatoio, e l'operatore aveva le mani libere per guidare il filo.

Lunghe fibre di lana o lino

Ruota di legno

Pedale

Ruota per filare del XVIII secolo, detta "sassone"

Prima ruota per filare

- **Cos'è?** Ruota per filare manuale
- **Chi?** Non si sa
- **Dove e quando?** Probabilmente India, ca. 600 d.C.

I materiali come il cotone o la lana, prima di essere tessuti devono essere filati. I popoli primitivi lo facevano tirando fuori le fibre dal materiale grezzo e torcendole con le dita. Questo lungo lavoro fu reso molto più rapido dall'invenzione della ruota per filare. La ruota girata a mano torce le fibre fino a farle diventare filo, che viene avvolto intorno a un bastone detto "fuso".

Mulino ad asse verticale

- **Cos'è?** Mulino con palo
- **Chi?** Non si sa
- **Dove e quando?** Nord Europa, 1200 ca.

L'uso più comune dei mulini era macinare il grano per farne farina, ma furono usati anche per altri scopi, come pompare acqua. Quando le vele di un mulino girano al vento, gli ingranaggi al suo interno usano la forza di rotazione per muovere le parti meccaniche. Il mulino a palo, o ad asse verticale, aveva un grosso perno centrale che permetteva alle vele di spostarsi per catturare il vento.

▼ AZIONE DEL VENTO
Questo tipo di mulini a vento non poteva essere usato dall'industria perché non produceva altrettanta energia dei motori a carbone.

Vela

Il corpo del mulino è girevole per disporre le vele al vento.

L'asse centrale è collegato a un sistema di ingranaggi.

PROGETTARE IL FUTURO

L'artista italiano Leonardo da Vinci (1452-1519) è famoso
non solo per i dipinti, ma anche per le numerose
invenzioni. Fra i suoi tanti progetti vi sono un elicottero,
un paracadute e un carro armato. Qui sono raffigurati
i suoi schizzi e note su pompe, ruote idrauliche e
ingranaggi.

Potenza della polvere da sparo

Nel IX secolo gli scienziati cinesi crearono il primo materiale esplosivo: la polvere da sparo. Probabilmente l'invenzione fu una sorpresa, perché stavano cercando di fare qualcosa di molto diverso. La potenza della scoperta, però, fu subito messa a frutto in armi esplosive e in bellissimi spettacoli pirotecnici con scoppi e colori.

Moderni mortaretti cinesi

L'INVENZIONE DELLA POLVERE DA SPARO

Gli scienziati cinesi del Medioevo inventarono la polvere da sparo per caso, mescolando sostanze chimiche alla ricerca di un elisir di lunga vita. Gli ingredienti del miscuglio erano salnitro, carbone e zolfo. Pochi decenni dopo la sua scoperta, la polvere da sparo fu usata in armi da guerra.

Dipinto che rappresenta famiglie cinesi che festeggiano con fuochi d'artificio

FUOCHI D'ARTIFICIO
I primi fuochi d'artificio si fabbricarono in Cina. Bastava gettare un po' di polvere da sparo sul fuoco per godersi scintille brillanti e forti scoppiettii. Il passo successivo fu riempire di polvere un tronco cavo di bambù e accendere una miccia collegata. Quando la miccia innescava la polvere, il tubo partiva verso l'alto ed esplodeva in cielo, proprio come i moderni razzi.

LANCE DA FUOCO

Attorno al 950, si iniziò a comprendere il potere distruttivo della polvere da sparo. Una delle prime armi che ne sfruttava la potenza fu la lancia da fuoco. Era una carica esplosiva collegata a un'asta, formata da un cilindro di bambù pieno di polvere da sparo. Il cilindro, acceso con una miccia, esplodeva in direzione del nemico provocando alte fiamme.

A volte al carico esplosivo si aggiungevano pezzetti di metallo o cocci.

Lance da fuoco usate in guerra, Cina, 1000 ca.

WOW!

Se si aggiungono metalli alla polvere da sparo, si ottengono scintille di vari colori: il rame dà il blu, il bario il verde, il calcio l'arancio.

COLUBRINA

La prima versione della colubrina fu inventata in Cina nel XIII secolo. Si caricava versando pallottole di pietra o di ferro nella canna. La polvere da sparo era raccolta in una camera nella parte posteriore, dove c'era un piccolo foro per inserire la miccia. Quando si accendeva, la polvere esplodeva facendo partire le pallottole.

Colubrina cinese di bronzo, 1424

FUOCO GRECO

Nel Medioevo, i Cinesi furono i primi a introdurre armi esplosive, anche se non furono i primi a usarle in guerra. Nel 672 d.C. circa, l'impero bizantino (attuale Turchia e Grecia) inventò una sostanza chiamata fuoco greco. Era un liquido infiammabile denso, che bruciava anche nell'acqua, letale quindi nelle battaglie navali. La ricetta segreta prevedeva probabilmente olio, zolfo e salnitro.

Manoscritto del XII secolo che mostra marinai bizantini che usano il fuoco greco

Armi da fuoco

Nel XIII secolo, la conoscenza della polvere da sparo si diffuse oltre la Cina, nel resto dell'Asia e in Europa. Presto ci si accorse che questa mortale invenzione poteva essere usata come arma. Quando gli eserciti iniziarono a impiegarla in armi da fuoco sempre più potenti e precise, la guerra cambiò.

La prima immagine conosciuta di una bomba a mano è un affresco cinese del X secolo.

Prima bomba a mano

- **Che cosa è?** Granata
- **Chi?** Cinesi medievali
- **Dove e quando?** Cina, XI secolo

Una bomba a mano, o granata, è una piccola bomba che si può lanciare manualmente. Le prime, fabbricate in Cina, erano recipienti cavi di argilla o di metallo pieni di polvere da sparo. Vi era collegata una spoletta di carta, che si accendeva e si lasciava bruciare fino a innescare la polvere, provocando lo scoppio.

Lanciarazzi multiplo

- **Che cosa è?** Lanciarazzi
- **Chi?** Cinesi
- **Dove e quando?** Cina, XIV secolo

I Cinesi inventarono i lanciarazzi semplici, ma i Coreani fecero un'arma molto più potente: il *hwacha*, o lanciarazzi multiplo. Era un carro a due ruote, su cui era montata un'intelaiatura di legno rettangolare carica di *singijeon*, o frecce di fuoco. Ognuna di esse conteneva polvere da sparo, che esplodeva quando la freccia raggiungeva il bersaglio. Il *hwacha* più grande lanciava 200 frecce per volta a una distanza di 100-450 m.

Hwacha

Archibugio

- **Che cosa è?** Fucile a uncino
- **Chi?** Non si sa
- **Dove e quando?** Nord Europa, XV secolo

Qui si collegava il serpentino

Archibugio tedesco, 1500 ca.

L'archibugio fu la prima arma da fuoco con cui si sparava dal petto o dalla spalla. Era un tubo di metallo inserito in un bastone di legno, o manico. Il nome deriva da una parola in francese antico che significa "fucile a uncino", perché i primi modelli avevano un gancio sulla canna per mantenerlo stabile. Era azionato da un grilletto a S, detto "serpentino", che calava una miccia accesa su uno scodellino di polvere, creando un lampo.

Scodellino contenente polvere da sparo

Moschetto a miccia, anni 1750-1760 ca.

Arma da fuoco a miccia

- **Che cosa è?** Archibugio con meccanismo a miccia
- **Chi?** Non si sa
- **Dove e quando?** Nord Europa, 1475 ca.

Le armi da fuoco a miccia furono le prime relativamente rapide. Un grilletto controllato da una molla spostava la miccia accesa verso la polvere, posta dietro l'arma. La piccola esplosione produceva gas ad alta pressione, che spingeva la pallottola fuori dalla canna.

WOW!

Per ricaricare le prime armi da fuoco ci voleva molto tempo: anche i soldati più esperti non riuscivano a sparare più di 5 volte al minuto.

Un pezzo di minerale di pirite creava le scintille che provocavano lo sparo.

Pistola

- **Che cosa è?** Arma corta
- **Chi?** Non si sa
- **Dove e quando?** Europa, XVI secolo

All'inizio del XVI secolo comparvero armi da fuoco più piccole. Benché non così accurate o potenti come le armi a canna lunga, erano più facili da impugnare. Le pistole, dopo essere state caricate, si potevano usare con una mano sola, anche mentre si cavalcava. I primi modelli, tuttavia, avevano un unico colpo e andavano ricaricate.

▼ **COME FUNZIONA**
La pistola a ruota funziona facendo girare una ruota d'acciaio contro un materiale che genera frizione e scintille, che accendono la polvere da sparo.

Pistola a ruota tedesca, 1590

Canna lunga

Arma da fuoco a pietra focaia

- **Che cosa è?** Moschetto con meccanismo a pietra focaia
- **Chi?** Non si sa
- **Dove e quando?** Nord Europa, 1550 ca.

Il meccanismo a pietra focaia fu usato in un tipo di arma chiamata moschetto. Il grilletto faceva urtare una pietra focaia contro un pezzo di acciaio, creando una scintilla che accendeva la polvere da sparo. Alcuni moschetti erano "rigati", cioè l'interno della canna era segnato da solchi che imprimevano una rotazione alla pallottola, indirizzandola sul bersaglio.

Pietra focaia

Cinghia, che si poteva usare per rendere stabile la mira.

Fucile Baker a pietra focaia, 1802-1837

Capsula a percussione

- **Che cosa è?** Arma da fuoco con capsula a percussione
- **Chi?** Non si sa
- **Dove e quando?** USA/Nord Europa, 1820 ca.

La capsula a percussione era una piccola capsula piena di miscela esplosiva, detta "fulminato", sigillata con una lamina metallica. Tirando il grilletto, si spostava una parte, detta "martello", che colpiva la capsula di percussione, dando fuoco alla carica di polvere e sparando la pallottola.

▼ **ALL'ATTACCO!**
Questi tiratori, vestiti da soldati della guerra civile americana degli anni '60 del 1800, sparano con fucili con capsula a percussione.

Meccanismo di capsula a percussione

La rivoluzione della stampa

L'invenzione della stampa fu uno dei maggiori progressi della storia dell'umanità. Prima, quando si volevano mantenere testimonianze o diffondere informazioni e idee, bisognava scrivere ogni copia a mano. La stampa rese tutto più rapido: ora si potevano fare numerose copie, economiche e precise. Le prime stampe conosciute risalgono alla Cina del III secolo. Il sistema che usava caratteri prodotti in serie comparve in Europa nel 1439.

La leva stringe insieme le tavole di legno, portando il carattere inchiostrato a contatto con la carta.

Sull'intelaiatura di legno c'è la carta pronta per la stampa.

Carattere di metallo

CARATTERI MOBILI

La stampa a caratteri mobili usava lettere singole (caratteri) per stampare un testo. Nell'XI secolo, in Cina comparvero i primi caratteri mobili, di argilla o di legno. Si scoprì poi che il metallo era un materiale migliore.

Nella stampa a caratteri mobili, si spostano i singoli caratteri fino a formare il testo che il tipografo vuole riprodurre.

Jikji, il più antico libro esistente stampato a caratteri mobili di metallo, Corea, 1377

MACCHINA DA STAMPA DI GUTENBERG

Il tedesco Johannes Gutenberg costruì la prima macchina da stampa nel 1439. La sua riuscita invenzione consisteva in un metodo per disporre rapidamente grandi quantità di caratteri di metallo. Gutenberg riusciva a stampare 250 pagine l'ora. Il primo libro che produsse fu una Bibbia. La stampa si diffuse in tutta Europa, e i libri divennero più economici.

CALCOGRAFIA

Nel XV secolo, in Germania fu inventato un nuovo tipo di stampa, detta calcografia. Il procedimento usa immagini incise in una lastra metallica, spesso di rame o di zinco, coperte di inchiostro. La lastra è premuta sulla carta creando zone incavate, che trattengono l'inchiostro.

**Macchina da stampa
con lastra di rame**

◄ **STAMPA MANUALE**

Gutenberg costruì una macchina da stampa a caratteri metallici da disporre in modo da stampare qualsiasi pagina, usando un particolare inchiostro denso e viscoso.

XILOGRAFIA IN CHIAROSCURO

Tecnica inventata in Germania attorno al 1509, con cui si incide il profilo di un'immagine in una matrice di legno, poi in altre matrici con più dettagli. Queste vengono premute una alla volta sulla carta, e ognuna sovrappone un'immagine a quella stampata prima. Il risultato è un'illustrazione che sembra tridimensionale, con zone contrastanti di luce e ombra.

**Stampa in chiaroscuro di un
progetto di soffitto con tre angeli**

*L'immagine stampata
su carta compare
al contrario.*

LITOGRAFIA

La litografia, inventata dal tedesco Alois Senefelder negli anni '90 del 1700, si basa sul principio che olio e acqua non si mescolano. Si disegna un'immagine sulla pietra con una sostanza grassa, poi la si inumidisce con acqua. Quando si stende l'inchiostro sulla pietra, questo aderisce solo al grasso; poi si stampa l'immagine su carta.

*Una robusta sruttura
di legno tiene ferma la
macchina mentre stampa.*

**Stampa litografica
in un laboratorio**

33

Scrivere e stampare

I popoli antichi inventarono la scrittura per conservare informazioni e idee tramite segni, simboli o lettere. Si potevano così mantenere testimonianze storiche e comunicare senza incontrarsi. Poi, l'invenzione della stampa permise di riprodurre più rapidamente e con cura molte copie di un documento con testo e immagini.

La prima scrittura

- **Che cosa è?** Scrittura cuneiforme
- **Chi?** Sumeri
- **Dove e quando?** Mesopotamia, 3100 a.C.

Primo cuneiforme

I Sumeri furono una delle prime popolazioni a vivere in città organizzate, e presto ebbero bisogno di un sistema di archiviazione dei beni scambiati, degli animali posseduti e delle tasse pagate. Inventarono una scrittura (cuneiforme) con segni a forma di cunei che rappresentavano parole, incisi su tavolette di argilla. Nel giro di 400 anni, si diffuse in tutta la Mesopotamia.

Iscrizione su guscio di tartaruga

Papiro

- **Che cosa è?** Supporto di scrittura
- **Chi?** Antichi Egizi
- **Dove e quando?** Egitto, 3000 a.C.

Gli antichi Egizi realizzarono un nuovo materiale su cui scrivere. Era fatto con l'interno del fusto della pianta di papiro, tagliato a strisce unite a formare fogli, inumidito e seccato. I papiri erano scritti con un calamo e con l'inchiostro.

Gli antichi Egizi usavano una scrittura ideografica: i geroglifici.

Scrittura su ossa oracolari

- **Che cosa è?** Prima scrittura cinese conosciuta
- **Chi?** Antichi Cinesi
- **Dove e quando?** Cina, 1200 a.C.

Nell'antica Cina si tentava di predire il futuro incidendo domande su ossa di animali (di solito bovini) o su gusci di tartaruga. Le ossa erano poi riscaldate fino a spaccarsi, e le fessure erano interpretate come risposte alle domande. I caratteri usati sulle ossa rappresentavano parole, non suoni, e sono considerati il primo esempio di scrittura cinese.

Il primo alfabeto fonetico

- **Che cosa è?** Alfabeto scritto
- **Chi?** Fenici
- **Dove e quando?** Mediterraneo, ca. 1500 a.C.

I Fenici, commercianti dell'antico Mediterraneo, inventarono un alfabeto, cioè un sistema di scrittura più semplice del cuneiforme e dei geroglifici. I 22 caratteri dell'alfabeto fenicio furono i primi simboli scritti a rappresentare suoni del linguaggio invece di parole.

Iscrizione fenicia su una base cilindrica, ca. 600-500 a.C.

Fabbricazione della carta

- **Che cosa è?** Prima carta
- **Chi?** Probabilmente Ts'ai Lun
- **Dove e quando?** Cina, 105 d.C.

Prima di scrivere su carta, si usavano materiali come legno, pelli di animali o tessuto. Si pensa che il primo a fabbricare la carta sia stato un funzionario di corte cinese di nome Ts'ai Lun. Usando fibre vegetali schiacciate, poi pressate e seccate, creò un supporto di scrittura più economico e leggero.

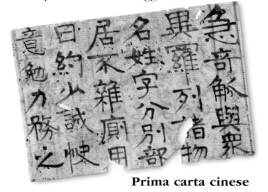

Prima carta cinese

Penna d'oca

- **Che cosa è?** Strumento per scrivere
- **Chi?** Non si sa
- **Dove e quando?** Europa, ca. 500 d.C.

Le penne di grossi uccelli, come oche e cigni, furono usate come strumenti di scrittura per centinaia di anni, fino all'inizio del XX secolo. Erano leggere e la loro punta, tagliata e affilata, facilitava la scrittura. Il calamo cavo conteneva l'inchiostro.

Gli scrittori raschiavano la parte inferiore della penna per impugnarla meglio.

Punta affilata

Xilografia

- **Che cosa è?** Prima stampa
- **Chi?** Non si sa
- **Dove e quando?** Cina, 600 d.C.

Le immagini speculari di testo e figure della xilografia sono incise su un pezzo di legno. Il legno viene coperto di inchiostro e premuto sulla carta, su cui si forma la stampa nel verso giusto. La tecnica fu usata soprattutto per stampare testi buddisti, e alla fine con essa si realizzarono libri interi.

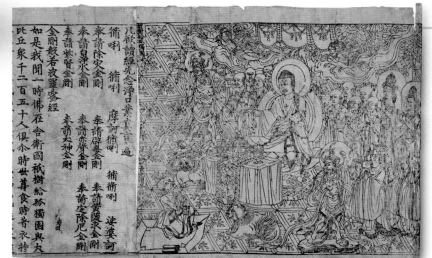

Parte del *Sutra del diamante*, primo libro stampato esistente, prodotto in Cina nell'868 d.C.

Zhang Heng

Oltre a essere uno dei maggiori scienziati della storia della Cina, Zhang Heng fu un inventore e un funzionario governativo. Divenne anche capo astronomo e importante consigliere dell'imperatore. Inoltre, fu un famoso disegnatore di mappe, poeta e artista.

▼ RIVELATORE DI TERREMOTI
L'invenzione più famosa di Zhang fu il sismoscopio, o "rivelatore dei movimenti della Terra", che indicava in quale direzione era avvenuto un terremoto.

Ogni testa di drago è rivolta in una direzione diversa.

SFERA ARMILLARE AZIONATA AD ACQUA

Una sfera armillare è una sruttura di anelli che si usava per comprendere come si muovono i pianeti e le stelle nel cielo. La grande idea di Zhang fu usare una ruota idraulica per azionare il meccanismo della sfera, in modo che eseguisse automaticamente una rotazione all'anno.

Gli anelli erano disposti in modo da imitare il movimento di oggetti nello spazio.

Copia della sfera armillare di Zhang Heng, 1439

Vaso di bronzo

Il pendolo interno, secondo la direzione di provenienza del sisma, fa cadere una palla dalla bocca del drago.

CARRO PER LA NAVIGAZIONE

Forse fu Zhang a reinventare anche un congegno che indicava la direzione. Era un "carro" con sopra una figura, collocata in modo da indicare qualsiasi direzione. Un complesso sistema di ingranaggi faceva in modo che, dovunque andasse il carro, la figura indicava sempre la stessa direzione, proprio come una bussola.

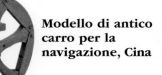

La figura indica sempre una direzione.

Modello di antico carro per la navigazione, Cina

BIOGRAFIA

78 d.C.	95 d.C.	108 d.C.	112 d.C.
Zhang Heng nasce vicino a Nanyang, città della Cina centrale. Quando ha solo 10 anni, il padre muore.	Si trasferisce a Luoyang, a quel tempo capitale della Cina, per studiare all'Accademia imperiale.	Mentre lavora come funzionario locale, inizia a pubblicare articoli di astronomia e di matematica.	È convocato dall'imperatore per lavorare come funzionario alla corte imperiale di Luoyang.

UOMO DI GRANDE CULTURA

I dispositivi meccanici inventati da Zhang Heng furono ammirati da molti studiosi e inventori cinesi che vennero dopo di lui. Zhang fu anche stimato per i suoi studi e le sue osservazioni di astronomia. Compilò un catalogo di 2.500 stelle e oltre 120 costellazioni. Qui è raffigurato con il suo rivelatore di terremoti.

120 d.C.	125 d.C.	132 d.C.	138 d.C.
Pubblica *Costituzione spirituale dell'universo*, in cui espone la teoria che la Terra sia al centro dell'universo.	Descrive la sfera armillare e realizza una carta nautica meccanica con un odometro, uno strumento per calcolare le distanze percorse.	Zhang Heng presenta alla corte imperiale una delle sue invenzioni più famose: il rivelatore di terremoti.	Va in pensione, e per un breve periodo torna nella casa natale di Nanyang. Viene però richiamato dall'imperatore nella capitale, dove muore nel 139.

COSTRUIRE IL
MONDO MODERNO

Dalla rivoluzione industriale, la tecnologia ha fatto grandi progressi. Le invenzioni moderne, dal motore a vapore ai robot, hanno cambiato il modo di vivere, lavorare e divertirsi.

Utensili

Negli anni '60 del 1700, l'avvento della rivoluzione industriale richiese nuovi utensili, oltre ai comuni martelli e bulini. L'entità, il volume della produzione e i materiali usati, fra cui i metalli, esigevano più potenza, velocità e precisione di quella dell'essere umano.

TORNIO PER FILETTATURA

Il tornio fa ruotare il metallo in uno strumento che gli dà una forma circolare o lo filetta. Lo si poteva fare a mano ma, negli anni '90 del 1700, l'inglese Henry Maudslay e l'americano David Wilkinson inventarono separatamente un tornio, in cui lo strumento era guidato da una vite che vi era ingranata.

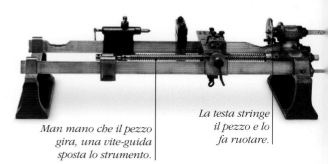

Man mano che il pezzo gira, una vite-guida sposta lo strumento.

La testa stringe il pezzo e lo fa ruotare.

SEGA CIRCOLARE

Era tradizione segare a mano i tronchi di legno con un saracco, con movimento da sopra a sotto. L'operazione era lenta e poco efficace. Nel 1813, Tabitha Babbit, membro della comunità americana degli Shakers, introdusse la prima sega circolare in una segheria idraulica.

Il tronco è spinto attraverso una sega circolare, che richiede più energia di una sega a mano, ma taglia molto più rapidamente.

MARTELLO A VAPORE

Quando l'ingegnere inglese Isambard Kingdom Brunel iniziò a costruire la nave SS *Great Britain*, si rese conto che lavorare alle gigantesche aste delle ruote a pale era al di sopra delle capacità umane. L'ingegnere scozzese James Nasmyth ebbe l'idea di un enorme martello azionato a vapore. Il primo fu costruito nel 1840 e brevettato nel 1842.

Gli operai inseriscono un pezzo di ferro incandescente nel martello a vapore, che batte il metallo per plasmarlo.

FORZE DELLA CHIAVE INGLESE

La forza di torsione che si applica quando si gira una chiave inglese è detta momento torcente. Se la si esercita lontano dal punto di rotazione, la torsione è maggiore e la chiave gira più facilmente.

Si applica la forza all'estremità della chiave.

Più la forza applicata è lontana dal bullone, più grande è il momento torcente.

Il becco è regolato da una vite che gira.

CHIAVE INGLESE

La chiave inglese ha un becco regolabile che permette di usarla con dadi e bulloni di grandezze diverse. L'ingegnere agrario inglese Richard Clyburn la inventò nel 1842, quando lavorava in una fabbrica di prodotti di ferro nel Gloucester (Regno Unito).

I metalli sono fusi e rimangono uniti quando si raffreddano.

SALDATURA AD ARCO

Sin dai tempi antichi, i fabbri hanno cercato di concentrare il calore per unire insieme i metalli. Nel 1881, l'inventore francese Auguste de Méritens scoprì un modo per creare abbastanza calore con l'elettricità da fondere i metalli e saldarli insieme. Il procedimento è noto come saldatura ad arco.

LIVELLA A BOLLA D'ARIA

Una bolla d'aria sale sempre nel punto più alto: in una livella con superficie convessa si stabilizza al centro. Lo scoprì lo scienziato francese Melchisédech Thévenot, che inventò la livella a bolla d'aria nel 1661. Da allora, lo strumento è usato in edilizia per garantire che l'opera sia perfettamente orizzontale o verticale.

Per leggere meglio si usa un liquido colorato di giallo.

Livella a bolla moderna, con letture verticali, orizzontali e a 45°

Strumenti comuni

Nel XIX e XX secolo furono realizzati numerosi strumenti
che permisero di lavorare in modo più rapido, preciso
ed efficiente. Rivoluzionarono l'edilizia, garantendo
misure accurate e assemblaggi sicuri. Nell'industria,
l'uso dell'informatica e dei laser preparò la strada
a nuovi e migliori strumenti per il taglio.

Flessimetro tascabile

*La misura del calibro
è indicata su un piccolo
schermo elettronico.*

Calibro digitale

Flessimetro

- **Che cosa è?** Metro a nastro tascabile
- **Chi?** William H. Bangs
- **Dove e quando?** USA, 1864

I flessimetri stanno in tasca o in una cassetta
per gli attrezzi, ma contengono abbastanza
nastro da misurare distanze di molti metri.

Quelli comuni misurano fino a 10 m.
Una linguetta di blocco permette di tenere
in posizione un pezzo di nastro fuori dalla
custodia. Sbloccandola, per mezzo di una
molla il nastro si riavvolge nella custodia
a bobina, occupando poco spazio.

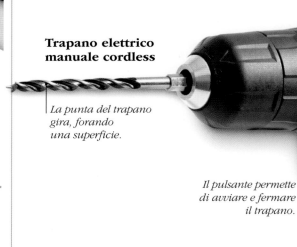

**Trapano elettrico
manuale cordless**

*La punta del trapano
gira, forando
una superficie.*

*Il pulsante permette
di avviare e fermare
il trapano.*

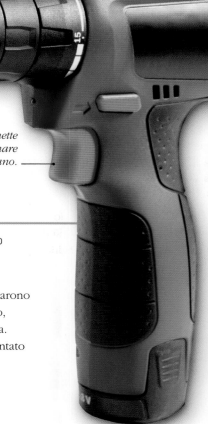

Micrometro

- **Che cosa è?** Calibro a cursore
- **Chi?** Jean Palmier
- **Dove e quando?** Francia, 1848

Il calibro misura la distanza fra i lati
opposti di un oggetto. Nel 1848, Jean
Palmier ottenne il brevetto del calibro a
cursore, che utilizza una vite per misurare
accuratamente oggetti molto piccoli.
Si colloca l'oggetto fra una intelaiatura fissa
e una vite: la rotazione della vite che si
sposta verso l'oggetto misura la distanza
esatta. I calibri moderni mostrano
le distanze su un display digitale.

Trapano elettrico

- **Che cosa è?** Trapano azionato da un motore elettrico
- **Chi?** Arthur James Arnot e William Blanch Brain
- **Dove e quando?** Australia, 1889

Arthur James Arnot e William Blanch Brain inventarono
il primo trapano alimentato da un motore elettrico,
più rapido ed efficiente di quelli esistenti all'epoca.
Il primo non era portatile; quello portatile fu inventato
solo sei anni dopo, nel 1895, dai fratelli tedeschi
Wilhelm e Carl Fein.

Brugole di dimensioni diverse

Brugola

- **Che cosa è?** Chiave a incastro esagonale
- **Chi?** William G. Allen
- **Dove e quando?** USA, 1910

La brugola, creata dall'azienda Allen Manufacturing nel 1910, è usata per avvitare bulloni e viti con incastri esagonali sulla testa. Le brugole permettono di inserire viti la cui testa non sporge dalla superficie.

Cacciavite a stella

- **Che cosa è?** Cacciavite con punta a stella
- **Chi?** H. F. Phillips e T. M. Fizpatrick
- **Dove e quando?** USA, 1936

Negli anni '30 del 1900, Henry F. Phillips e Thomas M. Fizpatrick inventarono le viti e i cacciaviti a stella. Questo tipo di viti fu molto utile nelle linee di montaggio automobilistiche automatizzate, poiché avevano una maggiore forza di rotazione e di presa. I cacciaviti a stella, con punta a forma di croce, si inseriscono perfettamente nelle teste delle viti.

La punta a croce si combina esattamente con la vite, agevolando la rotazione.

Moderni cacciaviti a stella

Fresatrice CNC raffreddata ad acqua

Macchina CNC

- **Che cosa è?** Macchina da taglio lamiera controllata da un computer
- **Chi?** John. T. Parson
- **Dove e quando?** USA, anni '40 del 1900

Nella fresatura, si usa una macchina circolare rotante per tagliare materiali in direzioni diverse, creando varie forme. Le fresatrici sono esistite sin dall'inizio del XIX secolo, ma negli anni '40 del 1900 l'ingegnere John T. Parson fu il primo ad associarle ai computer per controllare il procedimento. Il taglio delle macchine CNC (o MCN, macchine a controllo numerico) è più preciso di quello delle macchine manuali.

Macchina a taglio laser

- **Che cosa è?** Laser ad anidride carbonica
- **Chi?** Kumar Patel
- **Dove e quando?** USA, 1964

Il laser, che produce un fascio di luce stretto e molto concentrato, fu inventato nei primi anni '60 del 1900. Nel 1964, l'ingegnere Kumar Patel scoprì che l'anidride carbonica creava un fascio abbastanza intenso e caldo da tagliare il metallo. I laser ad anidride carbonica sono tuttora molto usati per tagliare, saldare, e per delicate procedure chirurgiche come interventi oculistici.

Taglio laser del metallo

Livella laser

- **Che cosa è?** Livella laser
- **Chi?** Robert Genho
- **Dove e quando?** USA, 1975

La livella laser emette fasci di luce orizzontali e verticali indirizzati verso la superficie interessata. Si usa in edilizia, quando i tecnici della costruzione vogliono tracciare superfici perfettamente orizzontali o verticali.

Livella laser in un cantiere edile

CIBO IN SCATOLA

Gli antichi Romani conservavano il cibo in contenitori rivestiti di stagno resistente alla ruggine. Nel 1810, il francese Nicolas Appert produsse scatolette stagnate per conservare il cibo per l'esercito napoleonico. Questa, che conteneva arrosto di vitello, fu confezionata nel 1823 per un viaggiatore inglese.

Alimentare il mondo

Qualsiasi invenzione, dagli attrezzi per andare a caccia ai computer, non avrebbe alcuna utilità se non riuscissimo a mantenerci sani per usarli. Il cibo è essenziale per la sopravvivenza, e dopo la recente crescita esponenziale della popolazione terrestre, è ancora più essenziale trovare modi efficaci di produrne quantità maggiori.

LA SEMINATRICE

Coltivare i campi è un lavoro molto pesante, e gli agricoltori un tempo seminavano spargendo i semi a mano sul terreno. Nel 1701, l'inglese Jethro Tull migliorò la situazione inventando la seminatrice. La macchina, tirata da un cavallo, scavava solchi precisi, facendovi cadere i semi. Il sistema si rivelò molto efficiente.

Molti agricoltori vennero a vedere la seminatrice di Jethro in funzione.

Questa operaia di una moderna fattoria idroponica trapianta con delicatezza le piantine in vasi vuoti.

In Inghilterra un elicottero spruzza le patate con un pesticida

PESTICIDI

Nel 1939, il chimico svizzero Paul Müller scoprì che una sostanza chimica a base di cloruro, il DDT, uccideva gli insetti senza avere effetto sugli animali a sangue caldo. Il DDT fu usato in grandi quantità e a lungo per molti anni, ma oggi è stato sostituito da pesticidi più efficaci e sicuri.

IDROPONICA

Nel 1929, il ricercatore americano William Gericke coltivò pomodori rampicanti lunghi 7,6 m, usando solo minerali molto nutrienti diluiti in acqua. Questo tipo di coltivazione senza substrato fu detta idroponica. Negli anni '30 del 1900, in questo modo si coltivarono ortaggi nell'atollo corallino di Wake, nell'oceano Pacifico, per nutrire i passeggeri degli aerei di linea. Oggi la NASA sta sperimentando colture idroponiche da portare su Marte.

WOW!

Quasi il 30% della popolazione mondiale lavora nell'agricoltura, che è quindi l'industria più grande del mondo.

FERTILIZZANTI

Nel 1909, il chimico tedesco Fritz Haber riuscì a estrarre azoto dall'aria per formare ammoniaca, utilizzabile come fertilizzante per le piante. Un altro chimico tedesco, Carl Bosch, si servì di questo metodo per produrre ammoniaca su grande scala in enormi fabbriche (sopra). Da allora, questo importante passo avanti ha permesso di aumentare la produzione globale di cibo.

COLTIVAZIONI OGM

Nel 1969, alcuni biochimici americani scoprirono come modificare organismi viventi (per esempio per migliorarne il sapore) manipolando i geni. Il primo alimento geneticamente modificato (OGM) approvato per la vendita fu il pomodoro Flavr Savr (sopra), prodotto nel 1994 dall'azienda americana Calgene.

45

Lavorare la terra

Le invenzioni per rendere più efficiente il lavoro nei campi sono sempre state oggetto di ricerche. Se quella che produsse il cambiamento maggiore fu l'aratro, la seconda per importanza fu il motore. Molto più potente dei cavalli, riusciva a muovere trattori, mietitrebbie e qualsiasi mezzo pesante usato in agricoltura.

Trebbiatrice

- **Che cosa è?** Macchina per trebbiare a vapore
- **Chi?** Andrew Meikle
- **Dove e quando?** GB, 1788

Gli agricoltori avevano sempre trebbiato il grano a mano, battendo il raccolto con bastoni per separare i chicchi dagli steli e dal rivestimento esterno, detto pula. Nel 1788, il costruttore di mulini scozzese Andrew Meikle inventò una macchina, azionata da un motore a vapore separato, che lo faceva più rapidamente.

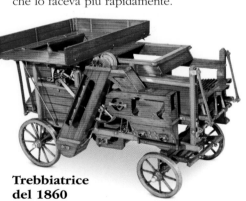

Trebbiatrice del 1860

Mietitrice McCormick al lavoro

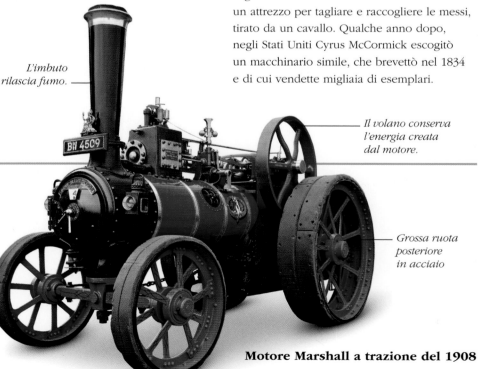

Mietitrice meccanica

- **Che cosa è?** Mietitrice tirata da cavalli
- **Chi?** Patrick Bell
- **Dove e quando?** GB, 1827

Senza un aiuto meccanico, la mietitura richiede molta manodopera. Nel 1826 l'agricoltore scozzese Patrick Bell inventò un attrezzo per tagliare e raccogliere le messi, tirato da un cavallo. Qualche anno dopo, negli Stati Uniti Cyrus McCormick escogitò un macchinario simile, che brevettò nel 1834 e di cui vendette migliaia di esemplari.

Trattore a vapore

- **Che cosa è?** Motore semovente a vapore
- **Chi?** Charles Burrell
- **Dove e quando?** GB, 1856

Negli anni '90 del 1700, in campagna i motori a vapore fissi erano usati per azionare macchine trebbiatrici. Un motore a vapore semovente fu presentato nel 1842, ma fu l'inglese Charles Burrell, nel 1856, a costruire il primo trattore a vapore in grado di spostarsi sul terreno accidentato.

L'imbuto rilascia fumo.

Il volano conserva l'energia creata dal motore.

Grossa ruota posteriore in acciaio

Motore Marshall a trazione del 1908

Filo spinato

- **Che cosa è?** Filo di ferro spinato
- **Chi?** Joseph Glidden
- **Dove e quando?** USA, 1874

Il filo spinato rese più semplice l'allevamento su larga scala, riducendo il costo delle recinzioni perché era molto più economico e facile da montare delle recinzioni in legno. L'americano Michael Kelly progettò il filo spinato comune nel 1868, ma Joseph Glidden migliorò l'idea e la brevettò nel 1874. In tal modo, contribuì a far diventare le grandi praterie americane una proficua terra agricola.

Le spine aguzze tengono lontano il bestiame.

Trattore Ivel

- **Che cosa è?** Trattore a 3 ruote
- **Chi?** Dan Alborne
- **Dove e quando?** GB, 1903

Il trattore Ivel fu creato dall'industriale e inventore Dan Alborne. È considerato il primo vero trattore progettato per sostituire i cavalli. Veniva descritto come un motore agricolo "leggero" a benzina, adatto a qualsiasi uso.

Mietitrebbia

Moderna mietitrebbia

- **Che cosa è?** Trebbiatrice a motore
- **Chi?** Holt Manufacturing
- **Dove e quando?** USA, 1911

Nel 1836, l'americano Hiram Moore costruì e brevettò la prima mietitrebbia tirata da cavalli, in grado di mietere, trebbiare e vagliare il grano. Nel 1911, in California la Holt Manufacturing Company produsse la prima mietitrebbia a motore.

Drone agricolo

- **Che cosa è?** Agras MG-1
- **Chi?** DJI
- **Dove e quando?** Cina, 2015

Da molto tempo gli agricoltori usano velivoli per spruzzare pesticidi sulle colture, ma è costoso; a questo scopo, è più economico ed efficiente usare un drone. L'azienda cinese DJI ha presentato un drone agricolo, chiamato Agras MG-1, che vola per 12 minuti prima di dover essere rifornito di carburante.

Trattore a benzina

- **Che cosa è?** Trattore Froelich
- **Chi?** John Froelich
- **Dove e quando?** USA, 1892

Nel 1892, John Froelich inventò un veicolo agricolo a benzina. Non fu un successo, ma il modello che progettò nel 1914 fu accolto meglio. L'azienda John Deere, vedendone le potenzialità, ne acquistò l'esclusiva.

Macchina di Froelich del 1892

Raccogli-imballatrice

- **Che cosa è?** Imballatrice New Holland
- **Chi?** Edwin Nolt
- **Dove e quando?** USA, 1937

Le prime macchine compattavano il fieno, ma gli agricoltori dovevano legare le balle a mano. Nel 1937, l'agricoltore americano Edwin Nolt costruì un'imballatrice che eseguiva anche questo compito. L'idea piacque alla New Holland Machine Company, che la mise in produzione.

Un trattore rimorchia una moderna imballatrice

Drone agricolo in Cina, 2017

Costruire

Per gran parte della storia dell'uomo, costruire significava impilare mattoni o pietre una sull'altra per formare un edificio. Il legno si usava di solito per le coperture. Nel XIX secolo, nuovi materiali – il ferro, poi l'acciaio, il cemento e le lastre di vetro – resero possibili nuovi tipi di strutture. Gli ingegneri riuscirono a costruire in tempi più brevi edifici più leggeri e versatili, ma soprattutto molto, molto più alti.

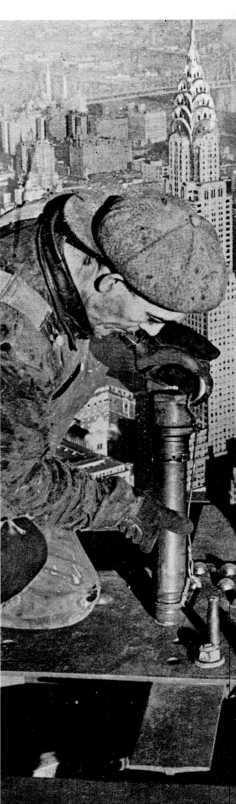

PONTE DI FERRO

Nel 1779, l'inglese Abraham Darby costruì il primo ponte di ferro (sopra) su progetto dell'architetto inglese Thomas Pritchard. Il ferro era sempre stato troppo costoso per essere usato in grandi strutture, ma i nuovi metodi di produzione ne fecero diminuire il prezzo. La campata del ponte di 30,5 m, che si allunga sul fiume Severn, nello Shropshire (Inghilterra), è tuttora in uso.

L'acciaio fornisce una struttura molto più forte della pietra o del mattone e permette di costruire edifici più alti.

WOW!

L'edificio più alto del mondo è il Burj Khalifa, a Dubai, Emirati Arabi, che raggiunge ben 828 m.

Gli operai che lavorano a costruzioni alte imbullonano le travi d'acciaio per formare la struttura di sostegno del grattacielo.

STRUTTURE IN ACCIAIO

L'acciaio, fatto di ferro e di una piccola percentuale di carbonio, è molto più forte del ferro puro. Nell'antichità, la Cina e l'India lavoravano l'acciaio, ma il materiale iniziò ad avere successo nel 1856, quando l'inglese Henry Bessemer inventò un procedimento per produrne grandi quantità a basso costo. Il metodo fu usato per costruire navi, edifici e mezzi corazzati fino agli anni '60 del 1900.

ASCENSORE

Negli anni '50 del 1800, a New York l'americano Elisha Otis diede la dimostrazione di un ascensore sicuro per le persone. L'invenzione eliminò uno dei maggiori inconvenienti delle costruzioni alte: troppe scale.

SEMPRE PIÙ SU!

La prima scala mobile, inventata dall'ingegnere americano Jesse Reno, era solo un nastro trasportatore in salita, poi George Wheeler vi aggiunse gli scalini. Fu commercializzata dalla Otis Elevator Company, e nel 1901 comparve in alcuni negozi, come questo di Boston (Stati Uniti).

FACCIATA CONTINUA

I primi edifici con strutture di acciaio sostenevano pesanti pareti di pietra o mattoni. Nel 1918, comparvero le prime pareti di acciaio leggero e vetro, che furono chiamate facciata continua.

La facciata continua dell'edificio della Bauhaus a Dessau, in Germania

▲ **GRATTARE IL CIELO**

Man mano che gli operai danno gli ultimi tocchi all'Empire State Building, lo skyline di New York diventa sempre più alto. Il grattacielo, con struttura in acciaio di 102 piani, fu inaugurato nel 1931. Era molto più grande del primo grattacielo in acciaio, a 10 piani, costruito a Chicago nel 1885.

PRODURRE LA DINAMITE

Nel 1867, Nobel brevettò la dinamite, detta "polvere di sicurezza di Nobel", un esplosivo più semplice e sicuro da maneggiare dei precedenti. Una delle maggiori fabbriche per la produzione della dinamite era ad Ardrossan, in Scozia (sopra).

Alfred Nobel

Il chimico e ingegnere svedese Alfred Nobel è noto soprattutto per aver inventato la dinamite e altri potenti e distruttivi esplosivi. Fino a oggi, l'invenzione è servita ad aprire gallerie di miniere e a costruire canali, ferrovie e strade. Il suo nome continua a vivere nel prestigioso premio Nobel, assegnato ogni anno a numerose categorie, compresa la pace.

INTENZIONI ESPLOSIVE

Questo dipinto mostra Nobel che prova la dinamite facendo saltare in aria una nave. Nel 1875 inventò un altro esplosivo, detto gelignite, ancora più potente della dinamite. Nel 1887 brevettò anche la balistite, che viene tuttora usata come propellente per i razzi.

UOMO DI PACE

Un giornale nel 1888 annunciò erroneamente che Alfred Nobel era morto, chiamandolo "mercante di morte" per le sue pericolose invenzioni. In realtà si trattava di uno dei suoi fratelli. Sconvolto dall'idea che di lui potesse rimanere questo ricordo, decise di mettere da parte una grossa fortuna per istituire un premio che portasse il suo nome.

EREDITÀ DURATURA

Il premio Nobel è assegnato ogni anno a personaggi che hanno raggiunto risultati eccellenti in fisica, chimica e medicina. Un quarto premio è per la letteratura, un quinto per una persona o un'organizzazione che contribuisce alla pace mondiale.

BIOGRAFIA

1833	1850	1864	1867
Alfred Nobel nasce a Stoccolma, in Svezia. È uno di 8 figli maschi, anche se solo 4 di loro arriveranno all'età adulta.	Va a lavorare a Parigi, dove incontra l'inventore della nitroglicerina, un esplosivo molto instabile, e si propone di migliorarlo.	Cinque persone, fra cui il fratello minore di Alfred, Emil, muoiono per un incidente in un capannone dove si preparava la nitroglicerina.	Nobel continua i suoi esperimenti, producendo infine la dinamite. Brevetta l'invenzione negli Stati Uniti e in Inghilterra.

ALLA SCRIVANIA
*Nobel, chimico e industriale, posa
vicino ai suoi strumenti di lavoro.
Dopo aver inventato la dinamite,
accumulò una grossa fortuna con
la produzione e la vendita di esplosivi.*

**Candelotti di
dinamite con
lunghe micce
per accenderli**

1875	1888	1896
Nobel inventa la gelignite, un esplosivo plasmabile più sicuro da maneggiare e da conservare della dinamite, oltre che più potente.	Muore Ludvig, un altro fratello di Alfred. Per sbaglio, i giornali pubblicano necrologi di Alfred chiamandolo "il mercante di morte".	Nobel muore d'infarto a 63 anni a Sanremo, in Italia. Lascia la sua immensa ricchezza al fondo che sarebbe diventato il premio Nobel.

Industrializzazione

Fra il 1750 e il 1850 circa, la Gran Bretagna si trasformò da nazione agricola nella maggiore potenza industriale del mondo; le aziende tessili furono le più redditizie. In questo periodo, noto come rivoluzione industriale, molte persone si trasferirono dalle campagne alle nuove zone industriali, in cui si insediarono fabbriche con macchine azionate dal vapore.

WOW!

Non tutti accettarono la rivoluzione industriale: i luddisti erano operai che distruggevano i macchinari per protesta.

IL MOTORE A VAPORE

Il vapore fu la prima fonte di energia. L'ingegnere inglese Thomas Newcomen costruì la prima macchina a vapore nel 1711 (v. p. 56), basata su una precedente pompa a vapore di Thomas Savery. Tuttavia la macchina di Newcomen era poco efficiente, e solo quando lo scozzese James Watt la migliorò e brevettò la propria nel 1769 (destra) i motori a vapore furono utilizzati per far funzionare le attrezzature delle fabbriche.

Asta del pistone

Il vapore nel cilindro spinge in alto il pistone, collegato tramite l'asta all'estremità del bilancere.

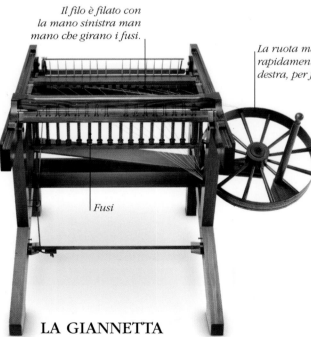

Il filo è filato con la mano sinistra man mano che girano i fusi.

La ruota manuale è girata rapidamente con la mano destra, per far ruotare i fusi.

Fusi

LA GIANNETTA

Le operaie erano solite azionare filatrici che potevano filare un solo filo per volta. La giannetta di James Hargreaves, del 1764, riusciva a filarne molti insieme. Con la macchina a vapore, aprì la strada alla rivoluzione industriale in Inghilterra.

TELAIO MECCANICO

Il progettista del primo telaio meccanico, Edmund Cartwright, era un pastore anglicano inglese. Si rese conto che la produzione di tessuti poteva essere trasformata usando filatrici motorizzate. Il primo telaio che costruì, nel 1785, era molto grossolano, ma nel 1787 lo migliorò tanto da aprire una fabbrica tessile nel Doncaster (Regno Unito). Questa stampa mostra una fabbrica in piena attività negli anni '30 del 1800.

Una cinghia azionata dal vapore guida il telaio.

Il tessuto finito è arrotolato su un rullo.

Il bilancere trasferisce il movimento del pistone al volano.

Il volano conserva energia in modo che il meccanismo ruoti agevolmente.

PRESSA IDRAULICA

L'inventore Joseph Bramah costruì serrature e migliorò il design del vaso del wc, poi si dedicò a migliorare il processo produttivo. La sua pressa idraulica del 1795 funziona trasferendo la pressione attraverso liquidi. È tuttora uno degli strumenti industriali più utili, dalla produzione di lastre di metallo alle compresse per l'industria farmaceutica.

Pressa idraulica manuale

MACCHINA PER FARE BOTTIGLIE

L'americano Michael Owens lasciò la scuola a 10 anni per diventare soffiatore di vetro. Nel 1903, fondò una propria azienda con macchine per la produzione di bottiglie. Esse permisero per la prima volta di costruire bottiglie standard in grande serie e di rifornire importanti aziende, come la Coca Cola.

Moderna fabbrica di produzione di bottiglie

53

LINEA DI PRODUZIONE INTELLIGENTE

Alcuni stabilimenti industriali, come questa fabbrica di auto Mini nel Cowley (Regno Unito), usano robot intelligenti che possono lavorare senza supervisione per settimane intere. Un tempo, la saldatura della carrozzeria con altre parti dell'auto era eseguita da operai. Oggi lo fanno le macchine, comunicando fra loro per sincronizzare i tempi di produzione.

Produrre energia

Sin dai tempi della rivoluzione industriale, ingegneri e industriali hanno cercato di produrre energia con vari materiali e macchine. Il vapore, il gas, il petrolio e l'elettricità, a turno hanno preparato la strada a tante invenzioni. È evidente che, senza queste fonti energetiche, i progressi di trasporti, illuminazione, riscaldamento ed edilizia sarebbero stati impossibili.

Modello del motore di Newcomen

Il vapore si condensa nel cilindro e la pressione dell'aria spinge giù il pistone.

L'acqua è riscaldata nel bollitore e il vapore spinge su il pistone.

MACCHINA A VAPORE

Probabilmente l'ingegnere inglese Thomas Newcomen non si rese conto dell'importanza che avrebbe avuto la sua macchina a vapore del 1710. Era un'attrezzatura usata per pompare fuori l'acqua dalle miniere, che in seguito fu modificata da James Watt (v. pp. 52-53) per diventare un elemento delle locomotive a vapore. Il vapore alimentò la rivoluzione industriale e cambiò il mondo.

ENERGIA DEL GAS

L'ingegnere scozzese William Murdock lavorava nella zona mineraria di Cornwall (Regno Unito) come riparatore di macchine a vapore. Un sottoprodotto del riscaldamento del carbon fossile è il gas, e Murdock cercò di catturarlo in un serbatoio (sopra) e di accenderlo. Nel 1792, fu il primo a illuminare una casa (la propria) con il gas.

Il bilancere azzurro è collegato a un'estremità curva rossa che somiglia alla testa di un asino.

PETROLIO GREGGIO

Anticamente si bruciava l'olio per far luce, ma a metà del XIX secolo più persone scoprirono come estrarre il petrolio dalle profondità della terra. L'inventore polacco Ignacy Łukasiewicz fu un pioniere dell'industria petrolifera: nel 1856 costruì la prima raffineria industriale.

▼ SCAVARE IL PETROLIO

Gli inglesi hanno dato alla pompa il nome di "nodding donkey" (asino che annuisce) per il suo movimento in su e in giù. Questo è un giacimento in Kazakhistan (Asia centrale).

FORNITURA ELETTRICA PUBBLICA

Nel 1882, l'inventore americano Thomas Edison varò la prima centrale elettrica azionata a vapore della città di Londra. Per tre mesi, riuscì a fornire luce elettrica alle strade e ai negozi. Alla fine di quello stesso anno aprì la Pearl Street Power Station a New York (Stati Uniti).

New York, 1882

Gli operai provano i cavi elettrici prima di sotterrarli.

GENERARE ELETTRICITÀ

Le prime centrali elettriche usavano grandi quantità di carbone. I pezzi di combustibile, gettati in enormi caldaie, producevano abbastanza calore da trasformare l'acqua in vapore, che azionava le turbine. A loro volta, queste generavano elettricità. In seguito il petrolio, meno inquinante, sostituì il carbone.

3. La turbina gira quando vi scorre il vapore, che torna a condensarsi in acqua, e il processo si ripete.

5. L'elettricità è trasportata da cavi e piloni, finendo in case ed esercizi commerciali.

Carbone

4. Il generatore trasforma in elettricità l'energia cinetica della turbina.

1. Quando il carbone brucia, rilascia calore.

2. Il calore fa bollire l'acqua, creando vapore che fluisce intorno alla caldaia.

Centrale elettrica di Deptford, 1890

CENTRALE ELETTRICA

Sebastian de Ferranti fu un ingegnere inglese pioniere nel campo dell'elettricità. Nel 1887 fu assunto dall'appena istituita London Electric Supply Corporation, per la quale progettò la prima centrale elettrica moderna del mondo, a Deptford, vicino a Londra (Regno Unito).

Impianto di energia nucleare di Brokdorf (Germania)

Lo stantuffo si sposta nel pozzo, portando il petrolio in superficie.

CENTRALE NUCLEARE

Nel 1923, alcuni scienziati scoprirono che la scissione degli atomi generava una fortissima energia. Nel 1951, negli Stati Uniti si usò per la prima volta un reattore nucleare. Nel 1954, un impianto nucleare russo fu il primo a produrre elettricità per la rete pubblica.

Energia rinnovabile

I combustibili fossili, come il petrolio e il gas, forniscono energia ma sono risorse limitate. Continuare a usarli potrebbe creare gravi problemi ambientali, fra cui l'inquinamento dell'aria. Perciò, ci stiamo sempre più rivolgendo al vento, all'acqua e al sole in cerca di fonti energetiche più sostenibili e meno distruttive.

Energia idrica

- **Che cosa è?** Energia idroelettrica
- **Chi?** William Armstrong
- **Dove e quando?** GB, 1878

Mentre pescava, l'inglese William Armstrong osservò una ruota idraulica e si accorse che usava solo una piccola quantità di energia dell'acqua. Fece allora costruire una piccola diga su un fiume vicino, per formare un bacino in grado di fornire energia elettrica a casa sua. Fu il primo al mondo a sfruttare l'energia idroelettrica.

La diga di Hoover (Stati Uniti), costruita nel 1936, fornisce energia idroelettrica

Energia eolica

- **Che cosa è?** Generatore elettrico a vento
- **Chi?** James Blyth
- **Dove e quando?** Scozia, 1887

Per illuminare la sua villetta, James Blyth collegò un mulino a vento a un motore elettrico. Si offrì di illuminare le strade della cittadina, ma gli abitanti rifiutarono quella strana luce, ritenendola opera del diavolo. Blyth costruì comunque un generatore eolico più grande, con cui fornì elettricità all'ospedale di una città vicina.

Il mulino di Blyth aveva pale orizzontali anziché verticali.

Mulino generatore di elettricità di Blyth

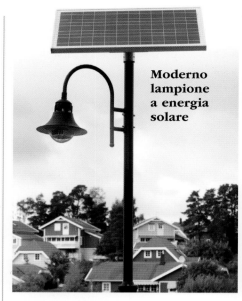

Moderno lampione a energia solare

Energia solare

- **Che cosa è?** Energia da pannelli solari
- **Chi?** Augustin Mouchot
- **Dove e quando?** Francia, 1869

L'insegnante di matematica Augustin Mouchot era convinto che un giorno il carbone si sarebbe esaurito. Nel 1860 iniziò a sperimentare il modo di catturare calore dal sole. Nel 1869, mise in mostra a Parigi un "motore a vapore solare". Ma il carbone rimase un materiale economico e abbondante e il lavoro di Mouchot fu ignorato.

Stabilimento geotermico, Islanda

Elettricità da sorgenti calde

- **Che cosa è?** Generatore elettrico geotermico
- **Chi?** Piero Ginori Conti
- **Dove e quando?** Italia, 1904

I Romani usavano le sorgenti calde per riscaldare le case, come facevano gli abitanti di Boise, nell'Idaho (Stati Uniti) sin dal 1892. Nel 1904, a Larderello (Italia), Piero Ginori Conti presentò per la prima volta un generatore di energia geotermica. La prima centrale commerciale vi fu costruita nel 1911.

Parco eolico

- **Che cosa è?** Energia generata dal vento
- **Chi?** US Windpower
- **Dove e quando?** USA, 1980

Già nel 1927, l'azienda americana Jacobs produsse turbine eoliche per generare elettricità. Si trattava però di singole unità in fattorie lontane. La US Windpower installò 20 turbine eoliche nel primo parco eolico del mondo, sulla Crotched Mountain, nel New Hampshire (Stati Uniti), solo nel 1980.

Moderno parco eolico

Quando sono sott'acqua, le enormi lame di questa turbina ruotano per generare elettricità.

Turbina AK1000, Scozia, con bassa marea

Energia mareomotrice

- **Che cosa è?** Centrale di energia da maree
- **Chi?** Électricité de France
- **Dove e quando?** Francia, 1966

I mulini a marea esistono sin dal Medioevo. Sono formati da barriere che lasciano passare l'acqua che sale, e che si chiudono quando inizia a scendere; l'acqua arrestata viene rilasciata per azionare una turbina mareomotrice. Nel 1966, in Francia cominciò a funzionare la prima e più grande centrale di energia mareomotrice, che usa uno sbarramento di 750 m lungo il fiume Rance.

Città a emissioni zero

- **Che cosa è?** Città di Masdar
- **Chi?** Stato di Abu Dhabi
- **Dove e quando?** Emirati Arabi, 2030

La città di Masdar, attualmente in costruzione alla periferia di Abu Dhabi (Emirati Arabi), è progettata per essere la prima città al mondo a usare solo energia rinnovabile. Non ci saranno automobili ma solo navette elettriche senza guidatore per trasferire le persone tra edifici dotati delle ultime novità in fatto di tecnologie intelligenti sostenibili. Il progetto è iniziato nel 2006 e si prevede che sarà completato nel 2030.

▲ IMMERSO NEI PENSIERI
Tesla, fotografato nel suo laboratorio, era un vero uomo di scienza. Sosteneva anche di saper parlare 8 lingue.

BIOGRAFIA

1856	1882	1884	1887
Nikola Tesla nasce nella cittadina di Smilijan, nell'attuale Croazia. Sostiene che il giorno in cui nacque ci fu un temporale con tuoni e fulmini.	A Parigi, dove vive, lavora per la Continental Edison Company, fondata dal famoso inventore americano Thomas Edison.	Emigra negli Stati Uniti dove arriva con soli 4 centesimi in tasca, alcune delle sue poesie preferite e i calcoli per una macchina volante.	Progetta un motore a induzione a corrente alternata, invece che a corrente continua. In pochi anni sarebbe diventato il tipo di motore elettrico più usato.

Nikola Tesla

Il talentuoso inventore Nikola Tesla produsse il primo motore funzionante a corrente alternata, fece esperimenti sui raggi X e ideò una barca controllata via radio. Durante la vita, notificò circa 300 brevetti, ma morì senza un soldo in tasca.

GENIO SFORTUNATO

Tesla sosteneva di avere una memoria fotografica e che molte sue idee gli venivano già perfette. Tuttavia non era un astuto uomo d'affari. Appena trasferito a New York, Edison lo assunse e gli offrì 50.000 dollari per migliorare il progetto di un motore. Quando Tesla gli portò la soluzione chiedendo il compenso, Edison rispose che era solo uno scherzo.

MOTORE A INDUZIONE

Nel 1887 Tesla progettò un motore a induzione (sotto) che funzionava a corrente alternata. Il sistema aveva un rendimento migliore del motore esistente, a corrente continua, per la trasmissione ad alto voltaggio su lunghe distanze. Il dispositivo favorì la comune adozione della corrente alternata per l'alimentazione elettrica.

Rotore

Lo statore genera un campo magnetico rotante che fa girare il rotore.

ILLUMINAZIONE

Tesla e il suo finanziatore Westinghouse scatenarono una "guerra delle correnti" con Thomas Edison per promuovere i loro sistemi rivali. Nel 1893 Tesla vinse la scommessa di illuminare la World's Columbian Exhibition di quell'anno (sinistra). Il suo successo dimostrò l'affidabilità della centrale elettrica a corrente alternata.

1891		1898	1943
Inventa la spirale di Tesla, che sarebbe stata ampiamente usata nella tecnologia radiofonica.	 **Spirale di Tesla, 1895**	Tesla dà una pubblica dimostrazione, al Madison Square Garden di New York, di una barca guidata da un telecomando con segnali radio.	Tesla muore a New York a 86 anni. Il sistema di corrente alternata da lui ideato rimane lo standard mondiale della trasmissione di energia.

Plastica

La prima plastica, fabbricata nel 1856 dall'inventore inglese Alexander Parkers, era composta da una sostanza vegetale chiamata parchesina, e in seguito celluloide. Negli anni '20 del 1900, i chimici produssero vari tipi di plastiche derivate dal petrolio, fra cui il politene. Purtroppo, questo materiale impiega centinaia di anni a decomporsi, e quindi rimangono enormi quantità di rifiuti nelle discariche e negli oceani.

CELLULOIDE

Negli anni '60 del 1800, Alexander Parkes creò una plastica a base di cellulosa, che chiamò celluloide. Era trasparente, flessibile e molto facile da plasmare ed ebbe molti usi: dalle pellicole fotografiche agli utensili per la cucina. Era però molto infiammabile, e provocò numerosi incidenti, quindi oggi è usata raramente.

La celluloide fu progettata inizialmente per fare palle da biliardo; oggi sono di un tipo diverso di plastica, più sicuro.

BACHELITE

Nel 1907, Leo Baekeland, un chimico di origini belghe che lavorava negli Stati Uniti, da sostanze chimiche del catrame di carbone estrasse una materia plastica che chiamò bachelite. Si differenziava dalle precedenti perché, invece di sciogliersi, con il calore si induriva.

Disco combinatore di bachelite di un telefono, anni '40 del 1900

WALLACE CAROTHERS

Nel 1934, il chimico americano Wallace Carothers creò una plastica chiamata nylon. Il nuovo materiale, rivoluzionario, si poteva tessere per fare tessuti finissimi o intrecciare per corde forti come cavi d'acciaio. Il nylon, sottile e durevole, oggi è usato per molti oggetti: dalle calze alle corde delle chitarre.

POLISTIRENE

La storia del polistirene risale agli anni '30 del 1800, ma il materiale fu commercializzato per la prima volta 100 anni dopo. Esiste in due forme: una dura, usata per vasetti di yogurt, e una leggera, detta polistirene espanso, o polistirolo, per imballaggi come i contenitori per uova (sinistra).

BOTTIGLIE DI PLASTICA

Furono messe in vendita per la prima volta nel 1947, ma rimasero quasi sconosciute fino agli anni '60, quando il prezzo della plastica calò. Presto si diffusero ovunque, perché leggere e, diversamente dal vetro, infrangibili.

► PRATICA PLASTICA

Oggi si trovano bottiglie di plastica di ogni forma e dimensione, per contenere acqua o bevande gasate.

BOTTIGLIA DI SALSA SPREMIBILE

Questo comodo contenitore da ketchup fu creato da Stanley Mason, un prolifico inventore americano che brevettò anche oggetti essenziali per la vita moderna, come i pannolini usa e getta e i dispenser di filo interdentale. Nel 1983 la sua bottiglia fu prodotta in serie dall'azienda alimentare Heinz.

Materiali sintetici

Sin dai tempi antichi l'uomo ha costruito oggetti, per esempio per andare a caccia o cucinare, con materiali naturali come pietra, argilla e legno. Nell'era moderna, i progressi della chimica e dell'ingegneria hanno permesso di produrre materiali sintetici, fra cui il rayon, la fibra di vetro e il kevlar. A loro volta, questi materiali hanno stimolato invenzioni che sfruttano le loro caratteristiche uniche di forza ed elasticità.

Fibre sintetiche

- **Che cosa è?** Rayon di viscosa
- **Chi?** Charles Cross, Edward Bevan e Clayton Beadle
- **Dove e quando?** GB, 1892

Charles Cross, Edward Bevan e Clayton Beadle, tre scienziati inglesi con esperienza nella produzione dei saponi e della carta, inventarono il metodo per fare la viscosa. Si partiva dalla cellulosa (composto organico delle piante verdi) e, dopo vari trattamenti chimici, si otteneva una fibra sintetica che somigliava alla seta, ma la cui produzione costava meno.

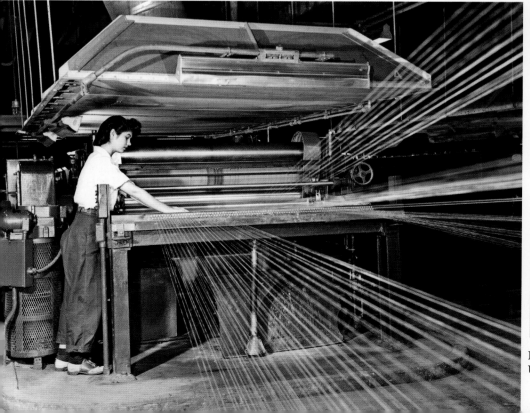

Produzione del rayon, Stati Uniti, anni '50 del 1900

Mattonelle per cucina

Rivestimenti duri per pavimenti

- **Che cosa è?** Linoleum
- **Chi?** Frederick Walton
- **Dove e quando?** GB, anni '60 del 1800

Il linoleum fu progettato dal produttore di gomma inglese Frederick Walton come rivestimento liscio e resistente per pavimenti. All'inizio fu realizzato rivestendo del tessuto con strati di una sostanza contenente olio di semi di lino e altri ingredienti, che reagiva con l'aria indurendosi lentamente. Fino agli anni '30 del 1900, il linoleum era in tinta unita, poi furono aggiunti motivi decorativi.

Produzione di parabrezza da auto stratificato e antirottura

Vetro stratificato

- **Che cosa è?** Triplex
- **Chi?** Édouard Bénédictus
- **Dove e quando?** Francia, 1903

Al chimico e artista francese Édouard Bénédictus cadde un matraccio di vetro sul pavimento del laboratorio. Con sua grande sorpresa, il vetro rimase unito quasi nella stessa forma. Scoprì allora che un po' di nitrato di cellulosa (plastica liquida) che conteneva, aveva formato una sottile pellicola in grado di tenere insieme il vetro. Altri esperimenti lo portarono a inventare il primo vetro di sicurezza.

Isolamento a base di vetro

- **Che cosa è?** Fibra di vetro
- **Chi?** Games Slayter
- **Dove e quando?** USA 1932

Games Slayter, dipendente dell'azienda vetraria Owens-Illinois, scoprì un modo per produrre in serie una lana di vetro, oggi detta fibra di vetro. È un materiale che non lascia passare l'aria, ideale per l'isolamento. Nel 1936 fu combinato con una resina di plastica, creando un materiale forte e leggero utile per l'edilizia.

Canoa rivestita di vetroresina

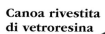

Giubbotti di kevlar come questo sono stati usati dall'esercito americano sin dagli anni '80 del 1900

I giubbotti antiproiettile di kevlar sono molto forti e leggeri.

Indumenti sportivi elastici

- **Che cosa è?** Spandex
- **Chi?** Joseph Shivers
- **Dove e quando?** USA, 1958

Il chimico americano Joseph Shivers, che lavorava nell'azienda DuPont, cercava un materiale sintetico leggero per indumenti femminili. Negli anni '50 del 1900 trovò una fibra elastica che chiamò spandex, anagramma di "expands". Fu brevettata nel 1958 e commercializzata con il nome di Lycra.

Le tute elastiche di spandex sono ideali per le ginnaste.

Plastica forte e protettiva

- **Che cosa è?** Kevlar
- **Chi?** Stephanie Kwolek e Paul Morgan
- **Dove e quando?** USA, 1965

Il kevlar è una plastica cinque volte più forte dell'acciaio. Fu progettata da chimici dell'azienda americana DuPont. È simile al nylon, ma contiene una sostanza chimica che le dà più forza e rigidità. È stata usata per pneumatici da corsa, e ora anche per mazze da golf e indumenti ignifughi.

Schermi flessibili

- **Che cosa è?** Schermo elettronico flessibile
- **Chi?** Plastic Logic
- **Dove e quando?** Germania, 2004

Alcuni scienziati tedeschi hanno scoperto come fare schermi leggeri, sottili e flessibili, che trasmettono informazioni digitali. Attualmente sono usati nella segnaletica, negli orologi da polso e in altri dispositivi indossabili, ma presto li vedremo sui computer (sinistra).

FATTI IN BREVE

- I materiali sintetici durano di più dei loro corrispettivi naturali. Se prima era considerato un vantaggio, ora può essere un problema per l'ambiente, poiché non si degradano.
- Alcuni scienziati cinesi hanno creato il materiale più leggero del mondo, il grafene aerogel, fatto quasi interamente di aria.

Comprare e vendere

L'economia mondiale si basa sulla compravendita di beni e servizi. Innumerevoli invenzioni, fra cui registratori di cassa e carrelli, hanno reso tutto più semplice. Nell'era digitale, lo shopping è in continuo mutamento, e ora possiamo acquistare di tutto semplicemente cliccando su un computer o sfiorando uno smartphone.

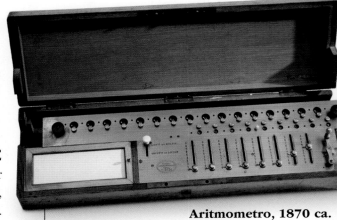

PRIMA CALCOLATRICE

Nel 1820, l'assicuratore francese Thomas de Colmar creò la prima macchina per fare somme, sottrazioni, moltiplicazioni e divisioni e la chiamò "aritmometro".

Aritmometro, 1870 ca.

Registratore di cassa tedesco di fine Ottocento

Un robusto contenitore di legno protegge la macchina.

REGISTRATORE DI CASSA

Il primo registratore di cassa fu brevettato dall'oste americano James Ritty nel 1879. Registrava le vendite e impediva ai dipendenti di intascarsi il denaro. Nel 1884, il mercante di carbone John Patterson migliorò l'idea e la commercializzò.

Cassa di metallo lavorato

CARRELLO PER LA SPESA

Nel 1936, un negoziante americano, Sylvan Goldman, si accorse che i clienti compravano solo quello che potevano trasportare. Saldò allora dei cestini a delle sedie pieghevoli e vi aggiunse le ruote, inventando il carrello per la spesa.

Il moderno carrello per la spesa fu inventato dall'americano Orla Watson nel 1946

WOW!

La prima vera transazione di e-commerce è avvenuta l'11 agosto 1994, quando è stato ordinato e pagato online un album di Sting.

BANCOMAT

Nel 1966, una banca giapponese varò la Computer Loan Machine, un distributore automatico di contanti prelevati con carta di credito. La Barclays Bank installò il primo sportello automatico (ATM) a Londra il 27 giugno 1967.

La folla si accalca davanti al primo ATM

Lettore di codice a barre

Il codice a barre è un numero che il computer di controllo usa per avere dettagli sul prodotto.

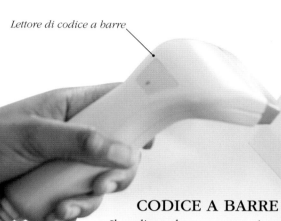

CODICE A BARRE

Il codice a barre, noto prima come UPC (Universal Product Code), rivoluzionò le vendite permettendo ai negozianti di controllare rapidamente le scorte e le vendite. Il primo codice a barre letto fu quello di un pacchetto di gomme, al supermercato Marsh di Troy, in Ohio (Stati Uniti), il 26 giugno 1974.

Decodificare un oggetto

BITCOIN

Il bitcoin, attivo dal 2009, è una moneta digitale che non esiste come contante. Non è conservato né controllato da alcun istituto finanziario o banca, e le transazioni avvengono direttamente fra utenti.

Il touch screen permette all'acquirente di vedere ciò che ha comprato e di pagarlo.

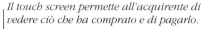

CASSA AUTOMATICA

Osservando le file davanti alle casse di un negozio della Florida, David R. Humble cercò una soluzione e nel 1984 mise in commercio le casse automatiche. Dagli anni '90 del 1900, sono state adottate nei supermercati di tutto il mondo. In realtà, il loro uso non è più rapido di quello delle casse tradizionali, ma sono preferite dai negozianti perché fanno risparmiare sulla manodopera.

Questa cliente paga con carta di credito, ma le macchine accettano anche contanti

Denaro

Vi sono testimonianze di scambio di beni sin dal 30.000 a.C. Nel 600 a.C. circolavano monete d'oro e d'argento, mentre le banconote comparvero in Cina nell'XI secolo. Nell'era moderna si sono prodotti nuovi tipi di denaro e metodi innovativi di pagamento: dalle carte di credito alla tecnologia senza contatto.

FATTI IN BREVE

- Il taglio di banconota più grosso stampato negli Stati Uniti fu un biglietto da 100.000 dollari, nel 1934 e 1935.
- Solo l'8% del denaro mondiale è in contanti, il resto è denaro virtuale che esiste solo nei computer.
- Negli Stati Uniti, la durata media di una banconota da 5 o da 10 dollari è di soli 4 anni.

Dollaro americano

- **Che cosa è?** Dollaro
- **Chi?** Bank of North America
- **Dove e quando?** USA, 1785

Nel 1776, anno dell'indipendenza americana, gli Stati Uniti avevano più valute. Nel 1785, i delegati delle 13 colonie autorizzarono l'emissione di una nuova moneta detta "dollaro". Nel 1792, il Congresso americano la confermò come unità di moneta standard del Paese. La parola "dollaro" deriva dal tedesco *thaler*, che era una moneta d'argento europea usata per quasi 400 anni.

Traveller's cheque

- **Che cosa è?** Assegni turistici American Express
- **Chi?** Marcellus Flemming Berry
- **Dove e quando?** USA, 1891

Un traveller's cheque è una moneta cartacea, emanata da una banca, che permette a chi la usa di comprare beni e servizi all'estero. Nel 1891, il presidente dell'American Express Marcellus Flemming Berry introdusse il primo sistema di assegni turistici. I traveller's cheque furono comuni per un secolo, poi caddero in disuso, soppiantati da carte di credito, ATM e pagamenti online.

Traveller's cheque da usare in Europa, anni '90 del 1900

Carta di credito

- **Che cosa è?** BankAmericard
- **Chi?** Bank of America
- **Dove e quando?** USA, 1958

Nel settembre 1958, la Bank of America spedì a 60.000 abitanti di Fresno (Stati Uniti) quella che chiamò la BankAmericard. Fu il primo passo verso il grande successo delle carte di credito. Nel 1966, un gruppo di banche antagoniste varò la MasterCharge, che sarebbe poi diventata MasterCard. Nello stesso anno, nel Regno Unito comparve la Barclaycard, la prima carta di credito non americana.

Moderna carta di credito

Banconote di plastica

- **Che cosa è?** Banconote australiane
- **Chi?** Reserve Bank of Australia
- **Dove e quando?** Australia, 1988

Di solito, le banconote sono fatte di un miscuglio di carta e cotone. Negli anni '80 del 1900, un gruppo di banche australiane iniziò a cercare alternative, e nel 1988 la banca nazionale del Paese emise le prime banconote di plastica. Hanno una lunga durata e si falsificano più difficilmente.

Banconote di plastica da 100 dollari australiani

Internet banking

- **Che cosa è?** Banca online
- **Chi?** Stanford Federal Credit Union
- **Dove e quando?** USA, 1994

Nel 1981, quattro banche di New York (Citibank, Chase Manhattan, Chemical Bank e Manufacturers Hanover) proposero ai loro clienti le prime versioni di quello che sarebbe diventato l'home banking. Allora bisognava usare un videotex: un primitivo e complicato sistema in cui si combinavano schermi televisivi, tastiere e modem. Nel 1994, con la diffusione di Internet, la Stanford Federal Credit Union fu il primo istituto bancario a offrire il servizio online a tutti i suoi clienti.

Carta contactless

- **Che cosa è?** UPass
- **Chi?** Seoul Bus Transport Association
- **Dove e quando?** Corea del Sud, 1995

Nel 1983, l'ingegnere americano Charles Watson brevettò l'identificazione a radiofrequenza (RFID). Si trattava di una specie di chip elettronico di identità che consentiva il pagamento senza contatto. Nel 1995, la Seoul Bus Transport Association sudcoreana perfezionò l'uso su larga scala di carte contactless per i pendolari. Ora molte banche hanno adottato questo sistema di pagamento.

Pagamento con smartphone

- **Che cosa è?** ApplePay
- **Chi?** Apple
- **Dove e quando?** USA, 2014

Per sfruttare meglio le carte di credito e di debito e l'home banking, oggi possiamo pagare beni e servizi usando applicazioni del nostro smartphone. Borsellini e portafogli saranno presto un ricordo del passato. Leader di questa tecnologia è la Svezia, molto vicina all'eliminazione del denaro contante. Nel 2016, solo l'1% dei pagamenti eseguiti in Svezia è avvenuto con monete o banconote.

▼ SPICCIOLI PER UN CAFFÈ
I pagamenti "intelligenti" rapidi sono utili per piccoli acquisti.

SUPERSTORE ONLINE

Nel 1995, l'americano Jeff Bezos inaugurò Amazon come sito web di vendita di libri, ma con l'intenzione di espandersi in altri campi. Oggi Amazon è diventato un negozio in cui si trova veramente di tutto. Ha enormi capannoni in tutto il mondo ed è la più grande attività commerciale al dettaglio online, in grado di vendere e spedire praticamente ogni cosa. Questo capannone è a Peterborough (Gran Bretagna).

In ufficio

Gli uffici moderni si servono di grandi invenzioni, come le fotocopiatrici e i computer, ma sono anche pieni di invenzioni minori, a cui raramente si pensa. Dalle comode gomme alle calcolatrici che fanno operazioni complesse, gli impiegati sono condizionati da questi astuti gadget.

Cancellare gli errori

- **Che cosa è?** Gomma da matita
- **Chi?** Joseph Priestley
- **Dove e quando?** GB, 1770

Nel 1770, il filosofo, teologo e chimico Joseph Priestley scoprì che la gomma toglieva i segni di matita dalla carta. Ma fu l'ingegnere inglese Edward Nairne a sviluppare l'idea e a mettere in vendita in Europa la prima gomma per cancellare.

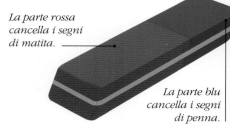

La parte rossa cancella i segni di matita.

La parte blu cancella i segni di penna.

Moderna gomma per cancellare

Temperamatite

Temperamatite da tavolo

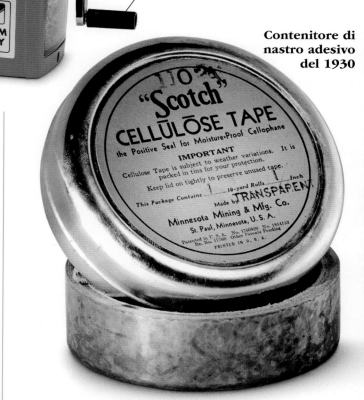

- **Che cosa è?**
Oggetto per fare la punta alle matite
- **Chi?** Thierry des Estivaux
- **Dove e quando?** Francia, 1847

Sebbene la matita risalga al XVI secolo, ci vollero altri due secoli per avere un temperamatite efficiente. Il francese Bernard Lassimone inventò il primo nel 1828, ma solo nel 1847 il suo conterraneo Thierry des Estivaux brevettò il progetto del classico temperamatite di oggi.

Si ruota la maniglia per fare la punta alla matita.

Graffettare la carta

- **Che cosa è?** Spillatrice
- **Chi?** George McGill
- **Dove e quando?** USA, 1866

La prima spillatrice fu costruita nel XVIII secolo per il re di Francia Luigi XV. Nel 1866 fu però l'americano George McGill a brevettare quella che usiamo ora. Qualche anno dopo, anche altri inventori americani e inglesi ottennero il brevetto.

Spillatrice del 1898

Contenitore di nastro adesivo del 1930

Tenere insieme documenti

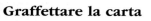

- **Che cosa è?** Graffetta
- **Chi?** Gem Manufacturing Company
- **Dove e quando?** GB, anni '90 del 1800

L'inventore norvegese naturalizzato tedesco Johan Vaaler nel 1899 ottenne il primo brevetto della graffetta. Quella perfezionata che conosciamo e usiamo oggi fu però prodotta dalla Gem Manufacturing Company.

Incollare oggetti

- **Che cosa è?** Nastro adesivo trasparente
- **Chi?** Richard Drew
- **Dove e quando?** USA, 1930

Nel 1930, l'inventore americano Richard Drew, che lavorava nell'azienda 3M, creò un nastro trasparente adesivo che venne usato per tracciare linee sulle auto da verniciare. Cinque anni dopo fu commercializzato come nastro adesivo universale.

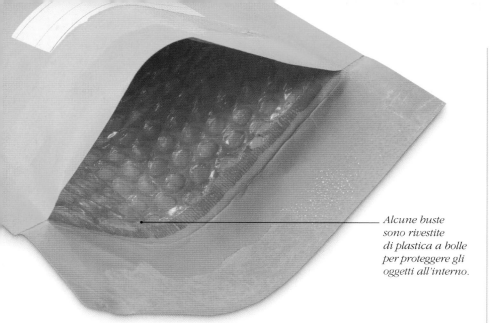

Alcune buste sono rivestite di plastica a bolle per proteggere gli oggetti all'interno.

Calcolare ovunque

- **Che cosa è?** Calcolatrice elettronica
- **Chi?** Jack Kilby, Jerry Merryman, James van Tassel, Clive Sinclair
- **Dove e quando?** USA, 1967

Gli ingegneri dell'azienda americana Texas Instruments crearono la prima calcolatrice palmare nel 1967. Altre ditte ne migliorarono la tecnologia, e negli anni '70 del 1900 la calcolatrice divenne tascabile e alla portata di tutti.

Canon Pocketronic, 1970

Proteggere oggetti fragili

- **Che cosa è?** Busta imbottita a bolle
- **Chi?** Alfred Fielding e Marc Chavannes
- **Dove e quando?** USA, 1957

Nel 1957, due ingegneri americani, Alfred Fielding e Marc Chavannes, sigillarono insieme due tende da doccia, intrappolando bolle d'aria al loro interno. Cercarono di vendere la loro invenzione come "carta da parete tridimensionale", ma non ebbero successo. Nel 1960, compresero che il materiale era perfetto per imballare oggetti fragili: era nato il pluriball.

Moderni evidenziatori

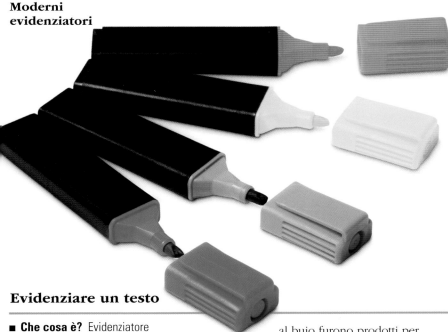

Riutilizzare note

- **Che cosa è?** Foglietti semiadesivi/ Post-it
- **Chi?** Arthur Fry e Spencer Silver
- **Dove e quando?** USA, 1974

Dopo aver scoperto per caso un particolare adesivo, Arthur Fry e Spencer Silver produssero foglietti di carta adesivi riutilizzabili. All'inizio, nel 1977, furono chiamati Press'n Peel.

Evidenziare un testo

- **Che cosa è?** Evidenziatore
- **Chi?** Carter's Ink Company
- **Dove e quando?** USA, 1963

Sin dall'inizio del XX secolo esistevano penne per sottolineare, ma i pennarelli di colore fosforescente che spiccavano al buio furono prodotti per la prima volta dalla Carter's Ink Company nel 1963. Oggi sono disponibili evidenziatori in molti colori: i più venduti sono gialli e rosa fluorescenti.

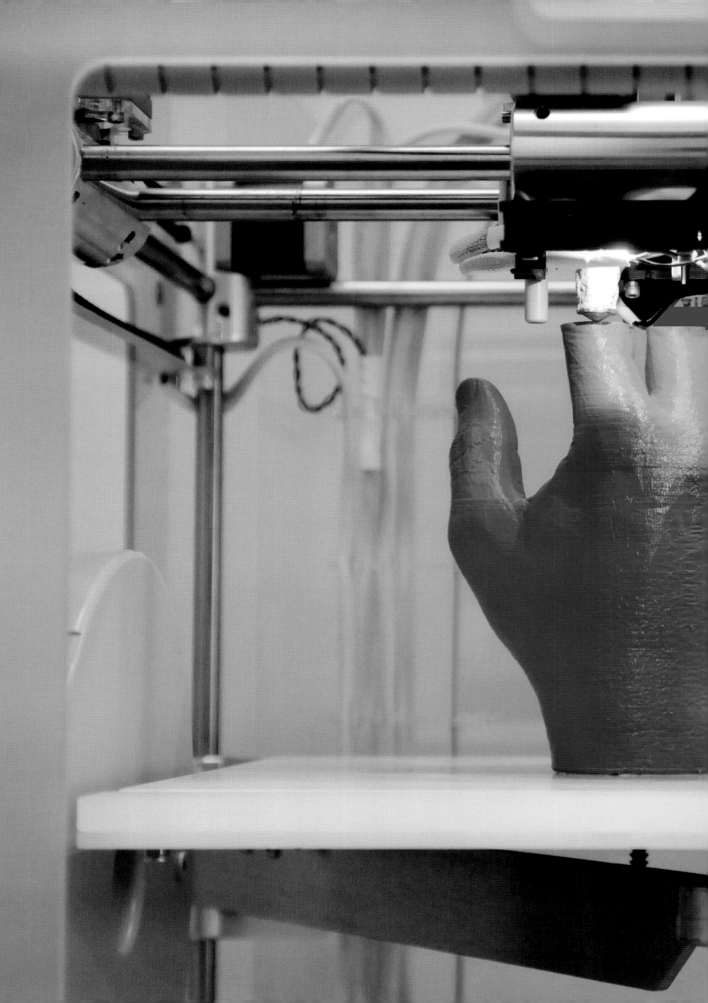

STAMPA 3D

Abbiamo appena iniziato a scoprire le potenzialità della stampa 3D. L'unico limite del procedimento di inserire un progetto digitale 3D in un computer, che poi dà istruzioni alla macchina su come creare un oggetto di plastica, è la nostra immaginazione. Oggi alcuni ospedali stampano parti del corpo sostitutive, gli ingegneri case e la squadra americana di slittino alle Olimpiadi invernali del 2018 ha cavalcato slitte 3D. Chi sa quale sarà il prossimo uso…

Robot

Le prime volte che si immaginava un robot, si pensava a un uomo meccanico con movimenti lenti, a scatto, e la mente rallentata. In realtà, i primi robot usati nelle catene di montaggio delle fabbriche svolgevano un lavoro ripetitivo e non intellettuale. Dopo l'introduzione dell'intelligenza artificiale, però, dimostrano di poter essere più intelligenti di noi. Chissà dove arriverà la tecnologia robotica…

ROBOT "TARTARUGA"

I primi robot autonomi (con autocontrollo) furono Elmer e Elsie, creati nel 1948-1949 dallo scienziato americano William Grey Walter, del Burden Neurological Institute (Regno Unito). Erano simili a tartarughe, e quando erano scarichi riuscivano a individuare la presa elettrica.

Guscio dotato di sensori che riconoscono gli oggetti e ci girano intorno.

Robot "tartaruga", 1950 ca.

WOW!

Il termine "robot" fu inventato dallo scrittore ceco Karel Capek nella commedia R.U.R. (*Rossum's Universal Robots*) del 1920.

ROBOT INDUSTRIALI

Gli americani George Devol e Joe Engelberger progettarono e misero in commercio il primo braccio robotico programmabile, l'Unimate, e nel 1960 lo vendettero alla General Motors. Fu usato per sollevare pezzi di metallo incandescenti da una macchina di pressofusione e ammassarli. Da allora, la robotica ha trasformato l'industria automobilistica.

Baxter, creato da Rethink Robotics nel 2012, è il primo robot a lavorare con gli operai alla catena di montaggio

Baxter ha molte mansioni, per esempio imballare.

WABOT-1

Nel 1972, alcuni scienziati dell'università di Waseda (Giappone) presentarono Wabot-1, il primo robot umanoide intelligente a grandezza naturale. Fu il primo androide, cioè un robot che in qualche modo somiglia a un uomo, a saper camminare, comunicare con una bocca artificiale, misurare distanze e direzioni degli oggetti e afferrarli e trasportarli con le mani.

Wabot-1 fu il primo robot a camminare con due gambe come un uomo.

COSTRUIRE IL MONDO MODERNO

ROBOT MILITARI

Nel 1985, l'americano Denning, di Boston, progettò il robot Sentry (destra) come guardia giurata. Sentry sorvegliava fino a 14 ore e comunicava via radio eventuali situazioni fuori dall'ordinario. Oggi la Corea del Sud usa robot militari armati Samsung per pattugliare il confine con la Corea del Nord.

ROBOT CONTRO UOMINI

Nel 1997, il robot Deep Blue della IBM vinse una partita contro il campione mondiale di scacchi Garry Kasparov. Nel 2008, il robot Watson sconfisse i partecipanti al quiz televisivo *Jeopardy!* Le macchine hanno battuto gli uomini a giochi da tavolo come Scarabeo.

Il robot Watson della IBM gareggia contro concorrenti umani

ROBOT UMANOIDI

Alcuni robot di ultima generazione parlano, camminano ed esprimono emozioni come gli umani. Nel 2016 i cinesi hanno presentato Jia Jia, un umanoide IA (intelligenza artificiale), sostenendo che è il robot più simile a un uomo mai costruito.

Robot utili

Nel 1920, lo scrittore ceco Karel Capek mise in scena
una commedia in cui era usata per la prima volta
la parola "robot". La storia termina con i robot che
sottomettono gli uomini. Da allora, non si è mai smesso
di temere che l'intelligenza artificiale prenda il sopravvento.
In realtà, i robot sono fatti per aiutarci in quasi tutti i campi.

La fotocamera scatta foto dove è troppo pericoloso per gli uomini.

Robot per ricerche

- **Che cosa è?** PackBot
- **Chi?** iRobot
- **Dove e quando?** USA, 1998

I PackBot sono robot a uso militare.
Hanno un'arma robotica e una macchina
fotografica e sono usati soprattutto per
esplorazione, per esempio controllare
la presenza di esplosivi in edifici. Furono
usati in Giappone per misurare le radiazioni
della centrale nucleare di Fukushima
Dai-ichi, distrutta dal terremoto del 2011,
e per ispezionare il World Trade Center
di New York dopo l'attacco terroristico
del 2001.

Animali-robot

- **Che cosa è?** AIBO
- **Chi?** Sony
- **Dove e quando?**
Giappone, 1999

AIBO è stata una serie di
animali domestici robotici
prodotta dalla Sony nel
1999. Hanno 4 zampe
e una coda e sembrano
cagnolini. La Sony interruppe la
produzione nel 2005, ma nel
2018 propose un altro modello,
ancora più simile a un cane, con
intelligenza artificiale, sensori
di movimento, fotocamere
e cloud computing per
interagire con il padrone
e l'ambiente.

Le zampe robotiche "sentono" oggetti come palle e ci giocano, proprio come un cane vero.

Astronauti-robot

- **Che cosa è?** Robonaut 2 (R2)
- **Chi?** NASA
- **Dove e quando?** USA, 2010

La NASA produsse il Robonaut per lavorare
insieme agli astronauti in missioni spaziali
con equipaggio. L'ultima versione, R2, è
progettata in modo che le mansioni siano
programmate ed eseguite senza supervisione
umana. Nel febbraio 2011, R2 è stato inviato
nella stazione spaziale internazionale (ISS).

Un sistema di visione permette a R2 di "vedere" e gli astronauti lo possono teleguidare.

Robot per disastri naturali

- **Che cosa è?** Chimp
- **Chi?** Carnegie Mellon University
- **Dove e quando?** USA, 2012

Chimp è uno dei tanti robot
progettati per partecipare
a una gara dell'agenzia
della difesa americana
che promuoveva la robotica
per operazioni in situazioni di
emergenza e disastri. I robot dovevano
guidare, arrampicarsi sulle macerie, aprire
porte, salire su scale e usare attrezzi.

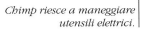

*Chimp riesce a maneggiare
utensili elettrici.*

FATTI IN BREVE

- Nel 2016, un robot NAO
soprannominato "Connie" è diventato
portiere dell'Hotel Hilton in Virginia
(Stati Uniti). Rispondeva a domande
dei clienti sull'albergo e consigliava
ristoranti e punti di interesse.
- Mentre interagisce con gli utenti,
un AIBO raccoglie dati, processando
e registrando tutto.

Robot didattici

- **Che cosa è?** NAO
- **Chi?** SoftBank Group
- **Dove e quando?** Francia, 2004

NAO (che si pronuncia "nau") è
nato come giocatore di calcio e ha
partecipato alla Robocup, annuale
gara internazionale di calcio per
robot. Gioca ancora, ma viene
sempre più usato a scopi di
ricerca e didattici in molte istituzioni
accademiche di tutto il mondo. Oggi
oltre 10.000 robot NAO sono presenti
in oltre 50 Paesi. Questo piccolo robot
è impiegato nelle scuole inglesi
per insegnare ai bambini autistici,
perché ha un'influenza positiva e
tranquillizzante su chi ha particolari
necessità educative.

*Il robot
fattorino a 6
ruote procede a
circa 6,5 km/h.*

Robot fattorini

- **Che cosa è?** Robot per consegne a domicilio
- **Chi?** Starship Technologies
- **Dove e quando?** USA, 2015

I pedoni di alcune città si stanno abituando
a condividere i marciapiedi con piccoli
veicoli robot che portano ai clienti ordini
di fast food. Al loro arrivo, la persona
che riceve la consegna inserisce nel suo
smartphone un codice di accesso. San
Francisco e Washington DC, Stati Uniti,
e Tallinn, Estonia, usano già questa
tecnologia, e molti altri Paesi la stanno
sperimentando.

Robot per la guerra

- **Che cosa è?** Spot
- **Chi?** Boston Dynamics
- **Dove e quando?** USA, 2015

La Boston Dynamics ha prodotto i primi robot
simili a cani. Uno di essi, BigDog, fu progettato
per l'esercito americano come animale da soma
per trasportare attrezzature belliche su terreni
accidentati. Si è dimostrato però troppo
rumoroso, e perciò l'azienda ne ha prodotto una
versione più piccola e silenziosa, chiamata Spot
(destra), poi SpotMini.

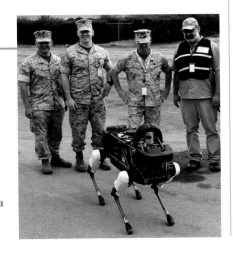

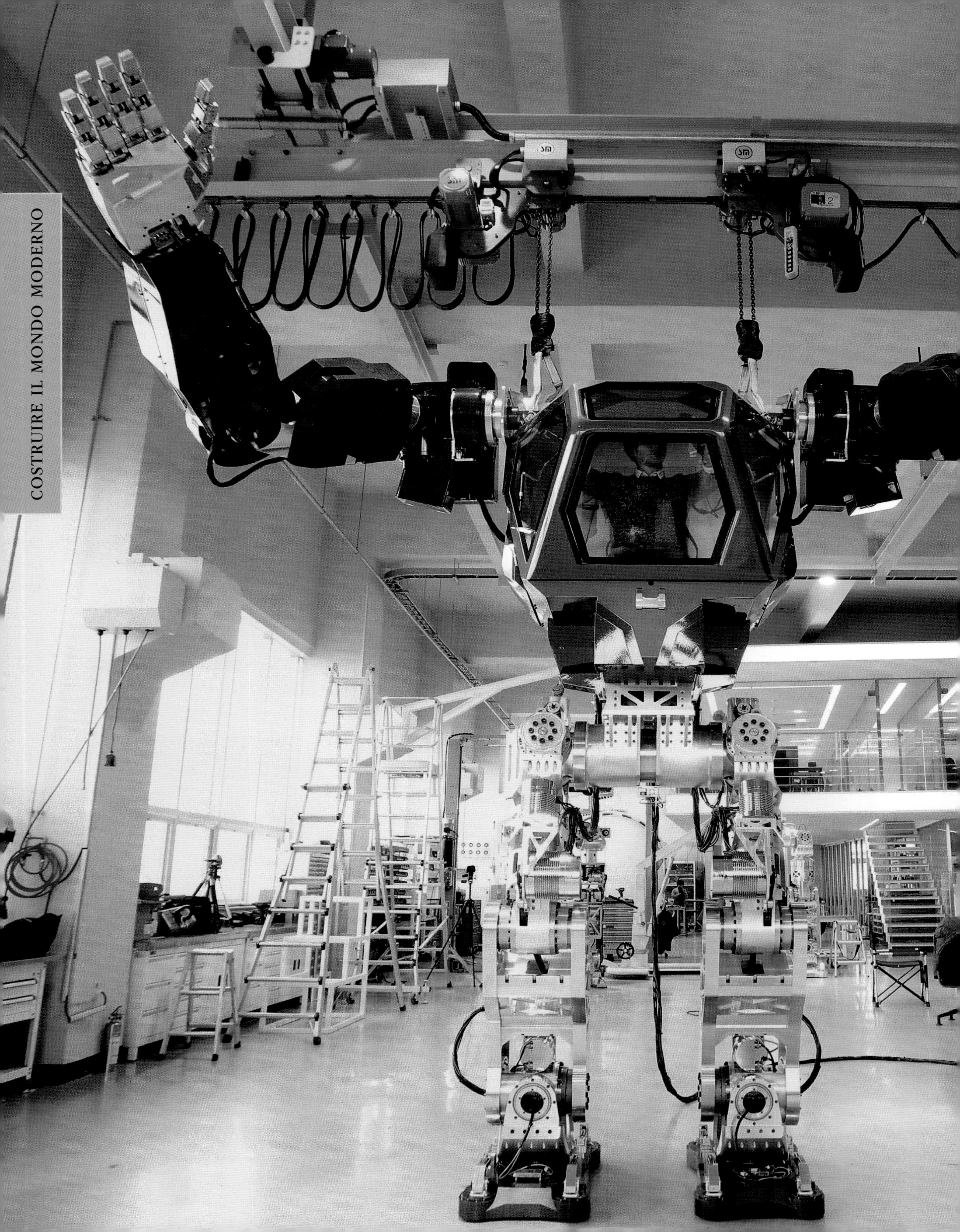

먼 저 ㅊ

ARRIVANO I ROBOT!

Per decine di anni i registi cinematografici hanno inserito nei loro film orribili robot ma, alla fine, sembra che la realtà non sia ormai da meno. Questi ingegneri coreani stanno sperimentando il Future Technology's Method-2, un gigante bipede robotico controllato da un pilota umano che gli sta seduto sul petto. Se il pilota solleva un braccio, Method-2 solleva un braccio, che è lungo… 3 m!

IN MOVIMENTO

Oltre due secoli fa si viaggiava perlopiù a piedi o a cavallo. Ora sfrecciamo in macchina sulle autostrade, e ci spostiamo da un continente all'altro su navi da crociera e aerei.

Biciclette

Negli anni '70 del 1800, per i ciclisti appollaiati su una ruota gigante andare in bicicletta era un'impresa. Il pericoloso veicolo si trasformò poi in una bicicletta più "sicura", con un telaio tubolare leggero e due ruote della stessa grandezza, una manovrabile davanti e una dietro, collegata ai pedali con una catena. Oggi si continuano a migliorare il design e i materiali di costruzione, e nuove tecnologie rendono più facile pedalare.

Il figlio di John Dunlop guida una bicicletta con gomme gonfiabili, 1888 ca.

La catena collegata ai pedali spinge la ruota posteriore.

Le ruote hanno la stessa grandezza.

BICICLETTA DI SICUREZZA

La bicicletta di sicurezza fu progettata dall'inventore inglese John Kemp Starley nel 1885. La Rover Safety Bicycle aveva ruote non più alte di una gamba e un sellino basso a molle; era più sicura e più comoda delle precedenti.

GOMMA GONFIABILE

Fino al 1888, le biciclette avevano spesso ruote di cuoio o di gomma piena e gli scossoni erano inevitabili. Anche se le prime ruote gonfiabili furono inventate dall'ingegnere scozzese Robert Thomson nel 1845, non ebbero successo finché l'inventore scozzese John Boyd Dunlop produsse la prima gomma funzionale piena d'aria. Questi pneumatici nacquero dalla sperimentazione con un tubo di gomma da giardino sulle ruote di un triciclo.

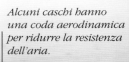

Alcuni caschi hanno una coda aerodinamica per ridurre la resistenza dell'aria.

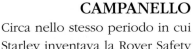

WOW!

Nel 2017, in Cina oltre 430 milioni di persone possedevano una bicicletta.

CAMPANELLO

Circa nello stesso periodo in cui Starley inventava la Rover Safety Bicycle, pare che l'inventore inglese John Dedicoat avesse ideato il campanello. Nei primi tempi, quando i pedoni non avevano esperienza di traffico tranne che dei rumorosi cavalli, divenne essenziale. Il design è rimasto uguale: una levetta azionata con il pollice dentro una scatola metallica rotonda.

Le frecce (lampade a LED) sono controllate da pulsanti sul manubrio della bici.

CASCO

I caschi forniscono una protezione vitale in caso di incidente. Il primo casco moderno, in schiuma di plastica dura e leggera, comparve negli anni '70 del 1900. Da allora si è fatta molta strada: il Lumos (sinistra) è un casco intelligente con luci di posizione e di stop, proprio come un'auto.

Cinghia per il mento

BICI INTELLIGENTI

Dalla fine degli anni '90 del 1900, i ciclisti hanno avuto la possibilità di collegare minicomputer alle loro biciclette per renderle "intelligenti". Fanno di tutto: dal definire l'esatta posizione, la velocità e il percorso tramite GPS (sistema satellitare di posizionamento globale), al cambiare automaticamente le marce secondo le condizioni della strada.

Un display fornisce dettagli del percorso.

GIUBBOTTI CATARIFRANGENTI

In mezzo al traffico, la vita del ciclista dipende dalla sua visibilità. Spesso si consiglia di indossare giubbotti catarifrangenti o ben visibili, che brillano con poca luce. I giubbotti fluorescenti di colori brillanti convertono la luce ultravioletta da invisibile a visibile. Quando è buio, le strisce catarifrangenti riflettono la luce dei fanali delle auto.

▶ **BICICLETTE DA CORSA**
Le bici da corsa olimpioniche hanno un robusto telaio in fibra di carbonio, progettato per gestire la forza con cui i ciclisti pedalano.

Manubrio

BICICLETTE IN FIBRA DI CARBONIO

I composti di fibra di carbonio, sviluppati all'inizio per l'industria spaziale, sono materiali superleggeri e resistenti. Nel 1996 la ditta americana Kestrel produsse un telaio di bicicletta aerodinamica in carbonio. Nonostante l'alto costo, attualmente la fibra di carbonio è usata per fare telai e ruote di tutte le bici da corsa, e anche di molte da strada.

La forcella e il manubrio della bici sono fatti delle stesse fibre di carbonio.

Due ruote

L'idea della bicicletta risale al 1817 circa, quando l'inventore tedesco barone Karl von Drais collegò due ruote con un telaio di legno. La bicicletta di Drais, la "draisina", non aveva pedali e il guidatore camminava o si lasciava portare dalle ruote. La gente la chiamava il cavallo dei dandy, ma l'idea ebbe successo.

Velocipede Michaud, 1869

Pedali sull'asse anteriore

Energia dai pedali

- **Che cosa è?** Velocipede con pedali
- **Chi?** Pierre Lallemont e Pierre Michaux
- **Dove e quando?** Francia, 1863

L'aggiunta dei pedali alle biciclette le trasformò in "velocipedi". I ciclisti spingevano sui pedali per andare veloci come cavalli. Il velocipede fu creato nella bottega di Pierre Michaux, ma l'idea venne forse al suo dipendente Pierre Lallemont. Andare in velocipede era così scomodo che lo chiamavano anche "scuoti-ossa".

Bicicletta elettrica (e-bike)

- **Che cosa è?** Bicicletta elettrica
- **Chi?** Hosea Libbey
- **Dove e quando?** USA, 1897

L'inventore americano Hosea Libbey collegò un motore elettrico a batteria a una bicicletta. Ma le bici elettriche ebbero il loro momento di successo solo un secolo dopo. Oggi le biciclette a pedalata assistita stanno diventando molto popolari.

Batteria

e-Zee Sprint, bicicletta elettrica, 2016

Campagnolo Gran Sport, cambio a 10 velocità, 1963

Cambio meccanico

- **Che cosa è?** Campagnolo Gran Sport Cambio Corsa
- **Chi?** Tullio Campagnolo
- **Dove e quando?** Italia, 1948

Fino agli anni '40, i corridori che dovevano cambiare rapporto in salita dovevano scendere dalla bici e cambiare a mano. Il ciclista italiano Tullio Campagnolo, dopo aver perso una gara per essersi fermato a cambiare in condizioni di tempo proibitive, inventò un sistema a leva che permetteva di eseguire l'operazione senza scendere.

Schwinn Sting-Ray Apple Krate, 1973

BMX (Bicicletta da cross)

- **Che cosa è?** Schwinn Sting-Ray
- **Chi?** Al Fritz
- **Dove e quando?** USA, 1963

Negli anni '60, qualche ragazzino ebbe l'idea di usare la bici non solo per le comode strade cittadine, ma anche per volare su piste polverose e fare impennate, come se fosse una moto da cross. Si iniziò a metà egli anni '60 con la Schwinn Sting-Ray, per poi arrivare alle robuste e divertenti BMX.

WOW!

Nel 1995, l'olandese Fred Rompelberg stabilì il record mondiale di velocità in bicicletta di 268,83 km/h.

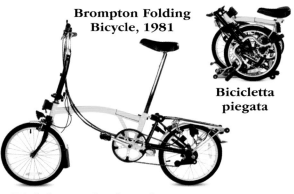

Brompton Folding Bicycle, 1981

Bicicletta piegata

Bicicletta pieghevole

- **Che cosa è?** Graziella
- **Chi?** Rinaldo Donzelli
- **Dove e quando?** Italia, 1964

Da quando sono nate, tutti hanno cercato di piegare le biciclette. Anche se il primo progetto di bici pieghevole risale agli anni '60 del 1800, la popolarità arrivò con la Graziella. Nel 1976 uscì l'inglese Brompton Folding Bicycle, che divenne famosa in tutto il mondo. Era leggera e veloce e si riusciva a piegare in meno di 20 secondi, formando un pacco compatto.

Moderna bicicletta reclinata

- **Che cosa è?** Avatar 2000
- **Chi?** David Gordon Wilson
- **Dove e quando?** USA, inizio anni '80

Il guidatore di una bicicletta reclinata sta steso sul dorso, con i pedali davanti. Non solo è una bici più comoda, ma espone al vento una minore superficie e quindi è adatta a record di velocità, anche se la visione limitata la rende poco pratica per la città.

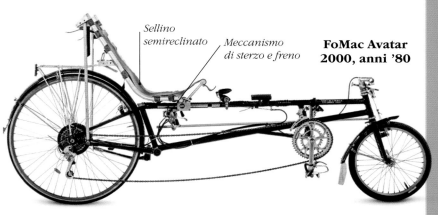

Sellino semireclinato

Meccanismo di sterzo e freno

FoMac Avatar 2000, anni '80

Mountain bike

- **Che cosa è?** Stumpjumper/Rampichino
- **Chi?** Tom Ritchey, Gary Fisher, Charles Kelly
- **Dove e quando?** USA, 1981

Le bici BMX erano state ideate soprattutto per bambini. Poi, nel 1981, comparve la prima mountain bike: lo "Stumpjumper". Oggi questo tipo di bici è molto comune per tutte le età, non solo per chi vuole correre fuoristrada, ma anche per chi desidera un mezzo robusto per le strade dissestate delle città.

I copertoni tassellati hanno una salda presa sul terreno irregolare.

Telaio robusto e compatto

Manubrio corto e diritto, facile da manovrare

FATTI IN BREVE

- Nel 1986, Kestrel costruì il primo telaio di bicicletta aerodinamico con composti di carbonio.
- Nel 2013, Shimano introdusse un sistema elettronico per cambiare le marce quasi istantaneamente.
- Nel 2016-2017, la ciclista americana Amanda Cocker percorse 160.930 km in soli 423 giorni, con una media di 380 km al giorno.

PATTINARE IN ARIA

Qualcuno, non si sa chi, pensò di applicare le rotelle dei pattini a una tavola, e così, negli anni '50 in California nacque lo skateboard. Gli skater usano le strade per praticare il loro sport, esibendosi in acrobazie, come "ollie" e "kickflip", o vanno in parchi appositamente attrezzati. Lo skateboard sarà introdotto per la prima volta alle Olimpiadi di Tokyo nel 2020.

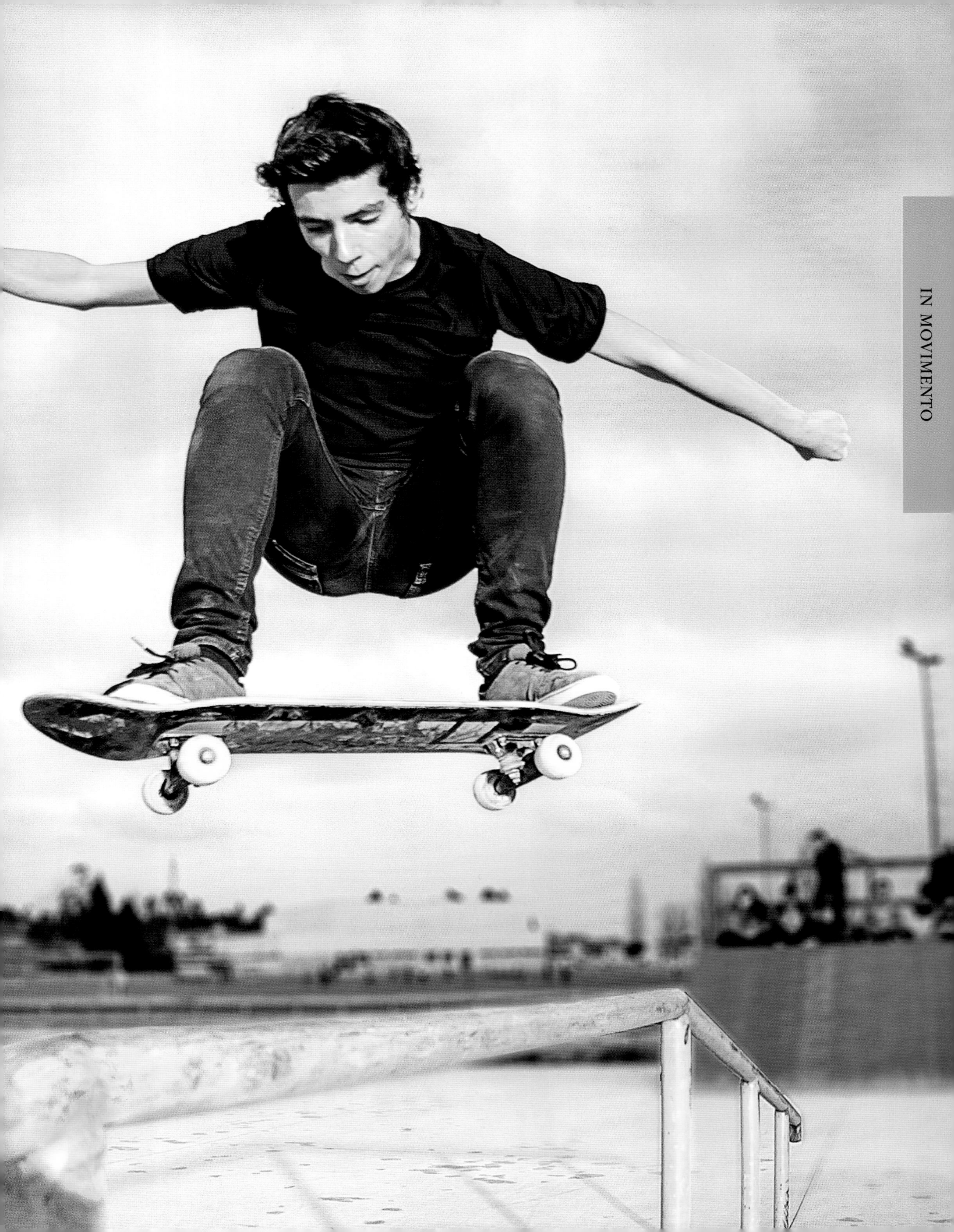

Motociclette

Il manubrio faceva
sterzare la ruota anteriore.

L'inventore americano Sylvester Roper costruì la prima
motocicletta a vapore nel 1869, ma furono Daimler
e Maybach, nel 1885, a fare la storia. Il loro veicolo
aveva un motore a benzina che azionava la ruota
posteriore tramite una cinghia mobile. Da allora,
le moto hanno fatto molta strada, ma hanno
ancora motori a benzina e una
cinghia di trasmissione, o catena.

Comoda sella
imbottita

Prima motocicletta

- **Che cosa è?** Daimler Reitwagen
- **Chi?** Gottlieb Daimler e Wilhelm Maybach
- **Dove e quando?** Germania, 1885

Nel 1885, gli ingegneri tedeschi Gottlieb
Dailmer e Wilhelm Maybach costruirono una
motocicletta, il Reitwagen (carro da cavalcare),
per sperimentare la prima auto a 4 ruote con
motore a benzina che sarebbe uscita l'anno
successivo. Si ispirarono alla bicicletta dell'inglese J.K.
Starley (v. p. 84) e vi inserirono un motore che faceva
girare la ruota posteriore tramite una cinghia di cuoio.

Daimler aggiunse 2 piccole
ruote per dare equilibrio.

Prima motocicletta di serie

- **Che cosa è?** Hildebrand & Wolfmüller
Motorrad
- **Chi?** Einrich e Wilhelm Hildebrand e Alois
Wolfmüller
- **Dove e quando?** Germania, 1894

Nel 1894, i fratelli Hildebrand, insieme
all'ingegnere Wolfmüller, costruirono in
Germania la prima motocicletta di serie.
Fu la prima a essere chiamata motocicletta,
e fra il 1894 e il 1987 ne furono prodotte
2.000.

Prima motocicletta con forcelle telescopiche

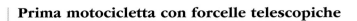

- **Che cosa è?** BMW R12
- **Chi?** BMW
- **Dove e quando?** Germania, 1935

La BMW R12 fu la prima moto con forcelle
telescopiche, che collegano la ruota
anteriore e l'asse al telaio. Sono molto
importanti per la manovrabilità e la
sicurezza, e garantiscono l'aderenza
al terreno. Mentre le moto precedenti
erano dotate di molle, la forcella
telescopica idraulica della BMW R12
riduceva i sobbalzi.

Forcella
telescopica

▼ BICICLETTA DI LEGNO

Daimler e il suo collega Maybach costruirono la Reitwagen, di legno e con la cinghia di trasmissione di cuoio.

Ruota anteriore bordata di ferro

Vespa 125, 1951

Vespa

- **Che cosa è?** Scooter Vespa
- **Chi?** Piaggio
- **Dove e quando?** Italia, 1946

L'azienda italiana Piaggio decise di costruire uno scooter a 2 ruote comodo, elegante e facile da guidare, per muoversi rapidamente per le strade di campagna strette e accidentate. Il risultato fu la Vespa, che continua ad avere un enorme successo.

Prima superbike

- **Che cosa è?** Honda CB750 Dream
- **Chi?** Honda
- **Dove e quando?** Giappone, 1969

La Honda 750 Dream fu la prima "superbike": moto moderna comoda e molto potente. Fino ad allora le moto si azionavano a pedale. La CB750 era una moto molto performante, con un semplice pulsante di accensione elettrica e freni a disco per fermarsi rapidamente.

Superbike con raffreddamento ad acqua

- **Che cosa è?** BMW R1200GS
- **Chi?** BMW Motorrad
- **Dove e quando?** Germania, 2012

Di solito, i motori delle moto sono raffreddati ad aria, ma il sistema funziona bene solo se la moto va forte. Perciò alcune moto hanno un manicotto di acqua di raffreddamento che circola attorno al motore, per renderlo meno rumoroso e più affidabile. La BMW R1200GS è una potente superbike raffreddata ad aria e ad acqua.

Prima superbike elettrica

- **Che cosa è?** Lightning LS218
- **Chi?** Lightning
- **Dove e quando?** USA, 2010

Molti pensano che le moto elettriche siano lente e noiose. Nessuno si immaginava che una moto potesse sfrecciare quasi in silenzio, alimentata solo da un motore elettrico. La Lightning LS218 ha fatto cambiare opinione, diventando la moto più rapida di tutti i tempi, con una velocità massima di 350,8 km/h.

Motocicletta futuristica

- **Che cosa è?** BMW Vision Next 100
- **Chi?** BMW Motorrad
- **Dove e quando?** Germania, 2016

Alcuni produttori stanno sviluppando motociclette con uno straordinario sistema giroscopico che le mantiene dritte in qualsiasi circostanza, qualsiasi cosa faccia il guidatore. La BMW Vision Next 100 è una moto sperimentale. Il guidatore indossa uno speciale visore, con uno schermo di dati attivato su richiesta. Questa moto potrebbe rimanere un esemplare unico, o diventare la moto del futuro.

Automobili per tutti

Le primissime automobili della fine del XIX secolo erano costruite a mano per i ricchi. L'industriale americano Henry Ford (v. pp. 96-97), che sognava di costruire un'auto economica per persone comuni, nel 1908 iniziò la produzione della Ford Model T. Ford rivoluzionò l'industria automobilistica costruendo, con tecniche di produzione di massa, un'auto a basso costo in una catena di montaggio. Oggi sulle strade del mondo circolano oltre un miliardo di auto.

Le finiture metalliche erano d'ottone.

UN SOLO MODELLO

Si dice che, per mantenere bassi i costi, Ford avesse detto ai clienti che «potevano avere l'auto di qualsiasi colore purché fosse nero». È una leggenda, poiché la Model T era disponibile in vari colori. Ford però sostenne sempre l'idea che tutte le auto dovessero attenersi a un modello standard.

LA MODEL T

Nella fabbrica della Ford Model T ogni operaio inseriva una sola parte, sempre la stessa, alle vetture man mano che procedevano nella catena di montaggio. Si garantiva così l'uniformità del prodotto, e una costruzione rapida ed economica. Questo metodo di produzione di massa ebbe tanto successo che, quando l'ultima Model T uscì dalla fabbrica nel 1927, ne erano state vendute 15 milioni.

WOW!
Ogni anno le auto bruciano circa 6 miliardi di miliardi di litri di petrolio: quanto basta per riempire 2 milioni di piscine olimpioniche.

▲ FORD MODEL T, 1909-1910
Il modello del 1909 aveva numerose novità, come le doppie leve: una per il freno a mano, l'altra per la retromarcia.

COME FUNZIONA UN'AUTO

Il motore delle auto a benzina o a gasolio funziona bruciando combustibile nei cilindri. Quando si accende, si espande e spinge i pistoni, che fanno girare un albero a camme. A sua volta, questo mette in moto gli ingranaggi che regolano l'equilibrio fra velocità e potenza. Gli ingranaggi fanno girare delle aste, dette semiassi, che spingono le ruote.

Gran parte delle prime Model T era scoperta e aveva un tettuccio ripiegabile per proteggere dalla pioggia.

Il motore brucia il combustibile nei cilindri per fornire potenza.

Il cambio regola l'equilibrio fra potenza e velocità.

I semiassi fanno girare le ruote anteriori.

Il differenziale dà a ogni ruota la stessa potenza.

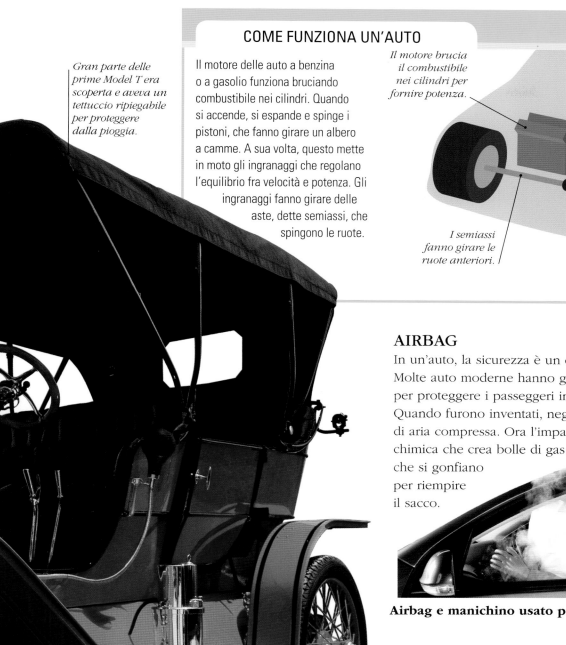

Le ruote, come quelle di una bicicletta, erano dotate di raggi metallici, quindi economiche e leggere.

I sensori anteriori di parcheggio avvertono il conducente di ostacoli vicini.

AIRBAG

In un'auto, la sicurezza è un elemento essenziale. Molte auto moderne hanno gli airbag, che si gonfiano per proteggere i passeggeri in caso di incidente. Quando furono inventati, negli anni '60, erano pieni di aria compressa. Ora l'impatto scatena una reazione chimica che crea bolle di gas che si gonfiano per riempire il sacco.

Airbag e manichino usato per simulare un incidente

NUOVI OPTIONAL

Le auto sono in continua evoluzione, e le loro caratteristiche vengono migliorate e arricchite. Alcune hanno optional tecnologici, fra cui sensori per il parcheggio (sinistra), fendinebbia, sistemi di navigazione, telecamere di retromarcia e freni di emergenza automatici. Fra qualche anno, saremo in grado di sederci dietro e farci portare a destinazione dall'auto stessa.

Auto, auto, auto

Le prime automobili, o "carrozze senza cavalli", erano semplicemente carrette che, invece di essere tirate da un cavallo, erano azionate da un motore. Molti di questi primi veicoli usavano motori a vapore. Il grande sviluppo avvenne nel 1862, quando l'ingegnere belga Étienne Lenoir realizzò un'auto azionata da quello che chiamava motore "a combustione interna", che bruciava gas dentro un cilindro per creare energia.

Automobile a benzina

■ **Che cosa è?** Hippomobile
■ **Chi?** Étienne Lenoir
■ **Dove e quando?** Francia, 1863

La prima automobile di Lenoir, del 1862, aveva 3 ruote ed era alimentata dalla combustione di gas, che veniva acceso ripetutamente da una scintilla elettrica. L'anno seguente, Lenoir modificò il motore e costruì una nuova auto a benzina, che chiamò Hippomobile.

Primo vero veicolo elettrico

■ **Che cosa è?** Automobile elettrica
■ **Chi?** William Ayrton e John Perry
■ **Dove e quando?** GB, 1881

La prima vera auto elettrica fu un triciclo alimentato a batteria, costruito dagli ingegneri inglesi William Ayrton e John Perry. Ora si pensa che le auto elettriche domineranno il futuro perché inquinano meno.

*Ruota posteriore
più piccola*

Prima auto in vendita

■ **Che cosa è?** Motorwagen
■ **Chi?** Karl Benz
■ **Dove e quando?** Germania, 1888

Nel 1888, l'ingegnere tedesco Karl Benz mise in vendita la prima auto: la Benz Patent Motorwagen. Per dimostrare che funzionava bene, la moglie di Benz, Bertha, la guidò per 180 km: fu il primo viaggio su lunga distanza. La Motorwagen riscosse un enorme successo, e presto Benz ne vendette 600 l'anno.

Auto popolare

■ **Che cosa è?** Volkswagen Maggiolino 1300
■ **Chi?** Ferdinand Porsche
■ **Dove e quando?** Germania, 1938

Il Maggiolino Volkswagen fu ideato come "auto popolare", cioè economico e alla portata di tutti. Fu messo in vendita per la prima volta nel 1945, e nel tempo dimostrò la sua vera natura. Nel 2003, quando terminò la produzione, ne erano stati costruiti 21,5 milioni di esemplari.

**Maggiolino
Volkswagen, 1948**

L'auto compatta

- **Che cosa è?** BMC Mini
- **Chi?** Alec Issigonis
- **When?** GB, 1959

La Mini fu una delle utilitarie da città di maggiore successo. Il motore montato lateralmente e la trazione anteriore facevano risparmiare spazio. L'idea si dimostrò così buona, che fu utilizzata su molte piccole auto.

BMC Austin Seven Mini

Auto ibrida

- **Che cosa è?** Toyota Prius
- **Chi?** Toyota
- **Dove e quando?** Giappone, 1997

Le auto ibride hanno sia un motore elettrico, alimentato a batterie, sia un motore a benzina. Il motore elettrico aziona l'auto quando è completamente carico, ma l'auto va anche a benzina. La prima macchina ibrida ad avere un successo di vendite fu la Toyota Prius, uscita nel 1997.

IN MOVIMENTO

Auto elettrica

- **Che cosa è?** Tesla Roadster
- **Chi?** Martin Eberhard e Marc Tarpenning
- **Dove e quando?** USA, 2008

Le auto a benzina e a gasolio producono inquinamento atmosferico e acustico. Nel 2008, l'azienda automobilistica americana Tesla riprese l'idea di un'auto elettrica producendo un'elegante vettura sportiva: la Roadster. Anche se questi veicoli non usano combustibili tradizionali, e sono quindi migliori per l'ambiente, si ricaricano con tempi lunghi.

Autovettura autonoma

- **Che cosa è?** Audi A8 L
- **Chi?** Audi
- **Dove e quando?** Germania, 2017

L'autovettura autonoma, senza conducente, rileva l'ambiente e sterza senza intervento umano, usando laser, radar e GPS (v. p. 256) per "vedere" dove

va. L'Audi A8 L è la prima auto autonoma a essere messa in produzione. Percorre lunghe distanze, frena e parcheggia da sola.

Tettuccio rigido rimovibile

Le batterie sono collocate dietro.

▲ PIÙ PULITA E VELOCE
La Roadster non produce inquinamento. È alimentata da numerose e potenti batterie al litio.

Henry Ford

L'industriale americano Henry Ford fece storia lanciando la Ford Model T (v. pp. 92-93), un'auto alla portata di tutti. Con un semplice progetto di automobile prodotta in serie nella sua enorme fabbrica, trasformò i veicoli a motore da un lusso per ricchi a un bene quotidiano per tutti. Se non fosse stato per Ford, oggi le automobili sarebbero rare come gli yacht di lusso.

UN'AUTO PER TUTTI

La capacità di Ford di tener dietro alle richieste dipendeva dalla velocità della linea di produzione. Nel 1914, dalla sua fabbrica uscivano oltre 250.000 auto l'anno, metà di tutte le macchine americane.

► LA MODEL T
Henry Ford fotografato accanto a una delle sue Model T, nel 1920 ca. La vettura, di acciaio leggero, era robusta e richiedeva poca manutenzione.

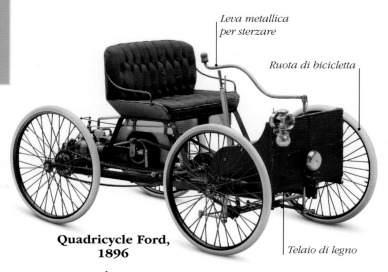

Leva metallica per sterzare

Ruota di bicicletta

Quadricycle Ford, 1896

Telaio di legno

SEMPLICITÀ

La prima automobile di Ford – la semplice ed economica Quadricycle del 1896 – era poco più di un motore a benzina montato su 4 ruote da bicicletta. Era monoposto, con 2 cinghie di trasmissione (v. p. 90), azionate da una frizione sul fondo dell'auto. L'idea era di un'auto che potesse essere costruita rapidamente e in grandi numeri da operai non specializzati.

CATENA DI MONTAGGIO

Il direttore della fabbrica di Ford, Charles Sorensen, introdusse la catena di montaggio nel 1913. Le vetture erano trascinata su binari da una catena, e ogni operaio vi aggiungeva una parte, sempre la stessa. Con questo procedimento senza interruzioni si sfornava un'auto ogni 10 secondi.

BIOGRAFIA

1863	1876	1879	1896
Henry Ford, figlio di William e Mary, nasce il 30 luglio a Wayne County, nel Michigan (Stati Uniti).	Dopo aver smontato e rimontato un orologio da taschino regalatogli dal padre, inizia a riparare orologi.	Va a Detroit, dove lavora come apprendista macchinista e impara a maneggiare motori a vapore.	Costruisce il Quadricycle e lo prova su strada a Detroit.

1903	**1913**	**1917**	**1947**
Apre l'azienda Ford Motor e vende la prima automobile, la Model A, a 850 dollari. Nel 1908 lancia la Model T.	In Michigan, l'azienda di Ford introduce la catena di montaggio per la produzione di massa delle proprie auto.	Costruisce la fabbrica più grande del mondo a Dearborn, in Michigan. Vi sono contenute tutte le parti necessarie per produrre auto.	Ford muore nella sua casa di Dearborn. A questo punto, quasi tutte le auto del mondo sono prodotte in serie.

SCEGLINE UNA!

La torre dell'Autostadt (vista dall'alto) ha 400 scompartimenti e viene automaticamente ricaricata con nuove auto tramite un nastro trasportatore verticale. Si trova vicino alla fabbrica della Volkswagen a Wolfsburg, in Germania. Quando un cliente ne sceglie una, la torre la preleva come fosse un'enorme distributore automatico. Braccia di robot estraggono l'auto desiderata e la portano giù.

Trasporti pubblici

All'inizio del XIX secolo, quando città industriali come Londra e Parigi si ingrandirono, sempre più persone andarono ad abitare lontane dal posto di lavoro. Si sentì quindi l'esigenza di un sistema di trasporti pubblici. Alcuni pendolari usarono il treno, altri omnibus a cavalli, poi autobus e tram.

Primo pullman

- **Che cosa è?** Mercedes-Benz O 10000
- **Chi?** Mercedes-Benz
- **Dove e quando?** Germania, 1938

Fino agli anni '30 del 1900, gli autobus transitavano su brevi percorsi cittadini, ma quando in Germania furono costruite le autostrade (v. p. 103), i produttori tedeschi di autobus realizzarono veicoli grandi e veloci, per lunghi viaggi. Il più grande e potente fu il Mercedes-Benz O 10000, dal caratteristico muso sporgente.

Archetto in contatto con la linea aerea

Primo tram elettrico

- **Che cosa è?** Tram Siemens
- **Chi?** Werner von Siemens
- **Dove e quando?** Germania, 1881

La prima rete di tram elettrici nacque a San Pietroburgo, in Russia, ma nel 1881 Berlino fu la prima città a usare proficuamente le vetture Siemens. Già da vent'anni a Berlino circolavano tram tirati da cavalli, perciò il passaggio all'elettricità fu semplice. I tram elettrici correvano su rotaie ed erano alimentati da cavi aerei.

L'autobus a motore

- **Che cosa è?** Autobus B-Type
- **Chi?** Frank Searle
- **Dove e quando?** GB, 1909

Londra aprì la strada ai mezzi pubblici a motore, in particolare ai famosi autobus rossi a due piani, con quello superiore scoperto. Il leggendario B-Type fu il primo prodotto in serie. Durante la Prima guerra mondiale, ne furono adattati 900 per il trasporto di truppe.

Pullman di lusso

- **Che cosa è?** GM Scenicruiser GX-2
- **Chi?** Raymond Loewy
- **Dove e quando?** USA, 1951

Lo Scenicruiser, progettato per la compagnia di autobus Greyhound, è stato un simbolo dell'America.

Aveva un design ultramoderno e una comodità senza pari; era stato costruito per collegare le città americane, percorrendo con eleganza lunghe distanze in autostrada. Viaggiò da metà anni '50 a fine anni '70.

Scenicruiser, 1958

Tram-treno

- **Che cosa è?** Tram-treno
- **Chi?** Karlsruher Verkehrsverbund (KVV)
- **Dove e quando?** Germania, 1992

I tram tornarono di moda quando le città sentirono l'esigenza di trasporti puliti. Il nuovo tram-treno può viaggiare sia sulle rotaie del trasporto cittadino, sia su quelle della rete ferroviaria che collega altre città. L'idea è nata a Karlsrhue, in Germania, e si è diffusa in alcune città del mondo.

Moderno tram-treno a Mulhouse (Francia)

Autobus a zero emissioni

- **Che cosa è?** Citaro FuelCELL
- **Chi?** Daimler Benz
- **Dove e quando?** Germania, 2003

Gli autobus a motore emettono molti fumi inquinanti. Ecco perché gli autobus a idrogeno potrebbero essere i veicoli del futuro. Nelle celle a combustibile, l'idrogeno si combina con l'ossigeno per generare elettricità. Non inquinano, poiché l'unico sottoprodotto è l'acqua.

Trasporto personale automatico

- **Che cosa è?** ULTra
- **Chi?** Martin Lowson
- **Dove e quando?** GB, 2005

I sistemi di trasporto personale automatico (PAT) sono un incrocio fra autovetture autonome e tram. Piccoli veicoli elettrici chiamati "podcar" si spostano in rapida successione su un binario. Ognuno può trasportare 6-10 persone.

Per strada

La costruzione delle strade risale a migliaia di anni fa. Il regno sumero, l'Egitto, l'impero romano e quello inca erano dotati di strade lastricate, e le antiche città islamiche per realizzarle usavano il catrame. Ma fu solo dopo la rivoluzione industriale (v. pp. 52-53) e l'avvento dell'automobile che esplose la costruzione di strade, e oggi nel mondo ve ne sono per oltre 65 milioni di km.

Luci programmate per accendersi e spegnersi regolarmente controllano il traffico degli incroci.

FATTI IN BREVE

- Molte strade sono pavimentate in macadam, un misto di bitume e minuscole pietre, dette aggregati.
- Spesso le strade sono di cemento, che ha un costo di costruzione superiore al macadam, ma dura di più.
- Ogni anno si usano 102 milioni di tonnellate di bitume per fare strade e piste di aeroporti.

SEMAFORI

I semafori sono fondamentali per controllare il traffico e rendere sicuri gli incroci. Nei primi anni della motorizzazione, i conducenti si conformavano ai segnali stradali e ai poliziotti che dirigevano il traffico. Poi, nel 1912, a Salt Lake City (Stati Uniti) l'elettricista americano Lester Wire installò il primo semaforo elettrico a colori. Ora i semafori usano luci a LED (v. p. 181) controllate da computer.

PRIME STRADE

Gli antichi Romani furono i pionieri nella costruzione di strade. Per permettere ai propri eserciti e ai mercanti di spostarsi in tutto l'impero, sostituirono tortuosi sentieri con 80.000 km di lunghe strade diritte pavimentate in pietra. La carreggiata era leggermente rialzata al centro per far defluire l'acqua.

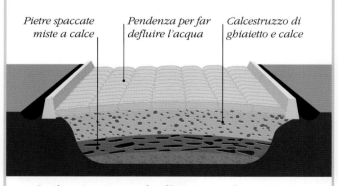

Pietre spaccate miste a calce — *Pendenza per far defluire l'acqua* — *Calcestruzzo di ghiaietto e calce*

Sezione trasversale di una strada romana, precorritrice delle strade moderne

OCCHI DI GATTO

Si racconta che, nel 1933, l'inventore inglese Percy Shaw, guidando di notte vide gli occhi di un gatto che brillavano davanti ai suoi fanali. Ebbe così l'idea di una segnaletica riflettente – ora detta occhi di gatto – che indicasse il centro della strada al buio. I moderni occhi di gatto spesso sono a LED solari, e brillano tutta la notte.

Occhi di gatto su una strada inglese

WOW!

Nel 2010, su un'autostrada cinese avvenne uno dei più terribili ingorghi stradali del mondo: migliaia di vetture furono bloccate per oltre 10 giorni.

Blocchi trasparenti collocati sopra pannelli solari

STRADE SOLARI

Gli ingegneri stradali stanno ora sperimentando strade che producono energia. Le vie di comunicazione del futuro potrebbero non essere lastricate di catrame, ma di pannelli solari (strade "piezoelettriche"), e potrebbero sfruttare la pressione dei veicoli che passano per generare corrente elettrica.

LA STRADA APERTA

Autostrade con o senza pedaggio e bretelle autostradali sono vie ampie e veloci per il traffico automobilistico. Hanno corsie separate per sorpassi sicuri e permettono un flusso scorrevole, senza rallentamenti e incroci. La Long Island Motor Parkway, aperta nel 1908, fu la prima autostrada americana. L'Italia ne inaugurò una nel 1921, ma fu in Germania negli anni '30 che l'idea decollò davvero.

▼ AUTOBAHN, 1935

Le autostrade tedesche a più corsie sono chiamate Autobahn. Furono progettate negli anni '20, ma ultimate solo nel 1935.

A vela

Di solito, le prime imbarcazioni a vela avevano vele quadre, che funzionavano solo se il vento soffiava da poppa. Poi, 2.000 anni fa, i Romani inventarono le vele triangolari, dette anche latine, che si potevano disporre ad angolo con il vento, permettendo di risalirlo.

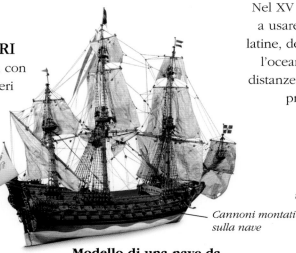

Modello di caravella armata di vele latine

LA CARAVELLA

Le navi robuste, a vele quadre, erano adatte alla navigazione costiera, ma non a quella d'altura. Nel XV secolo, i navigatori europei iniziarono a usare imbarcazioni veloci e leggere a vele latine, dette "caravelle". Con esse attraversarono l'oceano, percorrendo rapidamente lunghe distanze e riuscendo a tornare a casa con venti provenienti da qualsiasi direzione.

VELIERO A TRE ALBERI

Dal XVI secolo, grandi velieri con due, tre e perfino quattro alberi percorrevano gli oceani. L'enorme superficie invelata catturava abbastanza vento da trasportare carichi pesanti. Le prime navi da guerra potevano avere a bordo molti potenti cannoni.

Cannoni montati sulla nave

Modello di una nave da guerra olandese del 1660

► LO YACHT VOLANTE

Lo yacht del team di Oracle per l'America's Cup è progettato per volare sull'acqua a una velocità di 96,5 km/h. Scivola sulla superficie grazie a hydrofoil che lo sollevano riducendo la frizione con l'acqua.

Doppio scafo idrodinamico di leggera fibra di carbonio.

ORACLE   ORACLE TEAM USA   17

GIUBBOTTO DI SALVATAGGIO

Il precursore dei moderni giubbotti di salvataggio fu inventato nel 1854 dall'esploratore artico inglese capitano John Ward. Era fatto di tavolette di sughero, ed era molto scomodo. I giubbotti moderni sono imbottiti di espanso o si gonfiano al bisogno con anidride carbonica.

Moderna barca da regata di classe J

VELA BERMUDIANA

La disposizione della vela e dell'albero è detta armamento.

La vela bermudiana, o vela Marconi, fu inventata nel XVII secolo per permettere a barche piccole di navigare nelle acque infide delle isole Bermuda. Si tratta di due vele triangolari sospese a un albero.

La piccola, a prua, si chiama "fiocco", la grande, su un braccio girevole o boma, "randa". Le moderne barche da regata usano questo armamento per avere maggiore velocità e manovrabilità.

Le vele hanno alette regolabili, come le ali di un aereo, per ridurre la resistenza del vento.

VELE AUTOMATICHE

Negli anni '60 del 1900, l'ingegnere tedesco Wilhelm Pröls progettò un armamento che chiamò Dyna-Rig. Gli alti alberi portano vele mosse da motori, e quindi un'unica barca gigantesca può essere governata da una sola persona. Il *Maltese Falcon* (sopra), primo yacht con Dyna-Rig, è uno dei più grandi del mondo.

ORACLE TEAM USA

Sull'acqua

Il motore a vapore (v. pp. 53-53) fu una pratica
alternativa energetica per le imbarcazioni azionate
da ruote a pale o da eliche. Oggi, le navi che
trasportano passeggeri o merci, e quelle da guerra,
hanno motori che fanno girare le eliche sott'acqua
per spingerle avanti o indietro. Le prime navi
degli anni '30 del 1800 andavano a vapore, mentre
quasi tutte quelle attuali sono alimentate a gasolio.

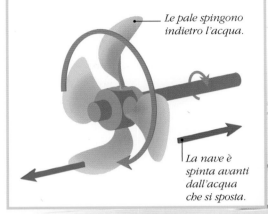

Propulsore a vite

**Modello di scafo della
SS *Francis Smith*, 1836**

NUOVO PROPULSORE

Le prime navi a vapore avevano ruote a pale che le onde
danneggiavano facilmente. Negli anni '30 del 1800,
l'inventore svedese John Ericsson e l'inglese Francis
Pettit Smith crearono un propulsore fatto a cavatappi.
Questi congegni "a vite" erano più potenti delle ruote
a pale e funzionavano meglio in mari agitati.

**Varo della
SS *Great Britain***

AVANTI TUTTA!

Nel 1843, l'ingegnere inglese Isambard Kingdom
Brunel varò la sua innovativa nave di linea a vapore
per passeggeri. La SS *Great Britain* era il più grande
transatlantico di quel tempo, e il primo a combinare
energia a vapore, elica a vite e scafo di ferro.
A metà XIX secolo, le eliche avrebbero completamente
sostituito le ruote a pala.

NAVE NUCLEARE

Le navi che si avventurano nelle acque
gelide dell'oceano Artico devono
essere abbastanza robuste da spezzare
lo spesso strato di ghiaccio e navigare
a lungo. I "rompighiaccio" russi sono
alimentati da reattori nucleari, grazie
ai quali stanno in mare per anni
senza doversi rifornire di carburante.

IDROGETTO

Alcuni natanti sono alimentati da un potente getto d'acqua fornito da una pompa. Una girante, nascosta dentro un tubo dello scafo, aspira l'acqua da una presa, poi la spara fuori a poppa per far procedere l'imbarcazione. Gli idrogetti, come questa moto d'acqua, sono molto veloci.

MOTORI NAUTICI IBRIDI

In gran parte delle navi i motori fanno girare direttamente le eliche, ma sempre più imbarcazioni e qualche nave di linea, come la *Queen Mary* 2 (destra), le usano in maniera diversa. Nelle navi "ibride", infatti, il motore aziona generatori elettrici che avviano motori elettrici in grado di far girare le eliche. Queste navi permettono un risparmio di energia rispetto a quelle tradizionali.

◄ SCIVOLARE NEL GHIACCIO
Uno dei rompighiaccio nucleari più grandi al mondo, la nave russa 50 let Pobedy (50 anni della vittoria), ha trasportato la fiamma olimpica al Polo Nord per inaugurare le Olimpiadi invernali del 2014.

Lo scafo liscio e la prua arrotondata di un rompighiaccio si insinuano facilmente nel mare gelato; il suo peso frantuma il ghiaccio.

Barche e navi

Le prime imbarcazioni a motore erano poco più che barche a remi con motori a vapore e ruote a pale. Nel tempo, la combinazione di scafi d'acciaio e motori potenti ha permesso di creare ogni genere di enormi navi: dai giganteschi portacontainer ai transatlantici che trasportano migliaia di passeggeri.

FATTI IN BREVE

■ La petroliera *Seawise Giant*, dismessa nel 2009, era la nave più grande mai costruita. La sua lunghezza era uguale all'altezza dell'Empire State Building: 458,4 m.
■ Nel mondo navigano oltre 50.000 imbarcazioni: 31% navi mercantili, 27% petroliere, 15% navi rinfusiere, 13% navi passeggeri, 9% portacontainer e 5% tutte le altre.

Primo piroscafo per merci e passeggeri

■ **Che cosa è?** *Clermont*
■ **Chi?** Robert Fulton
■ **Dove e quando?** USA, 1807

La prima nave a vapore fu la francese *Pyroscaphe*, del 1783, ma la prima a trasportare regolarmente passeggeri fu la *Clermont*. Costruita dall'ingegnere americano Robert Fulton nel 1807, faceva la spola fra New York e Albany lungo il fiume Hudson.

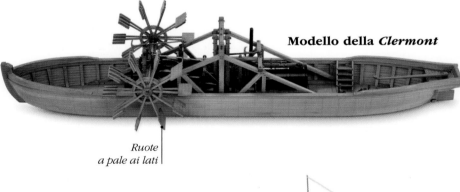

Modello della *Clermont*

Ruote a pale ai lati

Nave a vapore transoceanica

■ **Che cosa è?** SS *Great Eastern*
■ **Chi?** Isambard Kingdom Brunel
■ **Dove e quando?** GB, 1857

Dopo il successo della SS *Great Britain*, Isambard Kingdom Brunel decise di costruire una grande nave a vapore che potesse caricare abbastanza combustibile da fare il giro del mondo: la SS *Great Eastern*. Era lunga 211 m, sei volte di più di qualsiasi altra nave precedente. Pur attraversando varie volte l'oceano Atlantico, non fece mai il periplo del mondo e non fu un successo commerciale.

▼ SS *GREAT EASTERN*
La nave era così grande che poteva accogliere 4.000 passeggeri per volta.

Albero per la vela

Elica azionata dal motore

108

Prima nave a turbina

- **Che cosa è?** *Turbinia*
- **Chi?** Charles Parsons
- **Dove e quando?** GB, 1894

Nel 1884, l'ingegnere inglese Charles Parsons inventò una turbina a vapore che usava il vapore ad alta pressione per far girare una turbina, o ventola. Dieci anni dopo, varò la prima nave a turbina, la *Turbinia*. A quei tempi era la nave più veloce del mondo e raggiungeva 64 km/h. Oggi gran parte delle grandi navi usa motori diesel o diesel-elettrici.

WOW!

La nave da crociera di costruzione francese *Harmony of the Seas*, lunga 364 m, è la nave passeggeri più grande mai esistita.

Uno scafo di ferro a due strati rafforzava la nave.

Portacontainer

- **Che cosa è?** *Ideal X*
- **Chi?** Malcom McLean
- **Dove e quando?** USA, 1956

Nel 1956, il magnate americano dei trasporti Malcom McLean ebbe l'idea di riempire contenitori di metallo, o container, di merci, che potevano poi essere caricati facilmente su navi specializzate. L'idea funzionò, tanto che attualmente gran parte delle merci sfuse viene trasportata in navi portacontainer.

MSC *Agata*, nave portacontainer

Container tutti uguali sono stivati sul ponte della nave.

La più grande nave solare

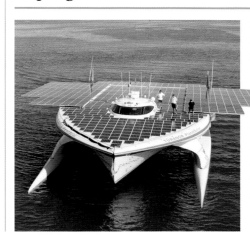

- **Che cosa è?** *Tûranor* PlanetSolar
- **Chi?** Knierim Yatchtbau
- **Dove e quando?** Germania, 2010

La *Tûranor* PlanetSolar è la nave solare più grande del mondo e la prima a circumnavigare il globo. È azionata da motori alimentati solo da pannelli solari. La parola "Tûranor" fu inventata dallo scrittore inglese J.R.R. Tolkien nel famoso libro *Il Signore degli anelli*, e significa "il potere del Sole".

Nave robotica

- **Che cosa è?** YARA *Birkeland*
- **Chi?** Yara International
- **Dove e quando?** Norvegia, 2019

La YARA *Birkeland*, nave robotica senza equipaggio, sarà la prima nave autonoma. È anche una portacontainer a zero emissioni e porterà fertilizzanti in piccoli porti della Norvegia.

Il primo anno avrà un equipaggio ridotto, ma dal 2020 dovrebbe navigare autonomamente.

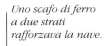

IN MOVIMENTO

Orientarsi in mare

I marinai che si avventurano in alto mare hanno bisogno di qualcosa che li aiuti a trovare la rotta. Nel corso dei secoli sono stati creati strumenti, come il quadrante e il sestante, che hanno permesso ai naviganti di sapere dove si trovavano conoscendo l'altezza del Sole e delle stelle. Anche la bussola magnetica è stata fondamentale. Oggi le imbarcazioni si affidano ai sistemi elettronici satellitari.

Il rollio di una imbarcazione sull'acqua non ha effetto su questi pesi che oscillano.

Quadrante del XVII secolo

I gradi segnano l'angolo

Filo a piombo

Mirino per guardare verso il sole

TROVARE LA LATITUDINE

Negli anni '60 del 1400, i navigatori iniziarono a calcolare la latitudine, cioè la posizione a nord o sud dell'Equatore, con uno strumento chiamato quadrante. Lo puntavano verso la stella polare di notte, o verso il sole a mezzogiorno, e guardavano attraverso due mirini situati lungo un lato del quadrante. Quando collimavano con la stella, un filo a piombo mostrava la latitudine sul quadrante.

Un esploratore usa il sestante in Antartide, 1930

▶ OROLOGIO MARINO
Il cronometro marino di John Harrison risolse il problema di rilevare l'ora in mare.

SESTANTE

Negli anni '30 del 1700, l'inglese John Hadley e l'americano Thomas Godfrey inventarono in modo indipendente il sestante. Guardando nel mirino, mediante l'allineamento di due specchi, il navigatore poteva trovare l'angolo del Sole e delle stelle con l'orizzonte. Per ottenere la latitudine, si consultavano delle tabelle. Per anni il sestante fu uno strumento di navigazione essenziale.

ORA ESATTA

Per calcolare la longitudine, cioè quanto avevano viaggiato verso est o ovest, a mezzogiorno i naviganti dovevano conoscere che ora era nel luogo da cui erano partiti. La differenza mostrava la distanza. In una nave che dondolava, però, i normali orologi a pendolo rimanevano indietro. Nel 1735, l'orologiaio inglese John Harrison costruì un cronometro marino che manteneva l'ora esatta anche in movimento.

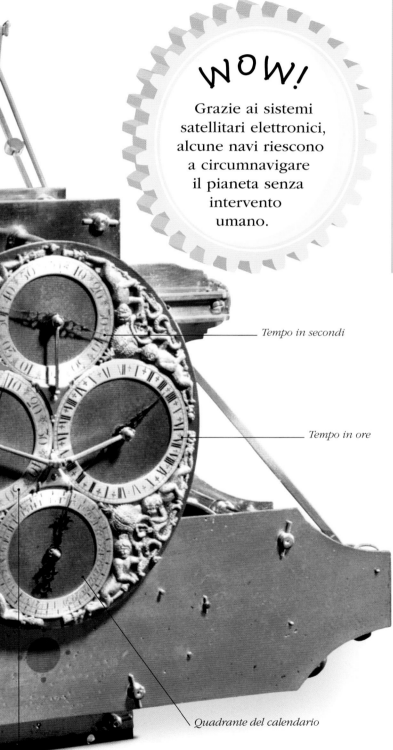

WOW!

Grazie ai sistemi satellitari elettronici, alcune navi riescono a circumnavigare il pianeta senza intervento umano.

Tempo in secondi

Tempo in ore

Quadrante del calendario

Tempo in minuti

SONAR

È un sistema che usa onde sonore per individuare oggetti sotto il mare. Invia "impulsi", che rimbalzano indietro (eco) in modo diverso e vengono captati da antenne. Nel 1906, l'architetto navale americano Lewis Nixon inventò il primo dispositivo per ascolto di onde, simile al sonar, per identificare gli iceberg. Nel 1915, durante la Prima guerra mondiale, il fisico francese Paul Langévin costruì il primo sonar per individuare i sottomarini.

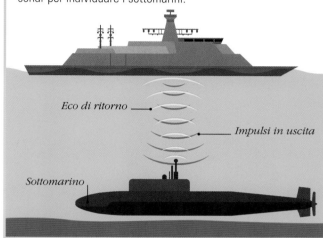

Eco di ritorno

Impulsi in uscita

Sottomarino

RADAR

Nel 1904 comparvero per la prima volta i sistemi radar dell'inventore tedesco Christian Hülsmeyer. Egli scoprì che si potevano rivelare oggetti, come navi, nascosti da una fitta nebbia facendovi rimbalzare onde radio. Si ottenevano echi a cui rispondeva un campanello o, nelle ultime versioni, punti luminosi su uno schermo. Durante la Seconda guerra mondiale, il radar fu usato per individuare le navi nemiche. Da allora, è diventato uno strumento fondamentale per la navigazione.

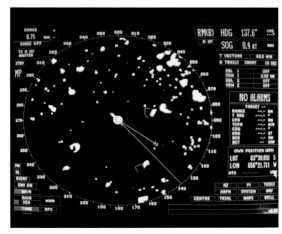

Schermo radar di una nave per ricerche che mostra una distesa di iceberg

Sott'acqua

Elica per il movimento su e giù

Corpo di legno

I primi pionieri del mondo sottomarino furono spinti dalla curiosità di sapere cosa si trovasse nelle profondità degli oceani. La leggenda vuole che Alessandro Magno si facesse calare in mare dentro un grande vaso di vetro. Nel 1500 si diffusero camere piene d'aria chiamate "campane subacquee". Mentre si eseguivano esperimenti sui mezzi per poter visitare gli abissi, iniziò a prendere forma il moderno sottomarino.

SOMMERGIBILE "TARTARUGA"

Si dice che il *Turtle*, dell'inventore americano David Bushnell, fosse il primo sottomarino moderno funzionante. Era un barile di legno che poteva contenere un uomo, con un'elica, un timone e delle finestre. Il *Turtle*, costruito nel 1773, fu usato nella Guerra di indipendenza americana per cercare di minare in segreto le navi inglesi, ma la missione fallì.

PRIMA CAMERA PRESSURIZZATA

Nel 1894, l'ingegnere americano Simon Lake inserì per la prima volta nel suo sommergibile, l'*Argonaut Junior*, la camera pressurizzata a due porte. Quando un sommozzatore lascia il mezzo, la camera si riempie d'acqua, e si può aprire la porta esterna. Quando ritorna, si chiude la porta esterna, si fa uscire l'acqua e si apre quella interna.

Modello del sommergibile *Alvin*

Il sottomarino è a forma di proiettile in modo che l'acqua vi scorra meglio attorno.

IMMERSIONI

Lo scafo da ricerca americano *Alvin*, costruito nel 1964, è un sommergibile. A differenza di un sottomarino, questo mezzo con equipaggio deve tornare in superficie per l'energia e per l'aria. Ha un'autonomia di 9 ore, trasporta due scienziati e un pilota fino a una profondità di 4.500 m. Dopo 50 anni e oltre 4.000 immersioni, è ancora attivo.

Il tubo rilascia ossigeno dalla bombola al boccaglio.

Subacquei che indossano bombole moderne

Bombola d'ossigeno

RESPIRARE SOTT'ACQUA

Anche se l'inventore italiano Leonardo da Vinci progettò una tuta da sub circa 500 anni fa, il primo sistema funzionale per immersioni fu realizzato solo nel 1943. I francesi Jacques Cousteau ed Émile Gagnan inventarono l'apparecchio di respirazione subacquea autonoma (SCUBA), che permetteva ai subacquei di nuotare sott'acqua respirando ossigeno da bombole fissate dietro la schiena.

IMMERSIONE E RISALITA

Quando il serbatoio di zavorra è pieno d'aria, il sottomarino galleggia.

L'aria è ripompata dentro per far risalire di nuovo il sottomarino.

Aprendo gli aeratori, l'acqua entra e spinge fuori l'aria. Il sottomarino inizia a immergersi.

Quando il serbatoio è pieno d'acqua, il sottomarino si immerge alla massima profondità.

Tutti i sottomarini hanno un doppio scafo. Fra quello esterno e quello interno vi sono larghi spazi, detti serbatoi di zavorra, che contengono acqua. Per immergersi, il sottomarino pompa acqua nei serbatoi, che, riempiendosi, lo rendono abbastanza pesante da immergersi. Per risalire, pompa fuori l'acqua e diventa più leggero.

Una piccola piattaforma da osservazione, detta ponte, è visibile quando il sottomarino emerge.

Sottomarino in esercitazione navale alle Hawaii (Stati Uniti)

SOTTOMARINI OGGI

Gran parte degli attuali sottomarini, costruiti in incognito, è usata come macchina da guerra. Oggi la marina ha sottomarini diesel-elettrici (sotto) e nucleari. Quelli a energia nucleare possono rimanere per mesi sott'acqua, senza bisogno di risalire, e viaggiare in tutto il mondo senza rifornirsi di carburante. I loro reattori nucleari producono una quantità illimitata di energia senza bisogno di ossigeno. L'unico motivo per cui possono aver bisogno di tornare in superficie, è per rifornirsi di cibo e scaricare i rifiuti.

PORTAEREI

Un aereo da combattimento decolla dalla USS *Gerald R. Ford*, una portaerei della marina americana. Le navi portaerei sono le imbarcazioni più grandi, hanno un ponte di volo piatto lungo fino a 305 m per il decollo e l'atterraggio. Il comandante della torre di controllo è responsabile dell'accesso degli aerei alla nave.

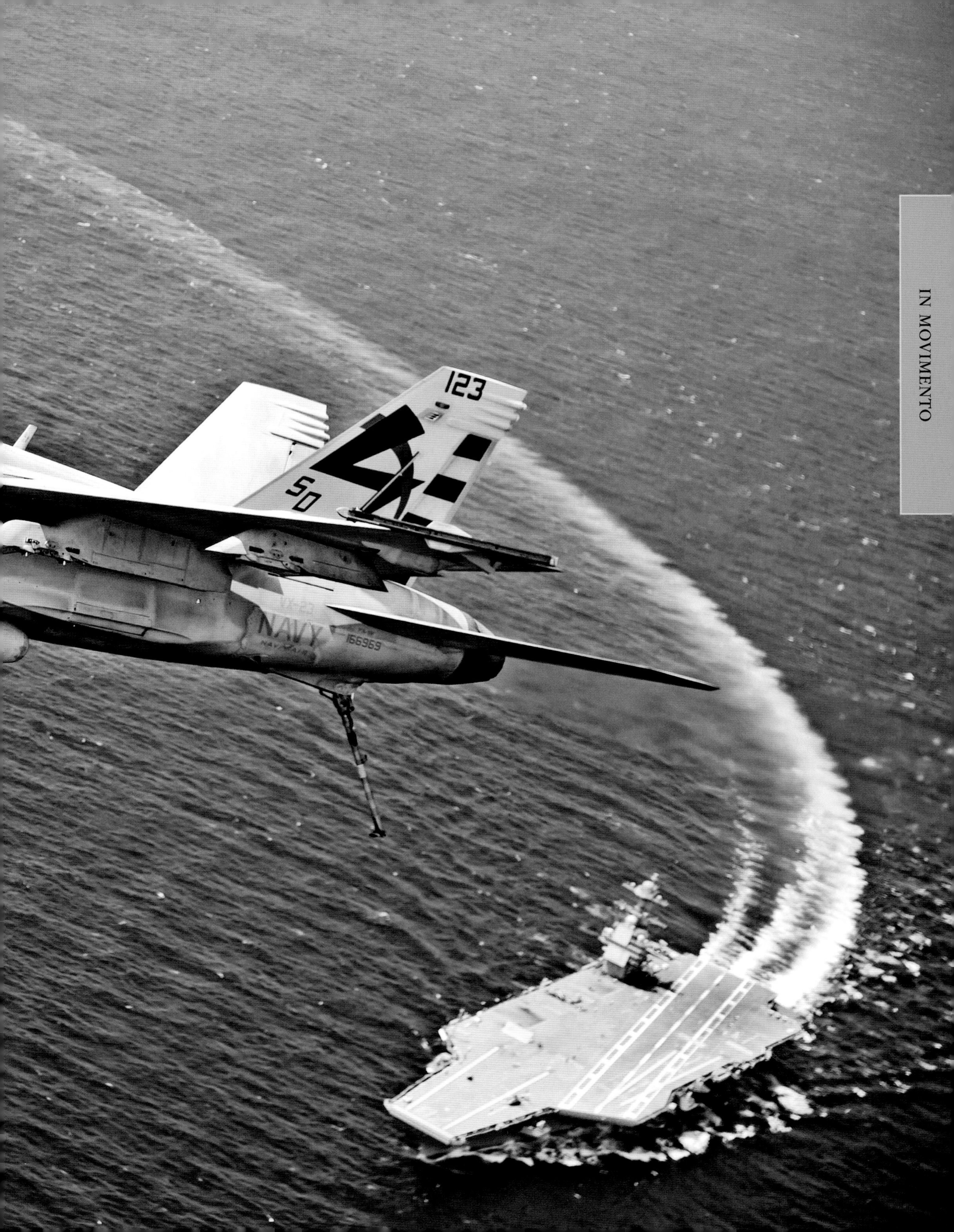
123
SD
NAVY
166969

Coda da uccello.

**Macchina volante
di Stringfellow, 1848**

Conquista dei cieli

Gli uomini hanno sempre cercato di volare fissandosi delle ali al corpo e lanciandosi nell'aria per imitare il volo degli uccelli, ma spesso i tentativi sono finiti in tragedia. Un passo avanti fu fatto dall'ingegnere inglese sir George Cayley, che individuò le forze che agiscono su un aeroplano in volo, compresa la "portanza". Tuttavia, solo nel 1903 i fratelli Wright (v. pp. 118-119) riuscirono a concretizzare il volo a motore.

VOLO A MOTORE

Nel 1847, gli inventori inglesi John Stringfellow e William Henson costruirono un prototipo di aereo alimentato da piccoli motori a vapore, che però non riuscì a volare. Stringfellow ne costruì poi una versione dimezzata e, nel 1848, compì il primo volo a motore.

VOLO CON EQUIPAGGIO

All'inizio del 1800, nonostante il successo dei palloni aerostatici, l'ingegnere inglese sir George Cayley era convinto che il futuro del volo fossero le ali. Sperimentò aquiloni e sviluppò teorie sulla forma delle ali. Costruì anche alianti, e nel 1848 ne fece volare uno che portava un bambino di 10 anni: fu il primo volo aereo con equipaggio.

*Le ali e la coda erano di lino teso
su una intelaiatura di canne.*

Aliante di Cayley

IDROVOLANTI

Il vero progresso nel campo aeronautico avvenne dopo il volo dei fratelli Wright nel 1903. Negli anni '30 iniziò l'era dei viaggi in aereo, con giganteschi "idrovolanti" come lo Short Empire, il Martin M-130 e il Boeing 314. Gli aeroporti non erano ancora stati costruiti, ma molte città avevano un fiume, e i primi apparecchi erano progettati per decollare e atterrare sull'acqua. I famosi idrovolanti americani "Clipper" erano enormi e trasportavano passeggeri come se fossero su navi da crociera di lusso.

FLY-BY-WIRE

Negli aerei più vecchi, gli ipersostentatori che controllano il movimento erano mossi meccanicamente da aste e leve. Il jet supersonico (più veloce del suono) Concorde fu uno dei primi aerei "fly-by-wire". In essi è il pilota ad azionare i controlli di volo e i suoi movimenti sono trasformati in segnali elettrici inviati a motori, che spostano gli ipersostentatori. In modalità pilota automatico, l'aereo è controllato da un computer.

Il muso può essere alzato o abbassato per migliorare la visibilità.

Concorde

GLASS COCKPIT

Alla fine degli anni '60, le spie analogiche furono sostituite con schermi elettrici. Il display degli aerei moderni è talora chiamato "glass cockpit", perché è gremito di schermi che mostrano letture di dati, aggiornamenti informatici e la rotta del veivolo.

◄ BOEING 314
Viaggiare in aereo era un lusso per ricchi, e il Boeing 314 fu uno dei più lussuosi apparecchi in attività dal 1938 al 1946. Poteva trasportare 74 passeggeri su sedili o 40 in cuccette. Aveva a bordo anche un salone, spogliatoi e una sala da pranzo.

FORZE DEL VOLO

Quando un aereo si sposta, le ali fendono l'aria a una certa angolatura, spingendola verso il basso e producendo una forza detta "portanza". Questa è in equilibrio con il peso dell'aereo, che in tal modo si mantiene in volo. Per farlo spostare, i motori producono una forza, detta "spinta T del motore", che bilancia l'"attrito" dell'aria.

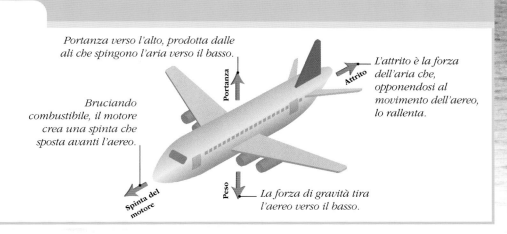

Portanza verso l'alto, prodotta dalle ali che spingono l'aria verso il basso.

Bruciando combustibile, il motore crea una spinta che sposta avanti l'aereo.

Portanza

Attrito

L'attrito è la forza dell'aria che, opponendosi al movimento dell'aereo, lo rallenta.

Spinta del motore

Peso

La forza di gravità tira l'aereo verso il basso.

I fratelli Wright

L'era dell'aviazione iniziò quando i fratelli americani Wilbur e Orville Wright fecero volare per la prima volta un aereo a motore. Avvenne a Kitty Hawk, in North Carolina (Stati Uniti) il 17 dicembre 1903. L'aereo era il *Flyer*. Prima ci avevano provato in molti, ma senza successo. I fratelli Wright riuscirono a controllare il *Flyer* e, anche se volò a soli 37 m dal suolo, il decollo e l'atterraggio furono perfetti.

WOW!

I fratelli lanciarono una monetina per stabilire chi avrebbe volato per primo. Wilbur vinse, ma al primo tentativo l'aereo si fermò.

BIOGRAFIA

1867	1896	1899	1903
Wilbur Wright nasce in una fattoria vicino a Newcastle, nell'Indiana (Stati Uniti). Suo fratello Orville viene al mondo quattro anni dopo a Dayton, Ohio.	I fratelli iniziano a lavorare come costruttori di biciclette, ma passano al volo quando sentono parlare dei primi voli in aliante dell'aviatore tedesco Otto Lilienthal.	Si trasferiscono a Kitty Hawk, North Carolina, e iniziano a costruire aerei sperimentali per fare esperienza.	Orville compie il primo volo controllato a motore sul *Flyer*. Nasce una nuova era dell'aviazione.

NELLA BOTTEGA DEL CICLISTA

I fratelli Wright iniziarono a lavorare riparando e
costruendo biciclette. Usarono la loro esperienza, e
pezzi di bici, per fabbricare il loro primo aereo: il
Flyer. L'apparecchio aveva un'intelaiatura di legno e
catene di biciclette collegavano le eliche al motore.

L'ALIANTE

Prima di costruire l'aeroplano a motore, i fratelli
Wright sperimentarono gli alianti con comandi a cavo.
Li lanciavano correndo giù da dune di sabbia. Il pilota
governava l'aereo spostando un'intelaiatura collegata
ai propri fianchi, che tirava dei cavi per piegare le ali
e cambiare direzione.

**I fratelli Wright
provano un
aliante, 1901 ca.**

CONTROLLO DEL VOLO

Orville Wright effettuava il controllo laterale del
Flyer tirando cavi per "deformare", o storcere, le ali
e così sollevare un lato dell'aereo o l'altro. Gli aerei
di oggi usano invece parti di ala incernierate, ma
l'idea di alterare la forma dell'ala per controllare
l'apparecchio in aria fu un grande passo avanti.

▲ **IL PRIMO VOLO**
*Orville Wright sta disteso sui controlli delle
ali del Flyer durante lo storico primo volo,
che durò 12 secondi.*

1905	1912	1948
A Huffman Prairie, in Ohio (Stati Uniti), con una versione modificata del *Flyer* Orville vola per 38,9 km in soli 38 minuti.	Il 30 maggio 1912, nella casa di famiglia muore Wilbur, a 45 anni. Orville diventa presidente dell'azienda Wright, poi la vende nel 1915.	Orville continua a lavorare per molti decenni come consulente aeronautico. Muore il 30 gennaio 1948, a 70 anni.

Dai jet agli aerei solari

I primi velivoli erano spinti da eliche ed erano abbastanza lenti. Gli aerei passeggeri volavano bassi fra le nuvole, dove erano tormentati dalle turbolenze. Negli anni '30, l'invenzione del motore a reazione cambiò tutto. Questo motore, che rendeva gli aerei più veloci e capaci di salire più in alto, in aria più calma, permise di compiere comodi viaggi intercontinentali in poche ore. Oggi gli scienziati continuano a studiare sistemi di alimentazione alternativi.

Ali di solito di legno

Heinkel He-178

Primo jet

- **Che cosa è?** Heinkel He-178
- **Chi?** Hans von Ohain
- **Dove e quando?** Germania, 1939

Il primo motore a reazione fu ideato negli anni '30, indipendentemente dallo scienziato tedesco Hans von Ohain e dall'ingegnere inglese Frank Whittle. Nel 1935, Ohain si associò al produttore di aerei tedesco Ernst Heinkel, interessato a sfruttare l'incremento di velocità. Il 27 agosto 1939, un pilota di Heinkel effettuò il primo test di volo con un jet.

Jet di linea

- **Che cosa è?** de Havilland Comet DH 106
- **Chi?** Ronald Bishop
- **Dove e quando?** GB, 1952

Nel 1952, il de Havilland Comet DH 106, o Comet 1, fu il primo apparecchio a reazione a effettuare un regolare servizio passeggeri. Il tempo dei voli a lungo raggio, per esempio fra l'Inghilterra e il Sudafrica, si dimezzò. Oggi nel mondo volano oltre 20.000 jet di linea.

▼ **BOEING 777-300R**
Questo tipico aereo di linea di media grandezza trasporta quasi 400 persone.

Il Boeing 777 è il jet bimotore più grande del mondo: è alimentato da 2 motori a reazione.

Aereo a reazione più veloce

- **Che cosa è?** Lockheed SR-71 Blackbird
- **Chi?** Clarence "Kelly" Johnson
- **Dove e quando?** USA, 1964

I jet militari possono volare a una velocità pari a tre volte quella del suono.
Il Lockheed SR-71, che attraversava l'Atlantico in meno di due ore, il 28 giugno 1976 raggiunse la velocità di 3.529,6 km/h, la massima di un aereo a reazione.
L'SR-71 era un aereo "invisibile", dipinto con una speciale vernice nera "radar-assorbente" per non essere individuato dagli eventuali nemici.

Il rivestimento in titanio resistente al calore era leggero e permetteva alte velocità.

Motore collegato sotto l'aereo per raccogliere ossigeno.

Illustrazione di un X-43A della NASA in volo

Aereo a motore più veloce

- **Che cosa è?** X-43A
- **Chi?** NASA
- **Dove e quando?** USA, 2004

I razzi volano ad alta velocità, ma devono trasportare un pesante carico di ossigeno liquido da miscelare al carburante.
Per risolvere il problema, la NASA inventò autoreattori supersonici che volando raccolgono ossigeno dall'aria. L'X-43A era un aereo sperimentale più veloce del suono, senza equipaggio, varato nel 2001. Ne furono costruiti solo tre. Il terzo, testato nel 2004, volava a quasi 11.200 km/h.

Aereo solare

- **Che cosa è?** *Solar Impulse 1*
- **Chi?** André Borschberg e Bertrand Piccard
- **Dove e quando?** Svizzera, 2009

Gli aerei a reazione inquinano l'aria, perciò si cercano modi alternativi di alimentazione, fra cui l'energia solare.
I piloti svizzeri André Borschberg e Bertrand Piccard fecero un passo avanti con il *Solar Impulse 1*, che combinava batterie solari a pannelli solari sulle ali. Il modello successivo, il *Solar Impulse 2* (sopra), nel 2016 completò il primo giro del mondo, dimostrando che le tecnologie pulite potevano raggiungere mete prima ritenute impossibili.

L'aliante più veloce

- **Che cosa è?** DARPA Falcon HTV-2
- **Chi?** DARPA e US Air Force
- **Dove e quando?** USA, 2011

Immaginate di viaggiare attorno al mondo in meno di 2 ore. Ecco ciò che può fare l'aliante DARPA Falcon Hypersonic Test Vehicle 2 (HTV-2) quando viene sganciato da un razzo. È un velivolo sperimentale, ma nel 2011, durante un volo di prova, ha raggiunto una velocità massima di 21.000 km/h, poi si è schiantato.

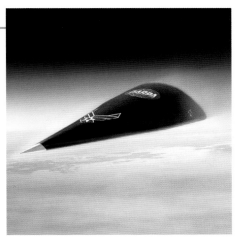

Illustrazione dell'HTV-2

WOW!

In questo momento, oltre 11.000 aerei di linea commerciali dei circa 20.000 che esistono al mondo, stanno volando.

Altre macchine volanti

Gli aeroplani volano sfruttando le ali, che producono portanza, e quindi non possono fermarsi in volo. Un altro modo di volare consiste nel far girare le pale di un rotore per generare spinta aerodinamica: è il caso dell'elicottero. Per questo motivo, gli elicotteri e i droni decollano e atterrano quasi verticalmente e stanno fermi a mezz'aria.

RAGGIUNGERE IL CIELO

Nel 1783, i fratelli Montgolfier riuscirono a effettuare il primo volo umano con un pallone di seta (sinistra) pieno di aria calda. L'aria calda, più leggera di quella fredda, lo faceva salire. Altri palloni furono riempiti di idrogeno, più leggero dell'aria. Per un secolo furono un modo comune di volare.

Rotore di coda

Rotore principale a due pale

Ricostruzione dell'elicottero Bell 47

PALE ROTANTI

Gli elicotteri, usati all'inizio dalle forze armate, furono ideati negli anni '20 dall'ingegnere tedesco Anton Flettner, dal progettista di aerei russo Igor Skiroskij e da altri. Si diffusero nel 1946: il Bell 47, costruito per usi civili, montava un rotore a 2 pale ben equilibrato per dargli stabilità e compattezza.

GIGANTI NELL'ARIA

Un centinaio di anni fa, grandi dirigibili dotati di tutti i comfort trasportavano passeggeri dalle due sponde dell'oceano Atlantico. Come le mongolfiere, sono sollevati da un gas più leggero dell'aria, per esempio l'elio, ma hanno anche motori per volare in qualsiasi direzione. Oggi l'aerostato più grande del mondo è l'Airlander 10 (sotto), lungo 92,05 m. È un apparecchio sperimentale, con controlli a distanza, che può trasportare merci pesanti in luoghi remoti.

FORZE DEL VOLO

Girando, il rotore di un elicottero crea portanza. Con un comando, il pilota può aumentare l'angolo di passo delle pale per sollevarsi di più.

Ogni pala si inclina per dirigere l'elicottero in una particolare direzione.

Per creare portanza, le pale tagliano l'aria come le ali di un aereo.

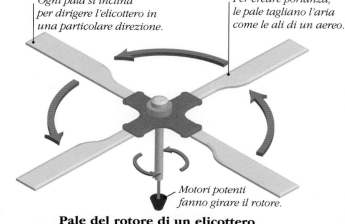

Motori potenti fanno girare il rotore.

Pale del rotore di un elicottero

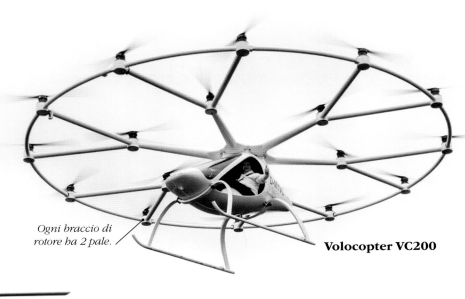

Ogni braccio di rotore ha 2 pale.

Volocopter VC200

DRONI PASSEGGERI

I droni sono piccoli congegni robotici che volano da soli o controllati da un telecomando. Rotori multipli permettono di controllarne precisamente la posizione. La maggior parte contiene fotocamere telecomandate, che danno una visione a volo d'uccello di luoghi troppo difficili o pericolosi da raggiungere. Il Volocopter, drone sperimentale elettrico tedesco, è come una piccola auto volante che può trasportare 2 persone.

TAXI VOLANTE ELETTRICO

Per quanto sia ancora in fase sperimentale, il taxi volante Lilium potrebbe essere il mezzo del futuro. È una vettura volante alimentata da motori a reazione elettrici (non da combustibili fossili), non inquinanti e silenziosi. Ha 12 ipersostentatori, che danno al motore più portanza: durante il decollo sono inclinati verticalmente, quando il velivolo è in aria si inclinano orizzontalmente per fornire accelerazione.

Secondo la modalità di volo, gli ipersostentatori si orientano da verticali a orizzontali.

▼ TAXI LILIUM
Questo taxi volante potrebbe trasportare fino a 5 persone.

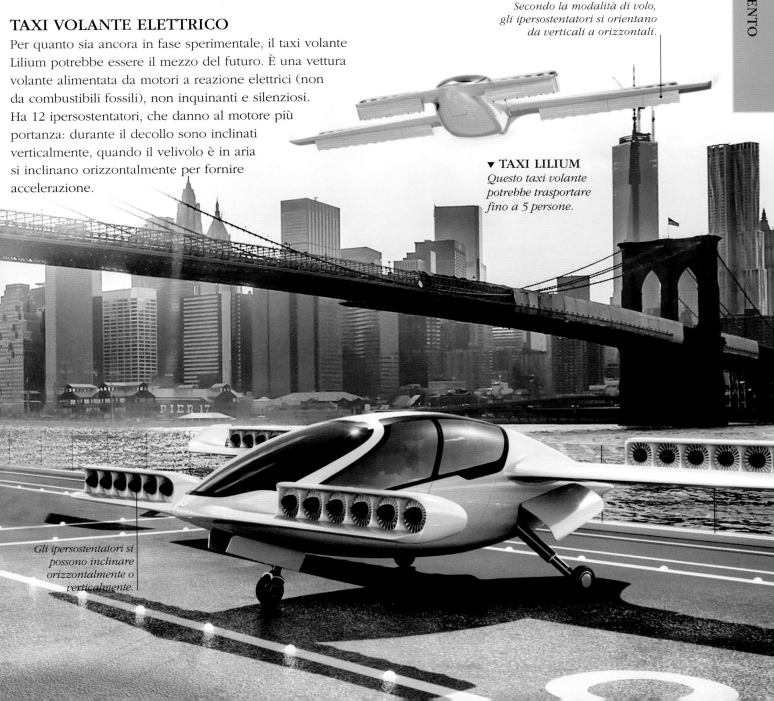

Gli ipersostentatori si possono inclinare orizzontalmente o verticalmente.

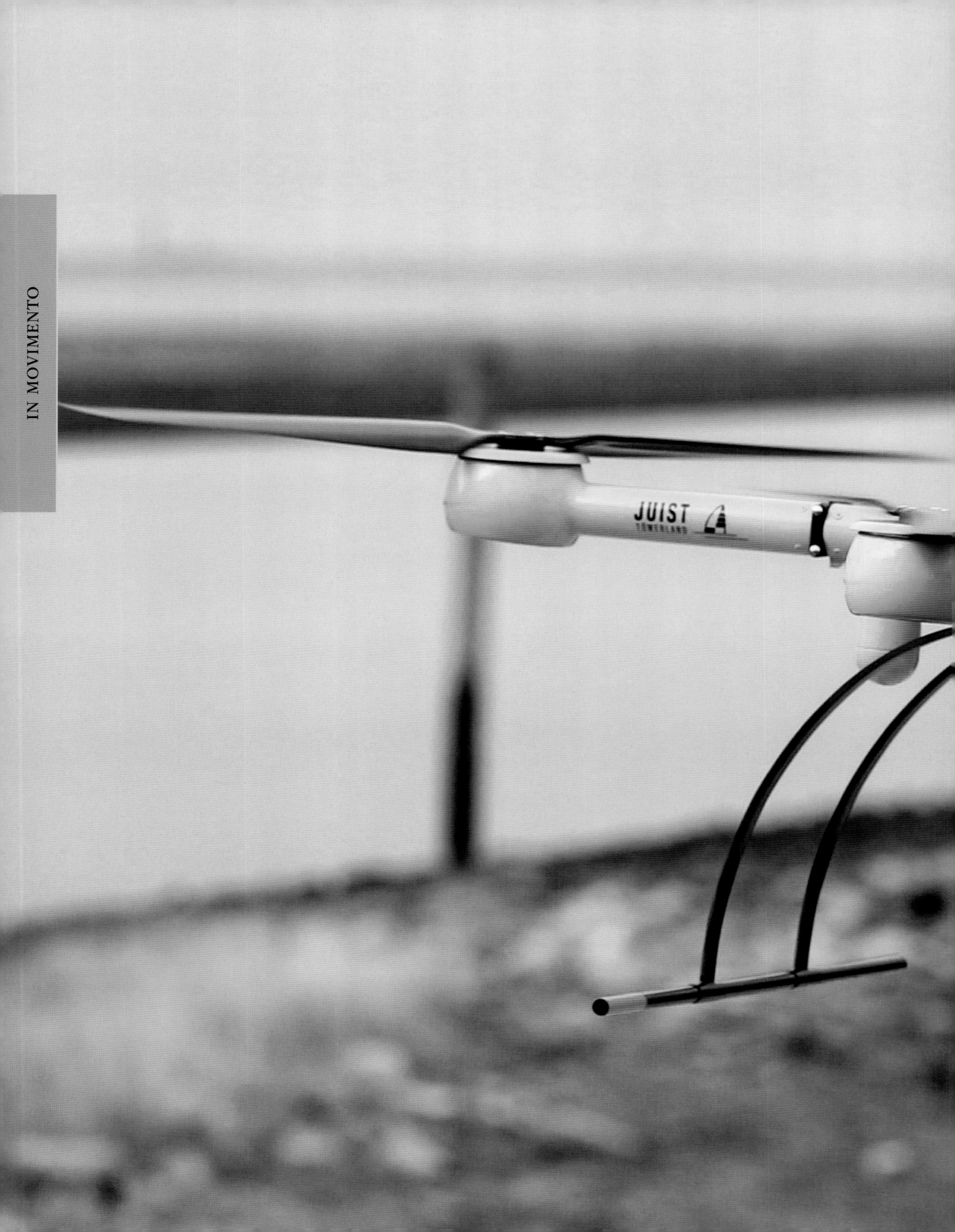
JUIST

CONSEGNE VIA DRONE

I velivoli comandati a distanza e privi di pilota, detti droni, sono progettati per numerosi scopi, fra cui spionaggio e guerra. Oggi le aziende di spedizioni stanno iniziando a usarli per trasportare merci ordinate online, forniture mediche e persino pasti da asporto. Il drone che viene testato in questa foto si chiama Parcelcopter, è prodotto in Germania e fa parte di un progetto di ricerca iniziato nel 2013 sull'uso di droni per consegne di spedizioni.

Ferrovie

I primi vagoni che si muovevano su binari erano trainati da uomini o da animali (cavalli o asini); l'invenzione della locomotiva a vapore favorì lo sviluppo delle ferrovie. I primi motori a vapore (v. pp. 52-53) erano fissi e azionavano pompe e macchinari nelle fabbriche, ma erano troppo ingombranti per essere usati sulle locomotive. L'evoluzione avvenne attorno al 1800, quando furono inventati piccoli e potenti motori a vapore ad alta pressione.

LA PRIMA FERROVIA PUBBLICA

Nel 1825, la società inglese Stockton & Darlington aprì al pubblico la prima linea ferroviaria. Era stata costruita per trasportare carbone, ma il giorno dell'inaugurazione la gente saltò sui vagoni aperti e viaggiò per tutto il tragitto. I 36 vagoni erano spinti da una locomotiva chiamata *Locomotion N. 1*, e trasportavano carbone, farina, operai e passeggeri. Una ricostruzione dell'evento, del 1925, è illustrata sopra.

FATTI IN BREVE

■ Il primo motore a vapore ad alta pressione fu costruito dall'inventore americano Oliver Evans negli anni '90 del 1700.

■ Tre anni prima di realizzare la prima locomotiva a vapore, Richard Trevithick aveva costruito un carretto azionato a vapore chiamato *Puffing Devil*.

■ La prima locomotiva a vapore a raggiungere ufficialmente la velocità di 160 km/h fu la *Flying Scotsman*, in Inghilterra nel 1934, ma forse già 30 anni prima l'aveva raggiunta un'altra, la *City of Truro*.

A TUTTO VAPORE

Nel 1804, l'ingegnere inglese Richard Trevithick inventò la prima locomotiva a vapore del mondo: la *Penn-y-Darren*. Trevithick la dotò del proprio motore a vapore ad alta pressione e, per dimostrare che funzionava, scommise che avrebbe rimorchiato 10 tonnellate di carbone lungo i binari usati dai cavalli per tirare i vagoni. La locomotiva percorse 14 km e Trevithick vinse la scommessa.

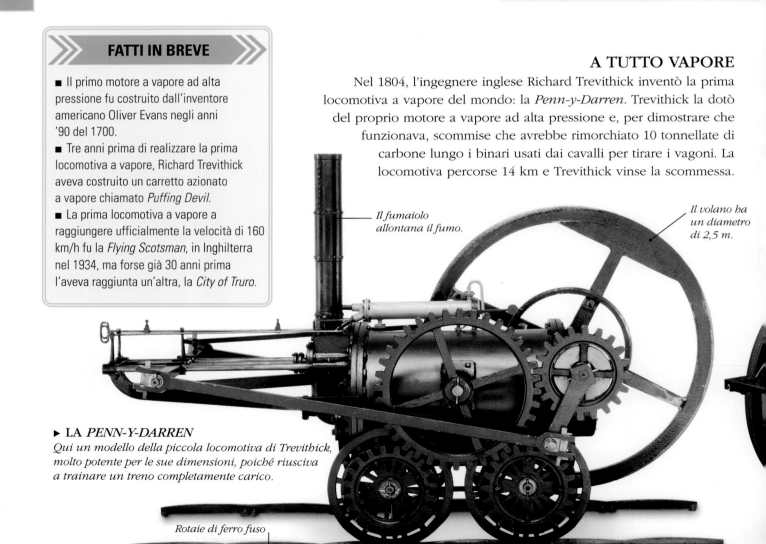

Il fumaiolo allontana il fumo.

Il volano ha un diametro di 2,5 m.

▶ LA *PENN-Y-DARREN*
Qui un modello della piccola locomotiva di Trevithick, molto potente per le sue dimensioni, poiché riusciva a trainare un treno completamente carico.

Rotaie di ferro fuso

ROCKET DI STEPHENSON

Nel 1829, 5 locomotive si sfidarono a Rainhill, nel Lancashire (Regno Unito), davanti a una folla enorme. La vincitrice avrebbe trasportato i vagoni della prima ferrovia per passeggeri fra Liverpool e Manchester. Arrivò prima la *Rocket* dell'ingegnere inglese Robert Stephenson, che raggiunse i 40 km/h. Ben presto divenne la locomotiva più famosa del mondo.

Un braccio orizzontale squadrato rosso significa "stop".

SEGNALI DI AVVERTIMENTO

I segnali semaforici sono bracci incernierati disposti ad angolo che servono a inviare messaggi al conducente del treno. Furono usati per la prima volta nel 1842 dall'ingegnere inglese Charles Hutton Gregory per avvertire di pericoli. In seguito sono stati sostituiti da segnali luminosi colorati.

Il fumaiolo emette aria calda e fumo attraverso il bollitore.

WOW!

45 anni dopo la *Rocket*, nel mondo erano stati costruiti 257.000 km di binari.

Il segnale giallo è un preavviso di blocco, il braccio orizzontale indica "prudenza".

Il barile fornisce acqua alla caldaia.

ROCKET.

Il fuoco scalda la caldaia.

La caldaia riscalda l'acqua per produrre vapore, che spinge i pistoni.

Segnale semaforico meccanico

Sui binari

Da quando fu inaugurata la prima ferrovia in Inghilterra, fra Stockton e Darlington, nel 1825, la tecnologia ferroviaria ha fatto molta strada. Le locomotive a vapore, che hanno dominato per oltre un secolo, negli ultimi 50 anni sono state sostituite quasi del tutto da quelle elettriche e diesel.

Locomotiva diesel-elettrica

- **Che cosa è?** EMD FT
- **Chi?** General Motors, EMD
- **Dove e quando?** USA, 1939

Quando questa potente motrice iniziò a viaggiare, le locomotive diesel stavano sostituendo quelle a vapore. I motori diesel-elettrici, a differenza di quelli elettrici, alimentati da linee aeree, potevano funzionare su binari esistenti senza modifiche. "F" stava per Fourteen Hundred (1.400) cavalli e "T" per Twin, poiché le FT erano sempre vendute a coppie.

Prima ferrovia sotterranea

- **Che cosa è?** Metropolitan Railway
- **Chi?** John Fowler
- **Dove e quando?** GB, 1863

Il problema di costruire ferrovie in città affollate fu risolto collocandole sotto terra. La prima al mondo fu la Metropolitan Railway, che aprì a Londra nel gennaio 1863. Aveva carrozze illuminate a gas trainate da locomotive a vapore, ma nelle gallerie c'era pericolo di soffocamento da fumo.

Metropolitana elettrica

- **Che cosa è?** City and South London Railway
- **Chi?** James Henry Greathead
- **Dove e quando?** GB, 1890

La metropolitana elettrica è il comune mezzo di trasporto nelle città più grandi del mondo. La prima, che andava dal centro al quartiere di Stockwell, fu costruita a Londra nel 1890. Le gallerie erano così piccole e i vagoni così minuscoli che erano soprannominati "celle imbottite".

WOW!

Nel 2016, un MagLev sperimentale giapponese ha raggiunto 603 km/h.

La più veloce locomotiva a vapore

- **Che cosa è?** *Mallard*
- **Chi?** Sir Nigel Gresley
- **Dove e quando?** GB, 1938

Le locomotive a vapore raggiunsero l'apice negli anni '30, e la *Mallard* fu la punta di diamante della tecnologia dell'epoca. Il 3 luglio 1938 stabilì il record di velocità – 203 km/h – sulla linea fra Londra ed Edimburgo.

Primo treno ad alta velocità

- **Che cosa è?** *Shinkansen*
- **Chi?** Japan Railways
- **Dove e quando?** Giappone, 1964

Nel 1964, nelle ferrovie si aprirono nuovi orizzonti con la comparsa, in Giappone, di treni elettrici aerodinamici ad alta velocità, o *Shinkansen*. Viaggiavano molto veloci su binari costruiti appositamente con curve progressive. Oggi, treni di questo tipo sono presenti in molti Paesi.

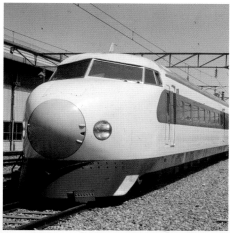

Treni a levitazione magnetica

- **Che cosa è?** Shanghai Maglev Train (SMT)
- **Chi?** Siemens e ThyssenKrupp
- **Dove e quando?** Cina, 2004

I treni più veloci del mondo non hanno né ruote né motore. Sono mossi da magneti ad alta energia che li fanno galleggiare sulle rotaie. Sono detti MagLev, abbreviazione di levitazione magnetica. Il treno navetta SMT viaggia a 430 km/h.

Un magnete sul binario respinge il magnete nella parte inferiore del treno, in modo che leviti sul binario.

Treno ad alta velocità più veloce

- **Che cosa è?** *Fuxing*
- **Chi?** China Railway Corps
- **Dove e quando?** Cina, 2017

La Cina ha attualmente i treni ad alta velocità più veloci. Gli ultimi, detti *Fuxing* ("rigenerazione"), raggiungono una velocità massima di 400 km/h e una media di 350 km/h. Completano il viaggio fra Pechino e Shanghai in sole 4 ore e 30 miuti.

TRENO VOLANTE

Dal 1901, i vagoni della monorotaia sospesa più vecchia del mondo scorrono 12 m sopra le strade intasate di traffico e il fiume di Wuppertal, in Germania. Il binario, lungo 13,3 km, sospeso a un'imponente struttura di ferro, trasporta quotidianamente abitanti e turisti in cerca di emozioni. Il modello di questa linea ferroviaria fu una monorotaia elettrica sperimentale sospesa, costruita nel 1897 dall'ingegnere tedesco Carl Eugen Langen.

Gli Stephenson

Anche se la prima locomotiva a vapore fu realizzata nel 1804, furono gli ingegneri inglesi Stephenson, padre e figlio, a far diventare realtà il sogno dei treni a vapore. Costruirono la prima ferrovia pubblica nel 1825 (v. p. 126) e crearono la famosa *Rocket* (v. p. 127), una locomotiva che trainava i vagoni della prima ferrovia per passeggeri. Nel 1830, la *Rocket* percorse per la prima volta il tragitto da Liverpool a Manchester.

(v. p. 126) ... (v. p. 127)

▶ PADRE E FIGLIO AL LAVORO
Gli Stephenson erano ingegneri geniali, così ricchi di intuizione e di inventiva da realizzare la ferrovia del futuro.

LAMPADA DI SICUREZZA

Nelle miniere, spesso le candele scatenavano esplosioni a causa dei gas infiammabili presenti nell'aria. Nel 1918, George Stephenson e lo scienziato inglese Humphry Davy presentarono progetti per lampade di sicurezza da miniera con fiamma coperta, al riparo dai gas. Ben presto la lampada di Stephenson entrò in uso nelle miniere di tutta l'Inghilterra nordorientale, durando fino all'avvento della luce elettrica.

Lampada di sicurezza progettata da George Stephenson

INGEGNERI E PROGETTISTI

Oltre a progettare binari e motori, gli Stephenson furono anche ingegneri di ponti. L'idea di Robert Stephenson per il ponte ferroviario sullo stretto di Menai, nel Galles del nord, fu rivoluzionaria. I treni correvano dentro due tubi di ferro a struttura scatolare, sostenuti da enormi pilastri di mattoni. Il loro peso era distribuito sui 4 lati della scatola, rendendo il ponte molto resistente. Il progetto ha avuto grande influenza ed è ancora utilizzato oggi per alcuni ponti.

LOCOMOTION

Gli Stephenson costruirono la prima ferrovia pubblica a vapore del mondo, che univa le città inglesi di Stockton e Darlington. Nel 1825, quando la loro locomotiva, *Locomotion N° 1*, trainò il primo treno, era guidata da George Stephenson. Per migliorare la cessione di energia alle ruote, gli Stephenson ebbero la brillante idea di usare una caladaia appiattita.

Stampa della locomotiva del 1825 di George Stephenson, *Locomotion N. 1*

La caldaia era appiattita.

BIOGRAFIA			
1781	**1803**	**1818**	**1823**
George Stephenson nasce a Northumberland (Regno Unito). I genitori sono troppo poveri per mandarlo a scuola e inizia a lavorare in una miniera locale.	Nasce Robert, figlio di George. La madre e la sorella minore di Robert muoiono l'anno dopo.	George Stephenson inventa la lampada di sicurezza per i minatori, che illumina senza il rischio che i gas infiammabili delle miniere prendano fuoco.	Gli Stephenson fondano un'azienda per produrre treni a vapore e iniziano i lavori della prima locomotiva a Newcastle (Regno Unito).

George e Robert Stephenson

1825

Gli Stephenson costruiscono
la ferrovia Stockton-Darlington
per trasportare carbone,
ma anche passeggeri.

1830

Si inaugura la prima
ferrovia per passeggeri con
locomotive costruite dagli
Stephenson, fra cui la *Rocket*.

1848

Muore George a 67 anni,
quando sono stati già costruiti
quasi 65.000 km di ferrovie.
Robert muore nel 1859,
a 55 anni.

COMUNICARE

Per gran parte della storia dell'umanità, l'unico modo di corrispondere con persone lontane era la scrittura. Ora possiamo raggiungere chiunque, dovunque, in qualsiasi momento.

Il telegrafo

Nel 1820, Hans Christian Ørsted scoprì che l'elettricità produceva magnetismo. William Sturgeon e Joseph Henry sfruttarono la scoperta per creare l'elettromagnete, un elemento in cui una corrente elettrica provocava un forte campo magnetico. Anche Samuel Morse fu invogliato a riprendere i suoi esperimenti di elettricità, e alla fine nacque un nuovo mezzo di comunicazione.

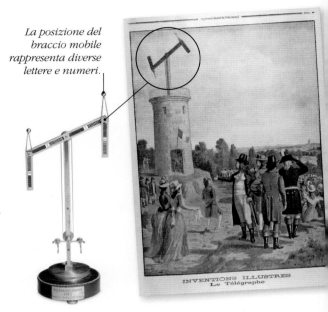

La posizione del braccio mobile rappresenta diverse lettere e numeri.

INVENTIONS ILLUSTRES
Le Télégraphe

SEMAFORI SINCRONIZZATI

L'inventore francese Claude Chappe creò un sistema di segnalazione a "semaforo". Nel 1794, una serie di torri con bracci mobili portava le notizie per 205 km, da Lille a Parigi, in meno di un'ora.

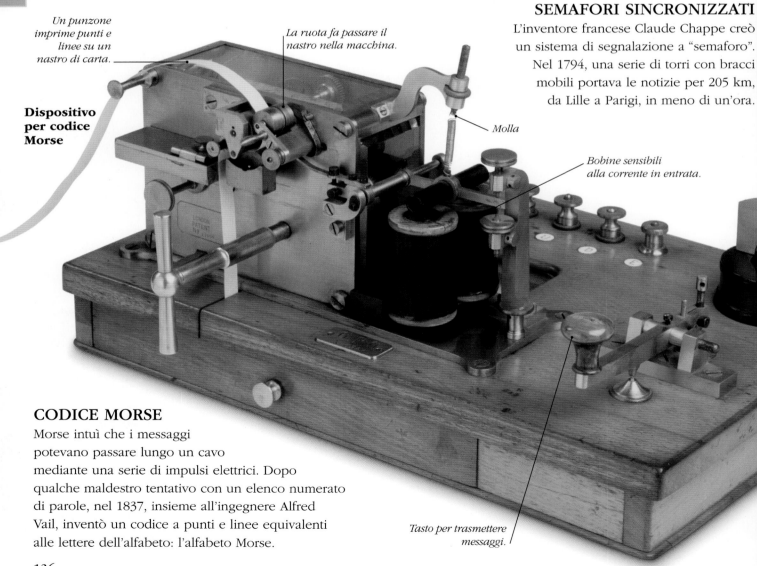

Un punzone imprime punti e linee su un nastro di carta.

La ruota fa passare il nastro nella macchina.

Dispositivo per codice Morse

Molla

Bobine sensibili alla corrente in entrata.

CODICE MORSE

Morse intuì che i messaggi potevano passare lungo un cavo mediante una serie di impulsi elettrici. Dopo qualche maldestro tentativo con un elenco numerato di parole, nel 1837, insieme all'ingegnere Alfred Vail, inventò un codice a punti e linee equivalenti alle lettere dell'alfabeto: l'alfabeto Morse.

Tasto per trasmettere messaggi.

TELEGRAFO A 5 AGHI

Nel 1837, gli inglesi William Cooke e Charles Wheatstone brevettarono il primo telegrafo elettrico funzionante. Era dotato di 5 aghi che puntavano verso le 20 lettere dell'alfabeto per decifrare i messaggi ricevuti. Nel 1839 fu usato dalle ferrovie.

Lettere impresse sul davanti.

I 5 aghi magnetici ruotano e puntano verso le lettere.

Terminali usati per collegare i cavi.

Telegrafo elettrico di Cooke e Wheatstone

Tasti premuti a 2 a 2 per spedire messaggi.

ATTRAVERSARE I CONFINI

Il primo cavo telegrafico transatlantico sottomarino fu posato nel 1858 fra l'Irlanda e Terranova (Canada), dalla nave SS *Great Eastern* (sopra). L'operazione ridusse il tempo di comunicazione fra Europa e Nord America da 10 giorni (tempo di traversata di una nave) a soli 17 minuti.

WOW!

Le prime parole trasmesse dal telegrafo di Morse da Baltimora a Washington DC (Stati Uniti) furono: «Cosa ha fatto Dio».

INVIARE MESSAGGI CON L'ELETTRICITÀ

Morse e Vail crearono una macchina che funzionava spingendo un tasto per chiudere il circuito elettrico della batteria. Si inviava così l'impulso elettrico lungo un cavo, a un ricevitore all'altro capo. Qui un piccolo magnete azionato dall'impulso elettrico attirava un punzone, che tracciava sul nastro di carta segni corti o lunghi (punti e linee).

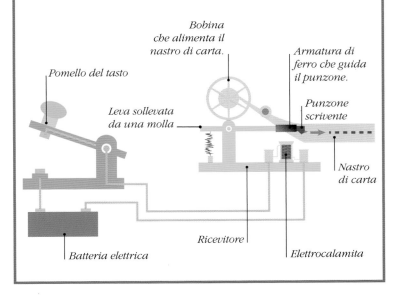

Bobina che alimenta il nastro di carta.

Pomello del tasto

Armatura di ferro che guida il punzone.

Leva sollevata da una molla

Punzone scrivente

Nastro di carta

Batteria elettrica

Ricevitore

Elettrocalamita

MERIDIANE

Circa 3.000 anni fa, gli astronomi dell'antico Egitto per conoscere l'ora si servivano del movimento del Sole nel cielo. I primi orologi egizi, le meridiane, indicavano il tempo con la posizione di un'ombra proiettata sui segni di una pietra.

Lo "gnomone" proietta un'ombra sul quadrante.

Meridiana del IX secolo, Irlanda del Nord

OROLOGI MECCANICI

I primi orologi meccanici furono inventati in Europa all'inizio del XIV secolo. Nessuno aveva un orologio in casa: sulle torri al centro di città e paesi furono quindi collocati orologi.

Le torri dell'orologio avevano campane per battere le ore.

Torre dell'orologio cittadino di Tavira (Portogallo)

Misurare il tempo

Per chi abitava in città, sapere sempre l'ora divenne importante. Gli orologi che si basavano sul Sole segnavano ore diverse in luoghi diversi, anche nello stesso Paese; ma quando arrivò la ferrovia, con i suoi orari, si sentì la necessità di rendere uniformi i valori del tempo.

I capostazione inglesi regolano gli orologi delle stazioni secondo l'ora di Greenwich.

UNIFORMARE IL TEMPO

Gli orari dei treni esigono che ogni parte della rete ferroviaria sia sincronizzata. In Inghilterra, la prima ad applicare questo concetto fu la Great Western Railway nel 1840. Nel 1855, quasi tutti gli enti pubblici, comprese le chiese e i municipi, si adeguarono all'"orario delle ferrovie".

 **Londra**

 **Bruxelles**

 **New York**

 **Hong Kong** **Mosca**

FUSI ORARI

Nel 1858, il matematico italiano Quirico Filopanti propose un sistema di divisione del mondo in zone con ore diverse. La stessa cosa fu suggerita nel 1879 dal canadese di origini scozzesi sir Sandford Fleming. Filopanti lanciò l'idea di prendere come punto centrale il meridiano di Roma, Fleming quello di Greenwich. Quest'ultimo è diventato lo standard internazionale della longitudine zero, da cui si parte per calcolare i 24 fusi orari.

▲ DIFFERENZA DI ORARIO NEL MONDO
Ogni 15° di longitudine da Greenwich si aggiunge o si sottrae un'ora.

Scultura in acciaio del meridiano fondamentale, rivolta verso la Stella polare.

WOW!

Si dice che il NIST-F1, un orologio atomico americano, sia così preciso che non perde né guadagna un secondo in oltre 30 milioni di anni.

ORA DI GREENWICH

Alla International Meridian Conference, tenuta nell'ottobre 1884 a Washington DC (Stati Uniti), i delegati stabilirono di usare il meridiano di Greenwich come longitudine zero.

Il meridiano fondamentale è simboleggiato da una striscia di acciaio.

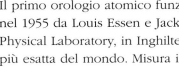

◄ IL PRIMO OROLOGIO ATOMICO
Il primo orologio atomico funzionante correttamente fu costruito nel 1955.

OROLOGIO ATOMICO

Il primo orologio atomico funzionante, costruito nel 1955 da Louis Essen e Jack Parry nel National Physical Laboratory, in Inghilterra, fornisce l'ora più esatta del mondo. Misura il tempo secondo le vibrazioni dentro gli atomi.

Che ore sono?

I primi strumenti per segnare il tempo erano condizionati da candele che ardevano con regolarità o da acqua che scorreva attraverso un piccolo foro. I primi orologi meccanici usavano il dondolio costante di un'asta di metallo, detta "foliot", per controllare il movimento di una lancetta su un quadrante. Poi furono utilizzati i pendoli, che oscillavano avanti e indietro, il cui movimento era trasferito a ingranaggi che guidavano le lancette.

È detto orologio giapponese a lanterna perché sembra una lanterna.

Modello in scala ridotta dell'orologio di Su Song

Orologio giorno e notte

- **Che cosa è?** Orologio giapponese a lanterna
- **Chi?** Non si sa
- **Dove e quando?** Giappone, XIX secolo

Prima del 1870 circa, in Giappone si dividevano il giorno e la notte in sei ore. Un'ora di luce del giorno aveva una lunghezza diversa da un'ora della notte, ed entrambe variavano secondo le stagioni. Questo orologio ha due meccanismi di misurazione del tempo: uno per il giorno e uno per la notte.

Orologio giapponese a lanterna del XIX secolo

Il primo orologio da tasca

- **Che cosa è?** Orologio da tasca
- **Chi?** Peter Henlein
- **Dove e quando?** Germania, inizio del 1500

All'inizio del 1500, Peter Henlein, che fabbricava serrature a Norimberga (Germania), miniaturizzò le parti più grandi di un orologio e fabbricò oggetti più piccoli, noti come "orologi da tasca". A forma di tamburo, si portavano attorno al collo o sui vestiti, ma non erano ancora di dimensioni ridotte.
I veri orologi da taschino furono progettati soltanto un secolo dopo.

Orologio ad acqua di Su Song

- **Che cosa è?** Orologio ad acqua
- **Chi?** Su Song
- **Dove e quando?** Cina, 1090 ca.

Gli orologi ad acqua furono fra i primi congegni a far conoscere l'ora indipendentemente dall'osservazione del Sole. L'orologio ad acqua di Su Song, costruito in Cina nel 1088 e uno dei più complessi, fu collocato su una torre alta 10 m. Era azionato da una ruota idraulica e comprendeva 117 figure, che uscivano dalla torre ogni volta che un gong scandiva l'ora.

Una sola lancetta segna le ore.

Primo orologio da tasca

**Scheletro di orologio
Terry con bilanciere
del XIX secolo**

Orologio più preciso

- **Che cosa è?** Orologio a pendolo
- **Chi?** Christiaan Huygens
- **Dove e quando?** Olanda, 1657

Il fisico, astronomo e matematico
Christiaan Huygens inventò anche
l'orologio a pendolo. Fino ad allora
gli orologi più precisi sbagliavano
di 15 minuti al giorno, mentre l'orologio
a pendolo di soli 15 secondi.

*Modello del primo orologio
a pendolo di Huygens*

Orologio da polso elettrico

- **Che cosa è?** Hamilton Electric 500
- **Chi?** Hamilton Watch Company
- **Dove e quando?** USA, 1957

L'Hamilton Electric 500 fu il primo
orologio da polso elettrico a batteria
e il primo che non doveva essere
caricato. Fu commercializzato come
orologio del futuro in molti modelli
di design moderno, come il Ventura,
a scudo (sinistra).

**Orologio elettrico
Hamilton "Ventura"**

Tic-tac

- **Che cosa è?** Orologio con bilanciere
- **Chi?** Non si sa
- **Dove e quando?** Europa, XVII secolo

Il bilanciere è un congegno con un
peso che oscilla avanti e indietro,
caricando e scaricando una molla
a ciclo continuo. Ogni oscillazione
crea un ticchettio, o battito, e aziona
il meccanismo che fa avanzare
di una posizione la lancetta.

Orologio da polso digitale

- **Che cosa è?** Hamilton Pulsar P1
- **Chi?** Hamilton Watch Company
- **Dove e quando?** USA, 1972

Nel 1972, la marca di orologi di lusso
Hamilton fu la prima a mettere in vendita
un orologio con display digitale. Costava
caro, ma la cassa era
d'oro 18 carati.
Seguirono versioni
più economiche
e popolari.

WOW!

I primi orologi da polso
erano gioielli da donna.
Il primo, a metà del XIX
secolo, fu forse creato
per un'aristocratica.

**Orologio
digitale Seiko
06LC, 1973**

Smartwatch

- **Che cosa è?** TrueSmart
- **Chi?** Omate
- **Dove e quando?** USA, 2013

Il primo smartwatch ad avere tutte le
funzioni di uno smartphone fu il TrueSmart,
uscito all'inizio del 2013. Da allora, molte
grandi aziende, fra cui Samsung, Apple
e Sony, hanno messo in vendita questo
tipo di orologi.

Il telefono

Molto prima che fosse inventato il telefono, tutti sapevano che il suono poteva viaggiare lungo un filo, persino i bambini, che giocavano con due scatolette e uno spago. Nella seconda metà del XIX secolo molti cercarono un modo migliore per comunicare a parole. Un passo avanti fu fatto nel 1876 dallo scozzese Alexander Bell, che convertì il suono in una corrente elettrica capace di essere inviata attraverso fili.

ALEXANDER GRAHAM BELL

Nel 1876, lo scienziato Alexander Graham Bell, che lavorava sull'invenzione del telefono negli Stati Uniti, riuscì a ottenerne il brevetto per primo. Con acuto senso degli affari e abilità nel promuovere se stesso, batté tutti i concorrenti.

Per la dimostrazione alla regina, il telefono di Bell fu abbellito con un elegante involucro di legno.

ADATTO A UNA REGINA

Nel 1878, Bell diede una dimostrazione del telefono alla regina Vittoria d'Inghilterra, che si trovava nell'isola di Wight. La regina chiamò Southampton e Londra, e fu così entusiasta che volle comprarne uno.

Chi chiamava parlava nel ricevitore.

Chi rispondeva accostava il ricevitore all'orecchio.

Telefono di Bell del 1878

◄ COLLEGAMENTI
Chi chiamava sollevava la cornetta e dava alla centralinista il numero di chi voleva contattare. Per collegarli, questa inseriva la spina della linea in un centralino.

I fori, grandi come le dita, permettono a chi chiama di comporre un numero girando il disco combinatore.

SCAMBIO TELEFONICO
I primi telefoni erano a coppie e si collegavano solo fra loro. Per chiamare altre persone, si dovette inventare un centralino a cui erano connessi tutti i telefoni locali.

TELEFONIA MOBILE
I primi telefoni portatili senza filo comparvero negli anni '70. Le reti avevano poche radiofrequenze, ma si potevano gestire milioni di utenti e chiamate senza centralinista.

Martin Cooper, inventore del primo telefono portatile

▲ TELEFONO A COMMUTAZIONE AUTOMATICA
Questo telefono del 1905 era predisposto per la commutazione automatica, nata nel 1889.

SMS
Il primo SMS fu inviato nel 1992 e diceva: «Buon Natale». Gli SMS si diffusero lentamente, poiché la tastiera completa comparve solo nel 1996.

WOW!
Le prime parole dette per telefono furono di Alexander Graham Bell: «Signor Watson, venga qua, vorrei vederla».

Telefonare

I primi telefoni erano composti da due pezzi uniti da un filo e collegavano due luoghi. Ora sono senza filo e si può parlare con chiunque nel mondo. Grazie a smartphone e app come FaceTime della Apple, riusciamo persino a vedere la persona con cui parliamo.

Telefono candeliere

- **Che cosa è?** Telefono candeliere
- **Chi?** American Bell Telephone Company
- **Dove e quando?** USA, 1892

Il telefono candeliere fu il primo telefono verticale e uno dei primi modelli prodotti in serie. Consisteva in un microfono (trasmettitore) sopra il supporto, e di un ricevitore che chi chiamava teneva all'orecchio, come quello del candeliere Wester Electric (destra). Questo tipo di telefono rimase in uso fino alla fine degli anni '20.

Ricevitore

Trasmettitore

I candelieri più nuovi, come questo, avevano un disco combinatore.

Telefono candeliere di nichel Western Electric, anni '20 del 1900

I fori di questo disco combinatore erano ergonomici.

Telefono con disco combinatore, anni '30

Telefono con disco combinatore

- **Che cosa è?** Candeliere Model 50AL
- **Chi?** Bell Systems
- **Dove e quando?** USA, 1919

Sin dal 1892, le commutazioni automatiche permisero di telefonare direttamente, ma tutto si semplificò nel 1905, quando comparve il disco combinatore.
Poi si diffusero apparecchi che, oltre al disco combinatore, avevano ricevitore e trasmettitore nella stessa cornetta.

Ogni tasto invia 2 suoni diversi al commutatore.

Un telefono a tastiera

Telefono a tastiera

- **Che cosa è?** Western Electric modello 1500
- **Chi?** Bell Systems
- **Dove e quando?** USA, 1963

Il telefono a tastiera aveva tasti elettronici per comporre il numero ed era più semplice e veloce da usare di quello a disco. Nonostante fosse stato inventato negli anni '60, si diffuse nelle case solo negli anni '80.

WOW!

Si ritiene che nel 2019 oltre il 60% della popolazione mondiale possiederà un cellulare.

Parlare muovendosi

- **Che cosa è?** Telefono cordless
- **Chi?** Sony
- **Dove e quando?** Giappone, anni '80

Un prototipo di telefono cordless fu brevettato negli anni '60 dall'ex centralinista dell'esercito americano George Sweigert. Tuttavia, solo negli anni '80 l'azienda giapponese Sony iniziò a vendere telefoni cordless.

Moderno telefono cordless

Primi cellulari

- **Che cosa è?** Nokia 3210
- **Chi?** Nokia
- **Dove e quando?** Finlandia, 1999

Il Nokia 3210, lanciato nel 1999, fu uno dei più diffusi e riusciti telefoni della storia. Gli adolescenti ne erano entusiasti perche aveva anche 3 giochi, cover e toni personalizzati, oltre che un buon prezzo. Per molte persone, è stato il primo cellulare.

Nokia 3210

Telefono satellitare

Antenna

- **Che cosa è?** Globalstar GSP-1700
- **Chi?** Iridium e Globalstar
- **Dove e quando?** GB, 1998/1999

Il telefono satellitare, collegato ai satelliti in orbita invece che ai ripetitori terrestri, permette di telefonare da ogni parte del mondo. I servizi sono costosi, ma inestimabili in zone remote in cui non esiste una rete.

Vecchio telefono satellitare

FATTI IN BREVE

- Alexander Graham Bell consigliava di rispondere al telefono con la parola «Ahoy».
- Nel 2014, il numero di cellulari nel mondo ha superato il numero degli abitanti.
- Il suono per la ricezione di messaggi nei telefoni Nokia è il codice morse di "SMS".
- I primi cellulari andavano caricati 10 ore per 30 minuti di vita della batteria.
- Il prefisso 555 è riservato a numeri telefonici americani inventati, utilizzati nei film.

Primo smartphone

- **Che cosa è?** Nseries
- **Chi?** Nokia
- **Dove e quando?** Finlandia, 2005

La Nokia presentò a tutto il mondo un telefono che poteva trasformarsi in computer portatile, fotocamera, GPS e riproduttore musicale: l'N70. Due anni dopo, la Apple uscì con l'iPhone, uno smartphone con touchscreen che conquistò il mercato.

Tecnologia wireless vivavoce

- **Che cosa è?** Bluetooth
- **Chi?** Ericsson
- **Dove e quando?** Svezia, 1994

Il Bluetooth, ideato in Svezia, è un modo di scambiare dati senza filo. Usando una speciale frequenza radio, crea una rete a corto raggio di trasmissione dati. Si collega in vivavoce a cellulari o a desktop di computer, trasferendovi file senza bisogno di cavi.

Auricolare Bluetooth

Smartphone

Senza questo oggetto, in parte telefono in parte computer palmare, la vita di oggi sarebbe impensabile. Non solo lo usiamo per comunicare, ma per ascoltare musica, guardare video, giocare, fare compere, scattare foto, cercare informazioni e documentare le nostre vite sui social media, come Instagram. Eppure, solo 10 anni fa gli smartphone non esistevano.

Ericsson R380, 2000

L'iPhone aveva un aspetto diverso dagli apparecchi precedenti: un grande schermo e una cornice sottile.

Lo schermo ampio e il sistema operativo unico lo resero il primo telefono adatto alla navigazione su Internet.

PRIMI SMARTPHONE

Nel 2000, quando fu lanciato, l'Ericsson R380 fu il primo telefono a essere chiamato "smartphone". Lo seguì il diffusissimo BlackBerry, uno dei primi ad avere una tastiera completa e a permettere di accedere alle e-mail e alla navigazione su Internet anche in viaggio.

SCHERMO TATTILE

Nel 2007, quando la Apple lanciò il primo iPhone, l'industria cambiò. Era più semplice da usare di tutti i telefoni precedenti e, tramite il suo schermo innovativo, offriva molte funzioni, come musica e video.

▲ APP

L'iPhone aveva la peculiarità di poter aggiungere nuovi software sotto forma di app (applicazioni).

La Apple era rinomata per il lettore musicale iPod, ma ora l'iPhone fa tutto quello che faceva l'iPod, e molto altro.

Il tasto "home" è l'unico tasto dell'iPhone.

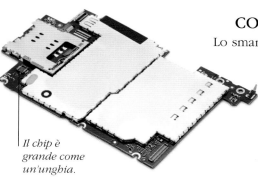

Il chip è grande come un'unghia.

COMPUTER SMARTPHONE

Lo smartphone è alimentato da un chip. Questo, da non confondere con la scheda SIM, che comunica con le reti esterne, è un microprocessore che svolge tutte le funzioni del telefono.

EMOTICON

I primi emoticon furono disegnati nel 1998 da Shigetaka Kurita, un impiegato di una compagnia telefonica giapponese. Racchiudono complesse informazioni sulle emozioni umane in una sola immagine.

DI' «CHEESE»

Finora, gli autoritratti erano dipinti da artisti o fatti da fotocamere con autoscatto. Grazie alle innovazioni dello smartphone, come la fotocamera frontale, e agli stick per autofotografarsi, siamo tutti impazziti per i selfie.

WOW!

Secondo una statistica della Samsung, la ditta produttrice di smartphone, il 30% delle foto scattate da persone tra i 18 e i 24 anni sono selfie.

TECNOLOGIA INTELLIGENTE

Per attirare sempre più consumatori, gli smartphone sono diventati più sottili, veloci e intelligenti. La nuova tecnologia, per esempio, permette di usare la fotocamera come scanner o di tradurre un testo in un'altra lingua.

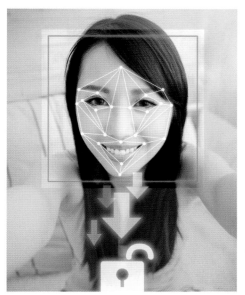

▼ **RADIOSCANNER**
Nel 2007 comparve uno smartphone con lettore di impronte digitali, ma la tecnologia si diffuse solo nel 2013 con l'iPhone 5S.

◄ **RICONOSCIMENTO FACCIALE**
Molti telefoni usano il riconoscimento facciale come sistema di sicurezza per sbloccare lo schermo. Alcuni identificano le macchie dell'iride, altri usano l'infrarosso per scannerizzare tutto il volto.

IL SUPERCOMPUTER

Nel 2018, il Sunway TaihuLight è stato il computer più veloce del mondo. Si trova nella città di Wuxi, nella Cina orientale, e riesce a eseguire 93 quadrilioni di calcoli al secondo. È veloce il doppio dell'altro supercomputer, anch'esso in Cina: il Tianhe-2.

Radio

Il fisico tedesco Heinrich Hertz scoprì le onde radio nel 1888. Capì che erano una forma di energia, come la luce, ma non riuscì a riconoscerne gli scopi pratici. Altri scienziati si impossessarono della sua scoperta, e 10 anni dopo fu possibile inviare segnali in tutto il mondo senza bisogno di fili.

WOW!

Le prime radio a galena si ascoltavano con le cuffie, quindi solo una persona per volta.

Ricostruzione del telefono senza fili di Marconi

MARCONI

La scoperta delle onde radio di Hertz, nel 1894 spinse l'italiano Guglielmo Marconi a sperimentare la trasmissione di segnali radio a una distanza di 3,2 km. Nel 1896, ottenne il primo brevetto per una radio.

L'AUDION

Basandosi sul lavoro dello scienziato inglese John Fleming, nel 1906 l'inventore americano Lee de Forest ideò l'amplificatore a valvole Audion. Essendo in grado di amplificare deboli segnali elettrici, fu essenziale per lo sviluppo della radio. Negli Stati Uniti, de Forest è noto come "il padre della radio".

Valvola Audion con supporto, 1906

ALTERNATORE ALEXANDERSON

L'alternatore Alexanderson era una macchina rotante inventata nel 1904 dagli ingegneri elettrici Ernst Alexanderson e Reginald Fessenden. Produceva una corrente alternata ad alta frequenza e fu uno dei primi apparecchi in grado di generare onde radio continue.

La radio a galena produce suoni deboli, perciò va ascoltata con le cuffie.

SVILUPPO DELLA RADIO

I primi trasmettitori inviavano onde radio in modo discontinuo e usando il codice Morse. Per ottenere un suono adeguato servivano però onde continue. Nel 1906, l'ingegnere canadese-americano Reginald Fessenden inventò un generatore elettrico che le produceva. La sua prima trasmissione avvenne la vigilia di Natale. Nel 1909 iniziarono le trasmissioni regolari, ma la radio non ebbe un'ampia diffusione fino alla Prima guerra mondiale.

Per generare elettricità
si gira la manovella.

RADIO A MANOVELLA

All'inizio degli anni '90 del 1900, l'inventore inglese Trevor Baylis progettò una radio da ascoltare in posti remoti, dove non c'era l'elettricità. Era azionata da un motore a orologeria che conservava energia in una molla. In seguito, questi tipi di radio usarono l'energia di una batteria caricata a manovella.

RADIO DIGITALE

La trasmissione radio digitale, sviluppata dall'Institut für Rundfunktechnik di Monaco, Germania, nacque all'inizio degli anni '80. Non si diffuse fino ai primi anni del 2000; ora le emittenti offrono più servizi e un segnale di ottima qualità.

▲ RADIO A GALENA
Grazie alla produzione industriale di questo apparecchio negli anni '20 le radio si diffusero nelle case.

Una "radio a galena", il tipo più semplice di ricevitore comune nei primi anni della radio

Ascoltare la radio

L'invenzione della radio fu così rivoluzionaria che la sua evoluzione consistette solo in miglioramenti minimi. La radio digitale ha aumentato enormemente la qualità delle trasmissioni, ma ascoltarla oggi non è diverso da un secolo fa.

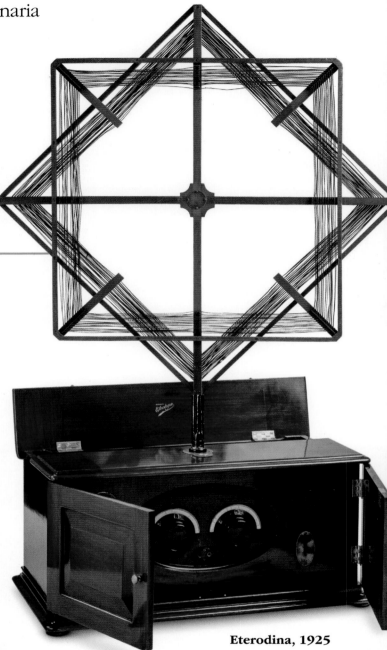

Eterodina, 1925

Eterodina

- **Che cosa è?** Circuito supereterodino
- **Chi?** Edward Howard Armstrong
- **Dove e quando?** USA, 1919

Il newyorkese Edward Howard Armstrong fu affascinato dalla radio sin dall'infanzia. Da adulto, inventò la radio FM, un sistema oggi diffusissimo in cui i ricevitori potevano cambiare stazione sulla stessa frequenza. In tal modo, si semplificò la progettazione delle radio, che divennero più sensibili e facili da sintonizzare.

FATTI IN BREVE

- Nel 1908, mentre era in viaggio di nozze a Parigi, Lee de Forest trasmise musica dalla cima della torre Eiffel, diventando il primo DJ della storia.
- Nel 1920, la prima stazione radio commerciale iniziò le trasmissioni a Pittsburgh, Stati Uniti.

Radio militare a zaino

- **Che cosa è?** SCR-300
- **Chi?** Motorola
- **Dove e quando?** USA, 1940

Nel 1940, il dipartimento per la guerra americano chiese alla Motorola di produrre una radio portatile a batterie, da impiegare nella Seconda guerra mondiale. Fu la prima radio soprannominata "walkie-talkie".

Walkie-talkie

Antenna

- **Che cosa è?** AM SCR-536
- **Chi?** Motorola
- **Dove e quando?** USA, 1940

Quello che ora chiamiamo walkie-talkie, all'inizio era detto "handie-talkie", cioè radio palmare per comunicare. La prima ad apparire fu la AM SCR-536 della Motorola. Era per uso militare, e quindi molto grossa. Presto uscirono modelli più piccoli e leggeri, che si diffusero nell'esercito e nei luoghi di lavoro.

WOW!
Più della metà della popolazione mondiale non è connessa a Internet; quindi, per molti la radio è la forma di comunicazione più accessibile.

Walkie-talkie UFT 432, anni '70

Radiolina portatile

- **Che cosa è?** TR82
- **Chi?** Bush
- **Dove e quando?** GB, 1959

Le prime radio a transistor erano costose, ma ben presto i produttori ne produssero modelli più economici. Uno dei simboli della prima generazione di radio portatili fu la TR82, della ditta inglese Bush, che la lanciò nel 1959. Il suo design alla moda, con il grande quadrante centrale che recava i nomi delle stazioni, la rese molto popolare, specialmente fra gli adolescenti. Ora è ritenuta un classico.

Radio a transistor

- **Che cosa è?** Regency TR-1
- **Chi?** Texas Instruments and Idea Inc.
- **Dove e quando?** USA, 1954

La Regency TR-1 trasformò la radio da ingombrante mobile a oggetto tascabile. Ciò fu reso possibile dal transistor, un minuscolo congegno compatto ideato nel 1947, che sostituì le grosse valvole di vetro per amplificare i segnali. La Texas Instruments fornì i transistor, e la Idea Inc. progettò e produsse il dispositivo che avrebbe cambiato il modo di ascoltare musica.

Tasti per cambiare più facilmente stazione e modalità.

Radio digitale

- **Che cosa è?** Alpha 10
- **Chi?** Arcam
- **Dove e quando?** GB, 1999

Anche se le trasmissioni digitali iniziarono negli anni '80, il primo sintonizzatore digitale per uso domestico fu commercializzato solo nel 1999. Era grande e costoso. Apparecchi più piccoli e convenienti comparvero negli anni seguenti, per esempio nel 2002 il pionieristico Evoke 1, della ditta inglese Pure.

COLLEGARE CONTINENTI

I cavi sul fondo dell'oceano trasmettono il 99% dei dati mondiali, compresi quelli di Internet. Sono installati da navi speciali e da attrezzature di terra, e arrivano a profondità superiori a 8.000 m. Quando si posano, bisogna fare attenzione a evitare ostacoli come barriere coralline e relitti sommersi.

La fotocamera

Sin dai tempi antichi si usava la stenoscopia: le immagini erano proiettate, ma non fotografate. Per avere un'immagine concreta bisognò attendere gli anni '20 del 1800. La prima foto richiese parecchie ore di esposizione, mentre ora, con la tecnologia digitale, possiamo scattare foto e vederle immediatamente.

WOW!

La prima foto fu scattata da Joseph Nicéphore Nièpce nel 1826. Mostra una finestra del primo piano della sua casa di campagna in Francia.

Un'apertura lascia passare la luce nella fotocamera.

I PRIMI SCATTI

Le prime foto, scattate da Joseph Nicéphore Niépce negli anni '20 del 1800, erano molto grossolane. A sviluppare il primo procedimento fotografico funzionale fu il suo collega Louis Daguerre. La Giroux Daguerrotype, del 1839, fu la prima fotocamera a essere venduta.

ISTANTANEE D'ARGENTO

Le immagini dei dagherrotipi, come questo (destra) del 1843, si ottenevano esponendo alla luce per qualche minuto una lastra di rame rivestita d'argento. La debole immagine veniva sviluppata con fumi di mercurio. Nel 1841, William Fox Talbot creò il "calotipo", un altro antico processo fotografico. A differenza del dagherrotipo, se ne potevano fare più copie.

Un treppiede mantiene stabile la fotocamera durante l'esposizione.

Giroux Daguerrotype, 1839

CAMERA OSCURA

La camera oscura, una versione più grande del semplice stenoscopio, fu perfezionata nel 1570. Si pratica un forellino in una parete di una stanza buia. La luce naturale vi si condensa, e sulla parete opposta si proietta un'immagine della scena esterna. Ne è stata fatta una riproduzione (sinistra) a Edimburgo, Scozia.

FOTO A COLORI

Le prime foto a colori richiedevano tre esposizioni – con filtro rosso, blu e verde – che poi si sovrapponevano con proiettori. Nel 1907, i fratelli Lumière trovarono un modo di combinare i colori su un'unica lastra, con un procedimento detto "autocromia".

L'autocromia richiedeva esposizioni lunghe, quindi le scene perlopiù erano statiche.

La lastra fotografica è dietro la cassa.

◄ PEGGY IN GIARDINO, 1909
Questa foto in autocromia fu scattata dal pioniere inglese della fotografia John Cimon Warburg negli anni '80 del 1800.

CON UN FLASH

Per illuminare i luoghi bui, i primi fotografi accendevano in un piattino la polvere flash, un pericoloso miscuglio di polvere di magnesio e clorato di potassio. Nel 1929, una ditta tedesca presentò la lampada flash, contenente magnesio.

La lamina di magnesio è accesa con un filamento in cui passa corrente elettrica.

Filamento

Lampada flash, 1929

LASTRE DI GELATINA SECCA

La lastra di gelatina secca, prodotta nel 1871, era più sensibile delle precedenti e riduceva il tempo di esposizione. Per la prima volta non era necessario un treppiede o altro sostegno. Per scattare "istantanee", le piccole fotocamere si potevano tenere in mano.

La Kodak aveva al suo interno una pellicola da 100 esposizioni.

IL RULLINO

Nel 1885, l'americano George Eastman fece conoscere la pellicola fotografica trasparente e flessibile, che dava la possibilità di scattare più immagini, invece che una sola con la lastra. Eastman produsse anche una fotocamera, la Kodak, messa in vendita nel 1888. Era un oggetto maneggevole e facile da usare, che rese la fotografia accessibile a sempre più persone, non solo ai professionisti.

Fotocamera Kodak, 1888

La fotocamera doveva essere riportata in fabbrica, dove veniva sviluppata la pellicola.

Pacco di pellicola originale Kodak del 1890

Fotografare

Fino a poco tempo fa, dato il costo e il tempo per acquistare pellicole e farle sviluppare, la fotografia era riservata a occasioni speciali come festività e matrimoni. Ora possiamo fotografare a qualsiasi ora del giorno senza bisogno di una fotocamera: ci bastano i cellulari.

WOW!

Si calcola che ogni 2 minuti scattiamo tante foto quante sono state fatte in tutto il XIX secolo.

Kodak N. 3a, prodotta dal 1903 al 1915

Fotocamera tascabile

- **Che cosa è?** Folding Pocket Kodak N. 1
- **Chi?** Eastman Kodak Co Ltd
- **Dove e quando?** USA, 1897-1898

La pionieristica azienda Kodak produsse modelli più piccoli ed economici per i fotografi dilettanti, fra cui una delle prime fotocamere ripiegabili. A essa seguì, nel 1912, una fotocamera "tascabile" ancora più piccola.

Leica Standard, 1932

Press fotocamera

- **Che cosa è?** Speed Graphic
- **Chi?** Graflex
- **Dove e quando?** USA, 1912

La press fotocamera, pur essendo abbastanza compatta e maneggevole, scattava foto più grandi della media. Era usata dai fotografi della stampa e da chi voleva una macchina fotografica affidabile e rapida.

Lampadina flash

Fotocamera Graflex Speed Graphic

Fotocamera 35mm

- **Che cosa è?** Leica Standard
- **Chi?** Oskar Barnack
- **Dove e quando?** Germania, 1932

Nel primo quarto del XX secolo, il formato principale (larghezza della pellicola) delle macchine

Fotocamera reflex biottica

- **Che cosa è?** Rolleiflex K1
- **Chi?** Franke & Heidecke
- **Dove e quando?** Germania, 1929

Le fotocamere biottiche hanno due obiettivi, uno per scattare la foto e uno per inquadrare, come raffigurato sopra nel modello 2.8 F. Uno specchietto a 45° permette di inquadrare da sopra, con l'apparecchio tenuto ad altezza vita, una tecnica che dà maggiore stabilità alla fotocamera.

fotografiche divenne il 35 mm. Già nel 1913 si trovavano fotocamere 35 mm, ma furono quelle compatte prodotte dalla Leica, come la mitica Leica Standard (sinistra), che resero questo formato standard.

Brownie Flash IV

Serie Brownie Flash

- **Che cosa è?** Brownie Flash II
- **Chi?** Eastman Kodak Co Ldt
- **Dove e quando?** GB, 1957

Nel 1898, il fondatore della Kodak George Eastman chiese al suo progettista di disegnare una fotocamera il più economica possibile: fu creata la Brownie, talmente semplice che chiunque poteva usarla. Le Brownie continuarono a essere prodotte negli anni '50, con la fortunata serie Brownie Flash, ancora migliore perché era predisposta per montare un flash.

Fotocamere Hasselblad

- **Che cosa è?** Hasselblad 500 EL
- **Chi?** Victor Hasselblad
- **Dove e quando?** Svezia, 1969

La ex società commerciale Hasselblad iniziò a produrre fotocamere durante la Seconda guerra mondiale. L'altissima qualità dei prodotti indusse la NASA a scegliere una Hasselblad 500 EL per documentare il leggendario allunaggio del 1969.

SX-70 OneStep, 1978

Polaroid

- **Che cosa è?** Polaroid SX-70
- **Chi?** Edwin Land della Polaroid Co
- **Dove e quando?** USA, 1972

Dopo essere stata fotografata, Jennifer Land chiese al padre: «Perché non posso vedermi subito?» Il padre era Edwin Land, impiegato nella ditta Polaroid, inventore della prima fotocamera istantanea in commercio. L'innovazione continuò con la mitica SX-70, diffusa negli anni '70, che produceva una stampa poco dopo aver scattato la foto.

Fotocamere digitali

- **Che cosa è?** Minolta RD-175
- **Chi?** Minolta
- **Dove e quando?** Giappone, 1995

Le fotocamere senza pellicola, che scattano e salvano fotografie elettronicamente, comparvero per la prima volta a metà degli anni '90. La prima fotocamera digitale portatile fu forse la Minolta RD-175, che uscì nel 1995, seguita dalla Nikon D1 nel 1999.

Fotocamera digitale SLR Olympus, 2015

Action cam

- **Che cosa è?** GoPro HERO
- **Chi?** Nick Woodman
- **Dove e quando?** USA, 2004

Le fotocamere GoPro, preferite dagli amanti degli sport avventurosi, furono ideate da un surfista che non riusciva a trovare l'attrezzatura adatta a fotografarsi mentre cavalcava le onde. La prima, del 2001, usava una pellicola 35 mm, ma i modelli successivi si servirono della tecnologia digitale e video, e obiettivi con angolo di ripresa più ampio.

GoPro HERO 4

Drone fotografico

- **Che cosa è?** Drone SOLO
- **Chi?** 3D Robotics
- **Dove e quando?** USA, 2015

I piccoli droni attrezzati per la navigazione GPS e con fotocamere digitali, ideati a scopi militari, sono diventati comuni e permettono a sempre più fotografi di scattare straordinarie foto aeree.

Cinema

Nel 1891 la ditta americana Edison presentò
il suo cinetoscopio, cinecamera per "immagini in
movimento", che potevano essere viste da una sola
persona alla volta attraverso un oculare. Quattro anni
dopo furono mostrate a un pubblico di centinaia
di persone, ma solo nel 1927 fu proiettato il primo
film sonoro: *Il cantante di jazz*.

GLORIOSO TECHNICOLOR®

Nei primi film a colori, la pellicola era
dipinta a mano. All'inizio del 1932,
la società Technicolor presentò
una macchina da presa (sotto) che
utilizzava 3 pellicole separate che
registravano i rossi, i blu e i verdi. Il
procedimento divenne comune fino
alla metà degli anni '50.

CATTURARE L'ATTIMO

I primi film duravano solo
un minuto circa e mostravano
un'unica scena. Questa
macchina da presa (sinistra)
del 1896 poteva essere ruotata
per seguire l'azione.
Fu probabilmente usata nel
1897 per filmare il corteo
del 60° anniversario di
regno della regina Vittoria.

*Scatole metalliche
proteggono le bobine
della pellicola.*

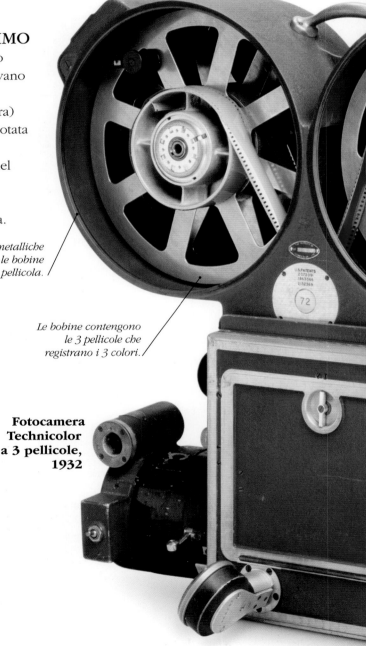

*Le bobine contengono
le 3 pellicole che
registrano i 3 colori.*

**Fotocamera
Technicolor
a 3 pellicole,
1932**

Cavallo al galoppo di Muybridge, 1877

IMMAGINI IN MOVIMENTO

La cinematografia è l'illusione del movimento, data
dalla rapida proiezione di fotografie. L'inglese Eadweard
Muybridge fu uno dei primi fotografi a scattare immagini
fisse di animali e proiettarle come sequenze in movimento.
Fu fondamentale per lo sviluppo del cinema.

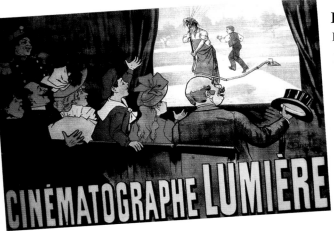

PUBBLICO PAGANTE

Il primo schermo cinematografico per spettatori paganti fu presentato dai fratelli francesi Auguste e Louis Lumière a Parigi nel dicembre 1895. Furono proiettati 10 loro brevi filmati.

Lettore DVD Toshiba, 1996

TECNOLOGIA LASER

A metà degli anni '70, quando debuttarono i lettori di videocassette, il cinema si spostò nelle case. Ancora meglio fu quando, nel 1997, gli studi di Hollywood commercializzarono i film in formato DVD, con migliore qualità di immagini e suono, semplici menu e alcuni giochi interattivi.

DVD

COMUNICARE

FILM IN 3D

Gli esperimenti di 3D risalgono agli anni '90 del 1800, ma il primo film proiettato in pubblico, a Los Angeles nel 1922, fu *The power of love*. Fu anche il primo in cui si usarono occhiali anaglifici con lenti di colori diversi. La qualità 3D migliorò nel 1986, quando furono introdotte le lenti polarizzate, ma la popolarità dei film stereoscopici raggiunse il massimo con il film *Avatar* del 2009.

Moderni occhiali 3D

CINEPRESA MODERNA

La cinepresa moderna non usa più le "pizze" di celluloide, ma registra con tecnologia digitale. I "film" sono forniti ai cinema come file digitali. La prima proiezione digitale fu *Guerre stellari, Episodio I: La minaccia fantasma*, del 1999.

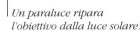

Un paraluce ripara l'obiettivo dalla luce solare.

La cinecamera digitale Genesis usata per la prima volta per girare *Superman returns*, 2006

Televisione

Furono molte le persone che contribuirono nello stesso periodo a inventare la televisione. Nel 1923, John Logie Baird ideò un sistema meccanico per l'emittente inglese BBC. Nel 1934, negli Stati Uniti Philo Farnsworth progettò la televisione elettronica, ma furono i russi Isaac Shoenberg e Vladimir Zworykin a inventare quella che conosciamo oggi.

WOW!

Le prime immagini trasmesse in pubblico furono quelle sconcertanti del pupazzo ventriloquo Stookie Bill, nel 1926.

PRIME TRASMISSIONI

Anche se ci furono trasmissioni precedenti, come le Olimpiadi di Berlino del 1936, i programmi della BBC, iniziati il 2 novembre 1936, sono considerati le prime trasmissioni televisive pubbliche regolari.

TUBO CATODICO

Il primo passo importante fu l'invenzione del tubo catodico, costruito dal tedesco Ferdinand Braun nel 1897. Degli elettroni erano sparati in un tubo di vetro contro uno schermo al fosforo: i frammenti di fosforo che si accendevano formavano un'immagine.

Tubo di vetro con schermo di fosforo in fondo.

Catodo che emette elettroni quando è riscaldato.

TELEVISORE DI BAIRD

L'ingegnere scozzese John Logie Baird usò un disco rotante per scansionare il soggetto ripreso, e un disco sincronizzato in ricezione. Ne diede una dimostrazione pubblica nel 1926, ma immagini prodotte da questo sistema meccanico non erano di qualità come quelle elettroniche.

Televisore Baird, 1929

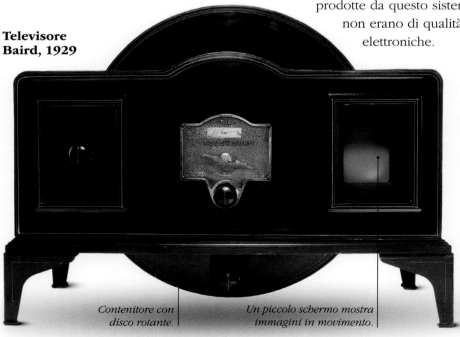

Contenitore con disco rotante.

Un piccolo schermo mostra immagini in movimento.

TELECOMANDO

Nel 1950, l'American Zenith Radio Corporation produsse il primo telecomando, e lo chiamò "Lazy Bones" (sopra). Era collegato alla TV con un cavo, e poteva accenderla, spegnerla e cambiare canale. Il primo telecomando senza fili comparve nel 1955.

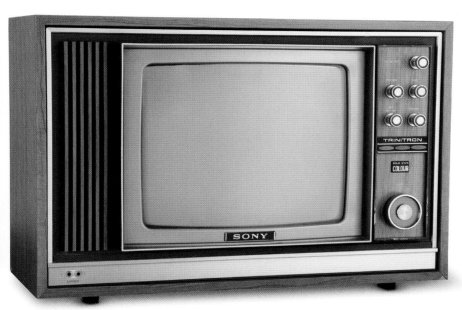

TELEVISIONE A COLORI

Il 25 giugno 1951, l'emittente televisiva americana CBS presentò il primo programma a colori. Purtroppo, pochi riuscirono a vederlo, poiché le TV di quel tempo erano perlopiù in bianco e nero. In Gran Bretagna, la prima TV a colori fu prodotta nel 1967, ma solo negli anni '70 furono acquistati più apparecchi a colori che in bianco e nero.

Sony Trinitron, TV a colori comune negli anni '70

TELEVISIONE DIGITALE

Dopo quella del colore, la maggiore evoluzione è stata la possibilità di ricevere segnali televisivi in formato digitale invece che analogico. A partire dagli anni 2000, le società televisive hanno potuto trasmettere suoni di migliore qualità, immagini di maggiore definizione e una più ampia scelta di canali.

Set-top box di TV digitale BT Vision

Videocamera digitale HD professionale

TELEVISIONE HD

La tecnologia della TV in HD (alta definizione) fornisce immagini di qualità simili a quelle cinematografiche, con maggiori dettagli, definizione e colori. La prima immagine televisiva in HD fu la Statua della Libertà del porto di New York, trasmessa in Giappone nel 1989, ma la programmazione regolare iniziò negli anni 2000.

Rack di un server in un centro dati in Germania

STREAMING

Negli ultimi anni, la TV ha subito enormi cambiamenti. Grazie a Internet e alla possibilità di seguire spettacoli dal vivo, ora possiamo vedere ciò che vogliamo dove vogliamo. Non abbiamo neppure bisogno di un televisore, possiamo usare il cellulare o il computer, e non dipendiamo dalle emittenti, ma solo da link veloci sul server del computer.

Grandi schermi

Molti oggetti tecnologici, evolvendo, si sono rimpiccioliti; basti pensare a quanto erano grandi i primi telefoni, computer o fotocamere. Gli schermi televisivi, invece, diventano sempre più ampi. I primi avevano le dimensioni degli schermi degli attuali portatili, mentre gli ultimi modelli sono piccoli schermi cinematografici.

WOW!

Lo schermo TV più grande, prodotto da una ditta austriaca, misura in diagonale oltre 6,6 m.

Primo televisore domestico

- **Che cosa è?** Telefunken FE-1
- **Chi?** Telefunken
- **Dove e quando?** Germania, 1934

I primi televisori usavano il sistema meccanico di John Logie Baird, poi abbandonato negli anni '30, quando in Germania comparvero le prime televisioni elettroniche. Poco dopo uscirono modelli francesi, inglesi e americani. Le prime TV erano mobili massicci, con piccoli schermi di 30 cm di lato.

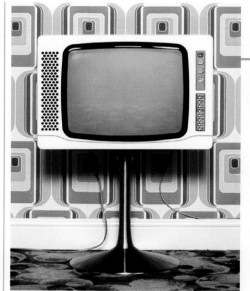

Televisore a colori, anni '70 del 1900

Televisore a colori

- **Che cosa è?** Westinghouse H840CK15
- **Chi?** Westinghouse
- **Dove e quando?** USA, 1954

Sebbene negli Stati Uniti le prime trasmissioni a colori fossero state registrate nel 1951, i televisori a colori Westinghouse furono messi in vendita solo tre anni dopo. Altre ditte li produssero, ma non se ne vendevano molti poiché erano costosi e i programmi a colori pochi. Solo negli anni '70, quando tutte le trasmissioni furono a colori, la TV a colori prese veramente piede.

Televisore moderno

- **Che cosa è?** Philco Predicta
- **Chi?** Philco
- **Dove e quando?** Filadelfia, USA, 1958

I televisori non rimasero a lungo nei mobiletti di legno. L'avanzamento tecnologico li rese oggetti che potevano essere spostati, e con nuove opzioni. Questo Philco Predicta, per esempio, aveva uno schermo girevole. Negli anni '50, le TV erano ancora un lusso, e i progettisti le disegnavano il più futuristiche possibile.

Il Philco Predicta si poteva ruotare in ogni direzione.

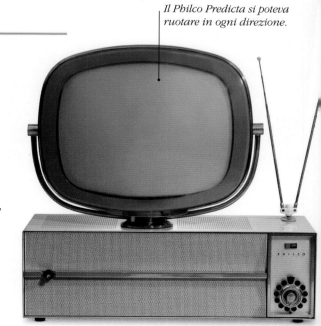

Televisore portatile

- **Che cosa è?** Philco Safari
- **Chi?** Philco
- **Dove e quando?** Filadelfia, USA, 1959

Il primo televisore veramente portatile
fu il Philco Safari, grande come uno zaino
e alimentato da una piccola batteria.
Nel 1970, la Panasonic commercializzò
un televisore delle dimensioni
di una borsa, il TR-001, e
nel 1978, l'inventore inglese
Clive Sinclair produsse
l'apparecchio quasi
tascabile MTV1.

Antenna estensibile

Misure: 10x15 cm

**MTV1
Sinclair**

**Televisore
OLEG**

Televisore al plasma a schermo piatto

- **Che cosa è?** TV a schermo piatto
- **Chi?** Panasonic
- **Dove e quando?** Giappone e USA, 1997

Questa TV a schermo piatto era
abbastanza sottile e leggera da
poter essere appesa alla parete.
La tecnologia fu inventata nel 1964
da due professori dell'università
dell'Illinois. Lo schermo è formato
da migliaia di minuscoli tubi pieni
di gas che, eccitati dall'elettricità,
diventano rossi, verdi o blu.
Sono controllati da circuiti che
fanno variare continuamente la
brillantezza, formando l'immagine in
movimento. Il primo schermo piatto
fu venduto al pubblico nel 1997.

*L'enorme schermo sottile
fornisce un'immagine
di alta qualità.*

Televisore OLED (diodo organico a emissione di luce)

- **Che cosa è?** Sony XEL-1
- **Chi?** Sony
- **Dove e quando?** Giappone, 2008

La tecnologia OLEG si basa su un materiale simile
a plastica che brilla quando vi passa elettricità.
Lo schermo utilizza migliaia di OLEG per formare
l'immagine. Le TV OLEG hanno schermi
incredibilmente sottili e immagini di ottima qualità,
ma non hanno un grande mercato perché sono
ancora molto costose. La prima versione è del 2008.

Televisore 3D

- **Che cosa è?** Viera VT20 plasma 3D in HDTV
- **Chi?** Panasonic
- **Dove e quando?** Giappone, 2010

Nel 2009, quando uscì il film di fantascienza
di James Cameron *Avatar*, il 3D sembrò
il futuro del cinema. Iniziò la corsa
per produrre televisori 3D, e i primi
comparvero l'anno seguente. Ma si
dimostrò una tendenza passeggera,
e nel 2017 le vendite quasi cessarono.

Comunicazione scritta

Già 5.000 anni fa, in Mesopotamia (oggi Iraq) ci si scambiava messaggi incidendo segni su tavolette di argilla, e più di 2.000 anni fa, in Cina, sulla carta. Il successivo grande passo avanti avvenne solo nel 1450, con l'invenzione della stampa in Germania, che aprì la strada a libri stampati, quotidiani (nel XVII secolo) e riviste (nel XVIII secolo).

Penna biro Bic

Penna a sfera

SERVIZIO POSTALE

Il servizio postale risale a molto tempo fa. Il primo francobollo, il Penny Black (destra), fu emesso il 1° maggio 1840 nel Regno Unito. Faceva parte delle riforme postali che garantivano a tutti la possibilità di spedire lettere.

FIUMI DI INCHIOSTRO

Le prime penne andavano intinte o riempite di inchiostro, che colava o seccava. Negli anni '80 del 1800, l'americano John J. Loud inventò una prima versione della penna a sfera, che conteneva inchiostro pronto per scrivere. In seguito, fu migliorata dall'ungherese Lázló Bíró.

Nel 1870, le cartoline erano affrancate con un francobollo che faceva parte della grafica.

VORREI CHE FOSSI QUI

La prima cartolina nota fu spedita a se stesso da Londra, dallo scrittore Theodore Hook. Era il 1840, e la affrancò con un Penny Black. La prima cartolina americana, inviata nel 1848, fu pagata con una pubblicità stampata sopra.

Cartolina tedesca, 1870

SCRITTURA BRAILLE

Il francese cieco Louis Braille, quand'era ancora studente, si imbatté in un sistema di scrittura di messaggi con punti rialzati, usato dai soldati per comunicare di notte. Lo migliorò e lo pubblicò nel 1829. La scrittura Braille è tuttora in uso.

Il sistema Braille si basa su un codice di 6 punti, usati per identificare le lettere dell'alfabeto.

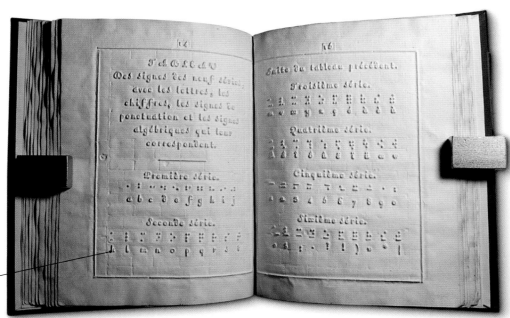

Primo libro in Braille, 1829

Usando la carta carbone, si potevano fare più copie di un documento.

Quando viene colpito da leve che portano i caratteri, il nastro inchiostrato trasferisce i segni sulla carta.

La macchina per scrivere Crandall, 1875

BATTERE SUI TASTI

L'inventore americano della macchina per scrivere era, per l'appunto, un ex redattore di quotidiani. Christopher Sholes voleva qualcosa che "scrivesse" più in fretta di una penna. Con l'aiuto di due amici inventori, Carlos Glidden e Samuel Soule, produsse questo congegno nel 1873.

Nelle prime macchine per scrivere i tasti non andavano battuti troppo velocemente, sennò si sovrapponevano. Per questo motivo, nel 1875 Sholes ideò la tastiera QWERTY.

LUCI SMAGLIANTI
Dopo l'invenzione del LED (diodo a emissione di luce) nel 1962, e dello schermo a cristalli liquidi nel 1964, i cartelloni pubblicitari sono stati sostituiti da insegne stradali luminose e coloratissime, come queste di Kowloon, a Hong Kong. Ora, tabelloni digitali intelligenti riescono a riconoscere marca, modello e anno di immatricolazione dei veicoli che passano, utilizzando le informazioni per proiettare pubblicità personalizzata.

Il computer

Com'è risaputo, l'inventore e matematico inglese Charles Babbage progettò tre macchine informatiche. Lo scopo era immagazzinare e processare numeri e fornire i risultati dei calcoli. I progetti di Babbage furono tanto rivoluzionari da farlo ritenere il "padre del computer".

BILL GATES

Ogni computer usa software, una serie di istruzioni impartite al computer per eseguire un compito. Nel 1975, lo scienziato informatico americano Bill Gates co-fondò la Microsoft, che divenne la più grande società di software e lo rese uno degli uomini più ricchi del mondo.

MOTORE INFORMATICO

Charles Babbage progettò le prime macchine informatiche automatiche, ma non riuscì a costruirle. Il "Different Engine N. 2" fu completato a Londra solo nel 1991, 142 anni dopo.

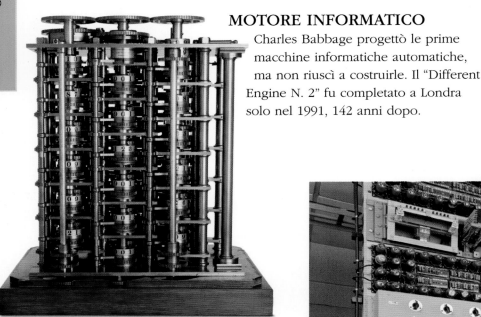

Elemento del "Different Engine N. 2" di Babbage

PRIMO COMPUTER

L'era dell'informatica iniziò durante la Seconda guerra mondiale. Nel 1941, l'ingegnere tedesco Konrad Zuse completò lo Z3, il primo computer digitale non basato sull'elettronica, grande quanto una stanza. Gli serviva per i suoi calcoli di progetti aeronautici.

▶ COMPUTER GIGANTE

Il Colossus fu un computer realizzato dagli inglesi nel 1943-1945, durante la Seconda guerra mondiale, per tentare di scoprire i codici segreti tedeschi.

◄ **PROGRAMMARE IL "MARK 1", 1944**
Grace Hopper sta programmando il computer "Mark 1"
di Howard Aiken, che durante la Seconda guerra mondiale
produsse i calcoli per il progetto della bomba atomica.

SEMPRE PIÙ PICCOLO E VELOCE

Il microprocessore è un "motore" dei computer. I primi
erano grandi come armadi capienti, o anche di più. Nel
1947, la creazione dei transistor ridusse il meccanismo
a un piccolo circuito stampato integrato, in grado
di svolgere operazioni a velocità incredibili,
e i computer divennero più piccoli.

Ogni sottocircuito contiene
migliaia di transistor.

GRACE HOPPER

Negli anni '40 Grace Hopper, della
marina militare americana, fu tra le
prime programmatrici di computer.
Contribuì a sviluppare uno dei primi
linguaggi di programmazione,
il COBOL, tuttora in uso. Inoltre,
togliendo una falena morta da un
computer, coniò il termine "bug".

MOUSE

**Primo mouse
di legno**

Nel 1964, l'ingegnere americano Douglas
Engelbart inventò un congegno con rotelle
per spostare un cursore di computer.
Lo chiamò "bug". L'anno dopo
un suo collega, Bill English, gli
diede un altro nome: mouse,
perché somigliava a un topo.

**PC della IBM
anni '80**

PERSONAL COMPUTER

I primi personal computer (PC), inventati negli anni '70
del 1900, erano kit di autoassemblaggio solo per esperti.
La rivoluzione dei PC iniziò nel 1981, quando l'IBM
lanciò i primi personal computer, che cambiarono
il modo di lavorare, giocare e comunicare.

171

Personal computer

Da quando sono comparsi i primi computer di casa, squadrati e pesanti, la tendenza è stata di produrli sempre più piccoli e potenti. Gli attuali smartphone sono molto più potenti dei primi computer, che erano grandi come armadi.

COMUNICARE

Computer autocostruito

■ **Che cosa è?** Altair 8800
■ **Chi?** MITS
■ **Dove e quando?** USA, 1974

Molti dei primi personal computer erano venduti in kit fai-da-te per hobbisti. Dopo che l'Altair 8800 comparve sulla copertina della rivista Popular Electronics, se ne vendettero molti esemplari e iniziò la rivoluzione dei PC.

Computer fisso

■ **Che cosa è?** Atari 400/800
■ **Chi?** Atari
■ **Dove e quando?** USA, 1979

I primi computer fissi non professionali giunsero nel 1979. I più venduti furono quelli della Texas Instruments e soprattutto dell'Atari. Molti li usavano per i videogiochi, alcuni per l'elaborazione di testi e la programmazione base.

Apple II di Steve Wozniak

■ **Che cosa è?** Apple II
■ **Chi?** Apple Computer, Inc.
■ **Dove e quando?** USA, 1977

L'Apple II fu progettato nel 1977 da Steve Wozniak, co-fondatore della Apple Computer Inc. (ora solo Apple). Fu uno dei primi prodotti messi in vendita dall'azienda. La sua grafica colorata, i suoni e l'involucro di plastica furono imitati da tutti i computer successivi.

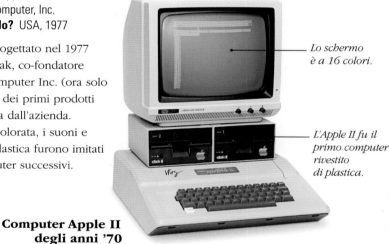

Lo schermo è a 16 colori.

L'Apple II fu il primo computer rivestito di plastica.

Computer Apple II degli anni '70

Il primo portatile

■ **Che cosa è?** Epson HX-20
■ **Chi?** Yukio Yokozawa della Seiko
■ **Dove e quando?** Giappone, 1981

L'Epson HX-20, il primo computer portatile, in Giappone fu venduto dalla Seiko, e in tutto il mondo dalla Epson. Era grande quanto un foglio A4 e pesava 1,6 kg. Lo schermo del monitor era largo come quello di una calcolatrice.

L'Epson HX-20 aveva una stampante simile a una cassa di negozio.

Portatile Epson HX-20, 1981

GRiD Compass, 1982

Schermo ripiegabile

- **Che cosa è?** GRiD Compass
- **Chi?** GRiD Systems Corporation
- **Dove e quando?** USA, 1982

Il primo portatile con un aspetto simile ai laptop moderni, in particolare lo schermo che si ripiega, uscì nel 1982. Era molto costoso, e il principale acquirente fu il governo americano. I portatili furono usati dalla marina militare e la NASA li portò a bordo delle missioni spaziali degli Shuttle.

Macintosh Apple

- **Che cosa è?** Apple Macintosh
- **Chi?** Apple
- **Dove e quando?** USA, 1984

Il Mac (chiamato così dalla varietà di mela McIntosh) fu progettato per essere un computer semplice e a basso costo per il consumatore medio. Lanciato nel 1984, non era però molto economico. Iniziò ad aver successo solo nei primi anni '90, quando la Apple produsse apparecchi più competitivi.

Una maniglia inserita sopra permette di sollevarlo e trasportarlo facilmente.

Macintosh Apple 128k

Notebook Psion 3a PDA, 1993

Touchpad

- **Che cosa è?** Psion MC 200
- **Chi?** Psion
- **Dove e quando?** GB, 1989

Un touchpad è una superficie specializzata che traccia la posizione e il movimento di un dito e li traduce nello schermo. Si usa al posto del mouse: i primi comparvero su vari portatili della ditta inglese Psion.

La rivoluzione del touchscreen

- **Che cosa è?** Microsoft Tablet PC
- **Chi?** Microsoft
- **Dove e quando?** USA, 2002

Negli anni '90, molte aziende lavorarono all'idea di un computer tablet, ma il primo modello commerciale fu progettato dalla Microsoft e comparve nel 2002. Era pesante e scomodo. Nel 2010, quando la Apple mise in vendita l'iPad, grazie alla migliorata tecnologia touchscreen e alle tante simpatiche app, i tablet divennero molto più comuni.

iPad Apple

Portatile convertibile

Il computer 2 in 1

- **Che cosa è?** Compaq Concerto
- **Chi?** Compaq
- **Dove e quando?** USA, 1993

Il laptop 2 in 1 è sia portatile che tablet. Una prima versione, il Compaq Concerto, fu realizzata nel 1993. L'idea ebbe successo solo 20 anni dopo, nel 2011, quando la Asus lanciò l'Eee Pad Transformer.

World Wide Web

Molto di ciò che facciamo tutti i giorni dipende dalla rete del World Wide Web, un sistema facile da usare che ha permesso a tutti di accedere a Internet. Comunichiamo spesso tramite i social media; usiamo Internet per fare shopping, operazioni bancarie, guardare la TV e giocare. In alcuni Paesi, si vota persino online alle elezioni.

CREARE CONNESSIONI

L'informatico inglese Tim Berners-Lee, che lavorava al CERN di Ginevra, il laboratorio europeo di fisica delle particelle, nel 1989 ideò il "World Wide Web". Immaginò una piattaforma aperta di computer collegati, che permetteva a persone di tutto il mondo di collaborare e condividere informazioni.

Il primo server fu il computer di Berners-Lee. Perché non glielo chiudessero, aveva messo un cartello con scritto «Questo computer è un server. NON SPEGNERLO!».

▼ **TIM BERNERS-LEE**
L'inventore di Internet posa davanti al computer NeXT su cui ha sviluppato la rete.

INTERNET CAFÉ

All'inizio degli anni '90 nessuno aveva accesso a Internet da casa. Nel 1991, numerosi "café" di San Francisco installarono computer connessi ad altri locali del genere. Il primo Internet Point europeo ad accesso completo fu l'Institute of Contemporary Art di Londra, nel 1994.

Clienti di un Internet café in Vietnam, 1996

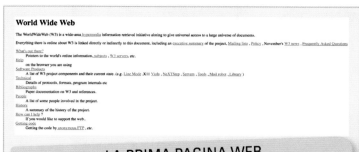

LA PRIMA PAGINA WEB

La prima pagina web (sopra) comparve il 6 agosto 1991. La redasse Tim Berners-Lee per condividere informazioni sul progetto World Wide Web e descrivere come creare pagine web.

PAROLE E IMMAGINI

I primi siti web contenevano solo parole senza immagini. Nel 1993, il National Center for Supercomputing Applications, dell'università dell'Illinois, Stati Uniti, mise in commercio Mosaic, un'interfaccia, o browser, che supportava la grafica. I siti web divennero più attraenti e facili da leggere, e Mosaic fu utile per diffondere la rete.

WOW!

Nel mondo esistono più apparecchi connessi a Internet che esseri umani.

I browser permettono agli utenti di leggere pagine di Internet.

RETI GLOBALI

Prima che nascesse il World Wide Web, esistevano già comunità online. Tuttavia si diffusero di più quando arrivarono siti come Classmates (1995), Six Degrees (1997), LinkedIn e My Space (2003), Facebook (2004) e Twitter (2006).

▲ **PROGRAMMARE SITI WEB**
L'arrivo di piattaforme di creazione di siti web, come WordPress, lanciata nel 2003, ha permesso agli utenti di creare siti personali.

Ada Lovelace

Ada Lovelace nacque nel 1815 col nome di Ada August Gordon. Suo padre era il poeta romantico inglese George Gordon, noto come Lord Byron. Alla fine della vita Ada divenne una matematica ed elaborò quello che è ritenuto il primo programma per computer. Le sue idee ispirarono i lavori di informatica della metà del XX secolo.

FORMAZIONE SCIENTIFICA

I genitori di Ada divorziarono quand'era piccola. Temendo che la figlia ereditasse il carattere imprevedibile del padre, la madre la educò alla scienza e alla matematica. La giovane Ada fu affascinata dalle invenzioni della rivoluzione industriale.

MACCHINA ANALITICA

A 17 anni, Ada conobbe il matematico e inventore Charles Babbage e fu incuriosita dall'idea della "macchina analitica", che possedeva tutti gli elementi essenziali di un computer moderno e riusciva a eseguire calcoli complicati.

Modello della macchina analitica

▶ ADA LOVELACE
Ada sposò il conte di Lovelace:
il suo titolo è lady Ada King,
contessa di Lovelace.

BIOGRAFIA

1815	1816	1828	1833
Ada Gordon nasce in dicembre a Londra. È l'unica figlia legittima del poeta romantico George Gordon, o lord Byron.	A gennaio, la madre Annabella lascia il padre, che ritiene pazzo, e porta con sé la piccola Ada, di un mese.	Ada è una bambina intelligente e dotata, e a 13 anni progetta una macchina volante.	Conosce il matematico e inventore Charles Babbage.

Schede perforate della macchina di Babbage

PROGRAMMAZIONE DI COMPUTER

Ada scrisse alcune note sui vantaggi della macchina di Babbage, fra cui, nella lettera sotto, che i calcoli «possono essere eseguiti dalla macchina senza essere elaborati prima dalla mente e dalla mano umana».

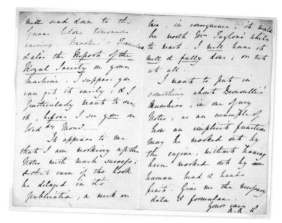

Lettera di Ada a Babbage, 1842

EREDITÀ DI ADA

Purtroppo la macchina analitica di Babbage non fu mai costruita, e le idee di Ada rimasero teorie. La sua preveggenza fu comunque notevole. Ci sarebbero voluti altri 100 anni e l'invenzione del computer per capire il vero significato del suo lavoro.

▶ **IDEE IN PRATICA**
Il concetto di programmazione proposto da Ada ha influenzato applicazioni in molti campi, fra cui quello aerospaziale.

1843	1844	1851	1852
Ada pubblica le sue note sulla macchina analitica di Babbage. Sono inclusi algoritmi per calcolare sequenze numeriche complesse.	Progetta un modello matematico per comprendere i sentimenti umani e lo chiama "calcolo del sistema nervoso".	Gioca d'azzardo; crea un modello matematico per scommettere sui cavalli, ma non funziona.	Muore di tumore a 36 anni. È sepolta vicino al suo famoso padre poeta.

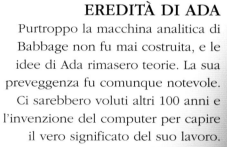

IN CASA

Grazie a tante invenzioni,
le nostre case sono
piene di comodità:
dagli elettrodomestici
per cucinare e pulire,
ai passatempi per giocare
e rilassarsi.

La lampadina

Gli scienziati hanno passato gran parte del XIX secolo a cercare di trasformare l'elettricità in luce. Il loro scopo era creare un'illuminazione durevole per uso domestico. Due inventori, Joseph Swan e Thomas Edison, lavorando indipendentemente sulle due sponde dell'Atlantico, trovarono la soluzione: la lampada a incandescenza. L'invenzione trasformò il mondo.

VITA AL BUIO

Prima dell'invenzione della luce elettrica, il mondo era un posto molto più buio. Di sera si accendevano candele di sego animale o di cera d'api, e lampade a olio e a gas. Erano oggetti meno efficaci dell'elettricità: una lampadina da 100 watt è 100 volte più luminosa della fiamma di una candela.

STRADE ILLUMINATE

La lampada ad arco, inventata dallo scienziato inglese Humphry Davy nel 1809, funzionava facendo passare un arco luminoso di elettricità attraverso l'aria fra due elettrodi di carbonio, come se fosse una scarica elettrica sotto controllo. Nonostante la praticità, era troppo potente per le case e fu usata per illuminare le strade.

Lampade ad arco illuminano una strada di New York nel 1881

▶ **LAMPADA DI SWAN**
Questa è una ricostruzione della lampada a filamento elettrico di Swan, presentata per la prima volta nel 1878-1879. Anche se funzionava, non durava a lungo e non era adatta alla vendita.

Filamento di carbonio

In questa lampada di vetro è stata tolta quasi tutta l'aria. L'assenza di ossigeno impedisce al filamento di fondere.

WOW!

Negli Stati Uniti, le vendite di lampadine balzarono da 300.000 nel 1885 a 795 milioni nel 1945.

LA LUCE DI SWAN

Lo scienziato inglese Joseph Swan creò la prima lampadina domestica a filamento (sottile pezzo di materiale che brilla quando è attraversato dall'elettricità). Nel 1879, la sua casa fu la prima a essere illuminata da lampade elettriche.

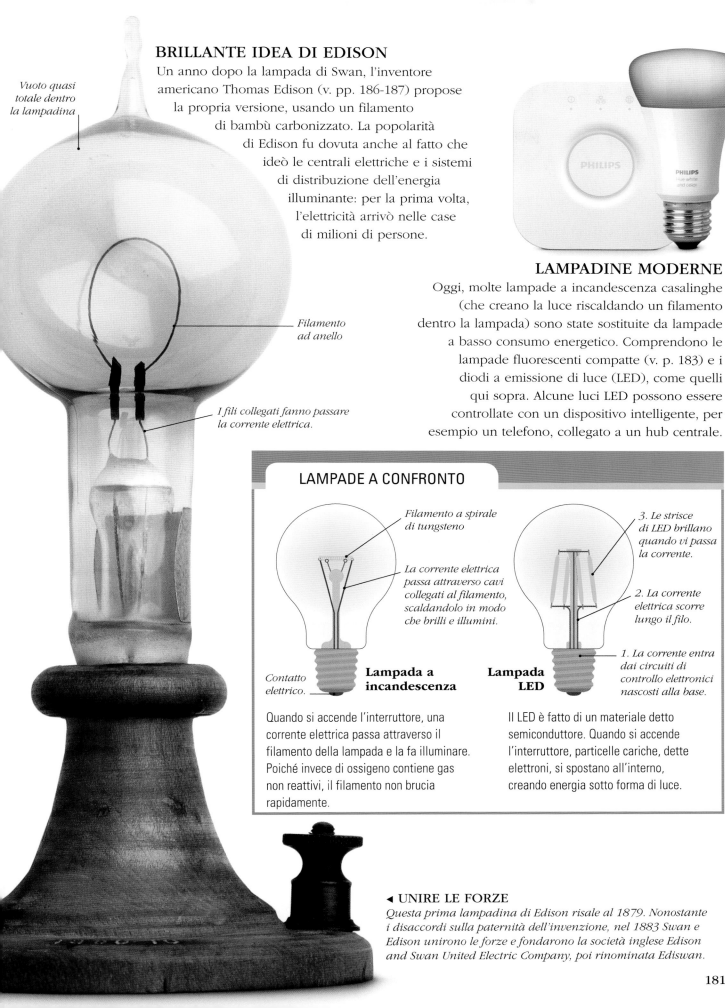

BRILLANTE IDEA DI EDISON

Un anno dopo la lampada di Swan, l'inventore americano Thomas Edison (v. pp. 186-187) propose la propria versione, usando un filamento di bambù carbonizzato. La popolarità di Edison fu dovuta anche al fatto che ideò le centrali elettriche e i sistemi di distribuzione dell'energia illuminante: per la prima volta, l'elettricità arrivò nelle case di milioni di persone.

Vuoto quasi totale dentro la lampadina

Filamento ad anello

I fili collegati fanno passare la corrente elettrica.

LAMPADINE MODERNE

Oggi, molte lampade a incandescenza casalinghe (che creano la luce riscaldando un filamento dentro la lampada) sono state sostituite da lampade a basso consumo energetico. Comprendono le lampade fluorescenti compatte (v. p. 183) e i diodi a emissione di luce (LED), come quelli qui sopra. Alcune luci LED possono essere controllate con un dispositivo intelligente, per esempio un telefono, collegato a un hub centrale.

LAMPADE A CONFRONTO

Filamento a spirale di tungsteno

La corrente elettrica passa attraverso cavi collegati al filamento, scaldandolo in modo che brilli e illumini.

Contatto elettrico.

Lampada a incandescenza

3. Le strisce di LED brillano quando vi passa la corrente.

2. La corrente elettrica scorre lungo il filo.

1. La corrente entra dai circuiti di controllo elettronici nascosti alla base.

Lampada LED

Quando si accende l'interruttore, una corrente elettrica passa attraverso il filamento della lampada e la fa illuminare. Poiché invece di ossigeno contiene gas non reattivi, il filamento non brucia rapidamente.

Il LED è fatto di un materiale detto semiconduttore. Quando si accende l'interruttore, particelle cariche, dette elettroni, si spostano all'interno, creando energia sotto forma di luce.

◀ **UNIRE LE FORZE**
Questa prima lampadina di Edison risale al 1879. Nonostante i disaccordi sulla paternità dell'invenzione, nel 1883 Swan e Edison unirono le forze e fondarono la società inglese Edison and Swan United Electric Company, poi rinominata Ediswan.

181

Illuminare il mondo

L'invenzione della lampadina elettrica illuminò le notti come non era mai successo prima. Aprì la strada ad altri tipi di luce, e per la prima volta portò l'elettricità nelle case. Ben presto questa forma di energia avrebbe azionato gli elettrodomestici.

Luci in movimento

- **Che cosa è?** Fanali elettrici
- **Chi?** Electric Vehicle Company
- **Dove e quando?** USA, 1898

All'inizio, i fari delle auto erano a gas o a olio, e rischiavano di incendiarsi. I primi fanali elettrici non funzionavano molto bene, poiché il filamento si estingueva rapidamente. Inoltre, richiedevano una propria alimentazione ed erano quindi costosi. All'inizio del XX secolo, la tecnologia migliorò, e nel 1912 l'azienda automobilistica americana Cadillac introdusse un sistema per alimentare i fanali tramite l'accensione. Nella foto sono raffigurati i fanali di una Ford Model T del 1915.

▶ LUCI BRILLANTI

I colori di questa insegna al neon, in California, sono prodotti da gas diversi: il neon per il rosso, l'idrogeno per l'azzurro, l'elio per il rosa-arancio, il mercurio per il blu e il cripto per il bianco-giallo. Poiché il neon fu il primo gas usato a questo scopo, tutti i tubi pieni di gas che emettono luce sono detti luci al neon.

Luci a gas

- **Che cosa è?** Luci al neon
- **Chi?** Georges Claude
- **Dove e quando?** Francia, 1910

Il fisico francese Georges Claude scoprì che, facendo passare corrente elettrica in un tubo di vetro pieno di gas neon, si produceva un'intensa luce arancio.

La luce non era abbastanza forte da illuminare le case, ma Claude pensò fosse adatta a insegne pubblicitarie. Nel 1912, la si vide per la prima volta davanti alla bottega di un barbiere di Parigi; in seguito, si diffuse in tutto il mondo.

Lampade a risparmio energetico

■ **Che cosa è?** Lampade fluorescenti
■ **Chi?** Edmund Germer, Friederich Meyer e Hans Spanner
■ **Dove e quando?** Germania, 1926

Nelle lampade fluorescenti, l'elettricità passa attraverso il vapore di mercurio, creando una luce ultravioletta invisibile. Quando colpisce un rivestimento fluorescente all'interno della lampada, si trasforma in luce visibile. Le prime erano voluminose, ma negli anni '70 del 1900 l'ingegnere americano Edward E. Hammer realizzò piccole lampade fluorescenti compatte.

Le lampade fluorescenti compatte durano 15 volte di più di quelle a incandescenza.

Proiettori

■ **Che cosa è?** Lampada allo xeno
■ **Chi?** Osram Licht AG
■ **Dove e quando?** Germania, anni '40 del 1900

La lampada allo xeno, un tipo di lampada ad arco, è piena di gas xeno ad alta pressione che, quando vi passa l'elettricità, brilla. Le lampade allo xeno sono usate per proiettori cinematografici, riflettori, fari e per il fascio di luce più potente del mondo, sopra il Luxor Hotel di Las Vegas (sopra).

Lampada laser

■ **Che cosa è?** Laser
■ **Chi?** Theodore H. Maiman, Arthur Schawlow, Charles Townes e Gordon Gould
■ **Dove e quando?** USA, 1960

Il laser è un fascio luminoso stretto ma potente. Si produce fornendo energia agli atomi di un solido o di un gas, in modo che emettano luce. Gli atomi, unidirezionali e coerenti, producono una luce purissima. I laser sono usati nell'industria, per trasportare informazioni lungo cavi di fibra ottica e per inviare dati nello spazio.

Si possono usare i laser per creare effetti spettacolari nei concerti

LED

■ **Che cosa è?** Diodi a emissione di luce
■ **Chi?** Nick Holonyak Jr.
■ **Dove e quando?** USA, 1962

I LED, utilizzando meno energia, durano più a lungo e sono meno fragili; hanno quindi iniziato a sostituire le lampadine a incandescenza. Funzionano scuotendo leggermente gli elettroni di un materiale detto semiconduttore, come il silicone, in modo da provocare una corrente elettrica che illumina. A volte sono molto piccoli e si usano per le spie degli elettrodomestici.

Spesso le luci colorate decorative sono LED.

PESCE ED ENERGIA SOLARE

In tutto il mondo si è diffuso l'uso di lampade elettriche
e di elettrodomestici, ed è cresciuta la richiesta di
energia. Il gigantesco impianto elettrico solare della
provincia dello Zhejiang, in Cina, è stato aperto nel 2017
sopra un allevamento ittico, per risparmiare spazio
e fornire una doppia fonte di reddito: dal pesce e
dall'energia generata dai pannelli solari. L'impianto,
che si estende per 3 kmq circa, ogni anno produce
energia sufficiente ad alimentare 100.000 case.

Thomas Edison

Thomas Edison ideò la lampadina, il fonografo
e la macchina da presa: le sue invenzioni
cambiarono il nostro modo di vivere.
Edison riunì un'enorme squadra di ricercatori
e inventori che lo aiutavano a escogitare
e sperimentare le sue idee geniali, che poi
brevettava rapidamente per battere i concorrenti.

Si poteva vedere un film
guardando nell'oculare
collocato sopra il cinetoscopio.

Cinetoscopio di Edison

MENLO PARK

Nel 1876, Edison istituì un centro di
ricerche nel New Jersey (Stati Uniti),
chiamato Menlo Park. In tutta la vita
brevettò 1.093 invenzioni negli Stati
Uniti e altre 1.200 in tutto il mondo,
più di chiunque altro nel XX secolo.

IL BUSINESS DELL'INVENZIONE

Per Edison inventare era un business; sosteneva:
«Non invento niente che non sia vendibile». Una
delle prime invenzioni che commercializzò fu
il cinetoscopio. Nel 1888, depositò un brevetto
per questo apparecchio che permetteva
di vedere film a una sola persona alla volta.

BIOGRAFIA

1847	1859	1869
Edison nasce in Ohio l'11 febbraio e cresce nel Michigan, dove è istruito in casa dalla madre.	A 12 anni salva un bambino di 3 anni che stava per essere travolto da un treno. Il padre, riconoscente, gli insegna a usare il telegrafo. Diventa operatore di telegrafo, e nel tempo libero inventa.	Il maggior successo di Edison è un congegno che dirama i prezzi delle azioni mediante il telegrafo. Vende i diritti per 40.000 dollari, e a 22 anni si dedica completamente alle invenzioni.

Apparecchio per diffondere
i prezzi delle azioni

Edison e i suoi colleghi provano una nuova lampada a Menlo Park, nel New Jersey

LA GUERRA DELLE CORRENTI

Negli anni '80 del 1800, Edison si mise in competizione con l'ingegnere elettrico George Westinghouse sul modo migliore di fornire energia elettrica. Edison promuoveva la corrente continua, Westinghouse quella alternata. Alla fine, Edison dovette ammettere che la corrente alternata, che si poteva usare su lunghe distanze, era il metodo da preferire.

Dinamo (generatore elettrico di corrente continua) nella prima centrale elettrica degli Stati Uniti, costruita da Edison nel 1882

SUCCESSO LIMITATO

Motore a batteria

Molte invenzioni di Edison, fra cui il contatore di voti elettrico, le case prefabbricate (con mobili) e la penna elettrica non ebbero successo, anche se non lo ammise mai. Mentre concepiva la lampadina, una volta disse: «Non ho fallito. Ho semplicemente trovato 10.000 cose che non funzionano».

Penna elettrica di Edison

1879	1895	1904	1931
Dopo il fonografo del 1877 (v. p. 204), Edison inventa un apparecchio ancora più popolare: la lampadina.	Collega un fonografo a un cinetoscopio e crea il cinetofono, uno dei primi sistemi di colonna sonora per film.	Costruisce una batteria di accumulo per auto che gli fa guadagnare molto denaro.	Muore a 84 anni, il 18 ottobre. Per rendergli omaggio, tutte le aziende americane spengono le luci.

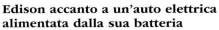

Edison accanto a un'auto elettrica alimentata dalla sua batteria

ALTO VOLTAGGIO

Qui lo scienziato serbo-americano Nikola Tesla
(v. pp. 60-61) è seduto tranquillamente di fianco a
una sua invenzione, la spirale di Tesla, che manda
in aria potenti scariche elettriche. Funzionava
ad altissima frequenza per produrre voltaggi molto
alti e trasmetteva l'elettricità senza fili.

La batteria

L'elettricità è conosciuta da tempi immemorabili.
Gli antichi Greci sperimentarono l'elettricità statica,
e nel XVIII secolo l'inventore Benjamin Franklin
dimostrò che il fulmine era una forma di elettricità.
Nessuno però sapeva come produrre una corrente
elettrica finché, all'inizio del XIX secolo, l'italiano
Alessandro Volta inventò la pila.

*Se toccate con
un'asta di metallo,
le zampe si muovono.*

Lastra di ferro

Fig: 17.

F   G

**Illustrazione
dell'esperimento
di Galvani**

Asta di ottone

RANE SALTERINE

Nel 1780, lo scienziato italiano
Luigi Galvani scoprì che riusciva
a far contrarre i muscoli di una
rana morta come se l'animale
fosse ancora vivo toccando
i nervi delle zampe con metalli
diversi. Pensando che la forza
fosse prodotta dalla rana stessa,
la chiamò "elettricità animale".

LA PILA VOLTAICA

Un altro scienziato italiano, Alessandro
Volta, riteneva sbagliate le teorie
di Galvani: erano i metalli, e non
gli animali, a produrre la corrente
elettrica. Per dimostrarlo, nel 1800
creò la prima batteria: la "pila voltaica".
Era un apparecchio fatto di gruppi
sovrapposti di tre
dischi: di rame, di
cartone imbevuto
di acqua di mare,
e di zinco.

*La carica elettrica
passa da un
metallo all'altro e,
attraversando il
cartone bagnato,
crea una piccola
corrente.*

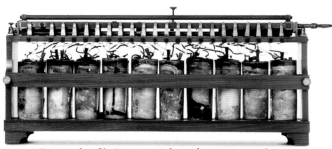

Batteria di Gaston Planté, XIX secolo

DURATA PIÙ LUNGA

Le prime batterie voltaiche non duravano a lungo. Utilizzavano sostanze chimiche e, una volta finite, non funzionavano più. Nel 1859, il fisico francese Gaston Planté superò la difficoltà inventando una batteria ricaricabile al piombo-acido. Molte batterie moderne, come quelle agli ioni di litio degli smartphone, sono ricaricabili.

PIÙ SICUREZZA

Le prime batterie usavano liquidi, spesso contenuti nel vetro, e dovevano essere maneggiate con attenzione. Nel 1886, lo scienziato tedesco Carl Gassner inventò una batteria a secco, più facile da maneggiare e quindi più utilizzabile. Conteneva una pasta elettrolita secca (sostanza attraverso cui passa la corrente elettrica) chiusa in un involucro di zinco.

*Una delle 99 pale eoliche
della Hornsdale Wind Farm*

ACCUMULARE ENERGIA

Le batterie non solo forniscono elettricità, ma si possono usare anche per accumularla. Molte ditte producono ora batterie che conservano l'elettricità raccolta da pannelli solari o da pale eoliche. Si possono usare per fornire energia quando non c'è sole o vento, a livello locale o nazionale.

COME FUNZIONA UNA BATTERIA

Quando si mette una batteria alcalina a secco in un congegno, si provoca una reazione chimica fra i suoi due elettrodi (anodo e catodo) che produce elettricità. Questa viene poi portata dalla batteria al congegno tramite il collettore.

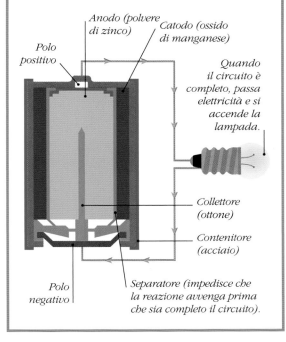

Anodo (polvere di zinco)

Catodo (ossido di manganese)

Polo positivo

Quando il circuito è completo, passa elettricità e si accende la lampada.

Collettore (ottone)

Contenitore (acciaio)

Polo negativo

Separatore (impedisce che la reazione avvenga prima che sia completo il circuito).

◄ **LA BATTERIA PIÙ GRANDE**
L'accumulatore più grande del mondo è stato costruito nel dicembre 2017 in Australia, per la Hornsdale Wind Farm, dall'azienda americana Tesla. Il gigantesco schieramento di batterie agli ioni di litio contiene energia sufficiente ad alimentare 30.000 case.

Lavare

La prima lavastoviglie meccanica fu ideata dalla ricca americana Josephine Cochrane nel XIX secolo, probabilmente per evitare che i domestici rompessero i piatti. Quando scoprì che una macchina del genere non esisteva ancora, sembra che avesse detto: «Se nessun altro inventa una lavastoviglie, lo farò io». Fu presentata nel 1893, seguita da molti altri elettrodomestici simili.

L'acqua dei panni bagnati scolava nella vasca.

Lavastoviglie collegata al rubinetto dell'acqua calda, 1921

LA PRIMA LAVASTOVIGLIE

Nella lavastoviglie Cochrane i piatti erano collocati in una rastrelliera di filo metallico, girata a mano con una leva. Mentre ruotavano, erano spruzzati prima con acqua calda saponata, poi con acqua fredda, e diventavano puliti e brillanti. La macchina era però ingombrante, e solo negli anni '50 del 1900 comparvero lavastoviglie domestiche più piccole.

Nella vasca c'era un braccio motorizzato che faceva ruotare i panni.

LAVASTOVIGLIE MODERNE

A differenza della versione della Cochrane, nelle lavastoviglie moderne i piatti sono disposti in rastrelliere. Bracci meccanici sopra e sotto ruotano spruzzando acqua: prima un prelavaggio freddo, poi acqua calda e detersivo, infine acqua pulita di risciacquo. Al termine, un elemento scalda l'aria per asciugare le stoviglie.

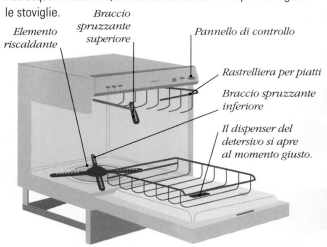

Braccio spruzzante superiore

Elemento riscaldante

Pannello di controllo

Rastrelliera per piatti

Braccio spruzzante inferiore

Il dispenser del detersivo si apre al momento giusto.

FRESCO DI BUCATO

Nel XIX secolo, alcune aziende iniziarono ad aprire lavanderie con grandi lavatrici a vapore. Tuttavia, solo nel 1908 l'inventore americano Alva Fisher realizzò il primo apparecchio elettrico commerciale di successo per fare il bucato: il Thor. Era formato da un cilindro rotante contenente l'acqua per lavare. Anche se il progetto era grossolano e bisognava strizzare i panni a mano, vendette bene ed ebbe molti imitatori. Gli ultimi modelli di Thor (destra) avevano rulli per togliere l'acqua in eccesso dai panni.

I panni bagnati
erano disposti fra
i rulli per strizzarli.

Maniglia per
far girare i rulli.

ASCIUGATRICE

Nel XIX secolo, prima che fossero
inventate le asciugatrici, i panni si
asciugavano mettendoli davanti a un
fuoco. Negli anni '20 del 1900 comparvero
le prime asciugatrici elettriche. Un motore
centrifugava i panni in un recipiente
metallico, forato per far uscire l'acqua
in eccesso. Le asciugatrici producevano
calore, come negli apparecchi moderni.

Prima asciugatrice tedesca, 1929

LAVATRICI MODERNE

Le lavatrici odierne hanno fatto passi da gigante.
Il tamburo è orizzontale e la centrifuga ad alta
velocità elimina tutta l'umidità dai panni. Hanno
scomparti per il detersivo e l'ammorbidente,
e vari programmi per il lavaggio di materiali
diversi: dalla lana al poliestere.

DETERSIVI

I detersivi moderni sono composti da
sostanze chimiche, dette tensioattivi, che
estraggono grassi in soluzione acquosa e li
rimuovono. I tensioattivi, scoperti dai
chimici tedeschi durante la Prima
guerra mondiale, furono raffinati
negli anni '40 dal ricercatore
americano David Byerly.

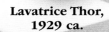

**Lavatrice Thor,
1929 ca.**

Capsule di detersivo liquido

Utensili da cucina

Aprire una scatoletta

- **Che cosa è?** Apriscatole
- **Chi?** Robert Yeates
- **Dove e quando?** GB, 1855

Può sembrare strano, ma trascorsero oltre 40 anni fra l'invenzione delle scatolette, nel 1810, e quella dell'apriscatole. Le prime scatolette venivano aperte in modo piuttosto rischioso, con martello e scalpello. Nel 1855, un'azienda inglese di coltelleria inventò un semplice utensile manuale con una lama che ne tagliava l'orlo tutt'intorno. L'apriscatole riprodotto risale agli anni '30 del 1900.

In un passato non troppo lontano, gran parte delle operazioni di cucina, come mescolare, tritare e tostare, erano eseguite a mano, richiedendo parecchio tempo. A partire dal XIX secolo, gli inventori si dedicarono a realizzare utensili per risparmiare tempo e fatica nella preparazione e conservazione del cibo.

Pubblicità del Toastmaster, 1951

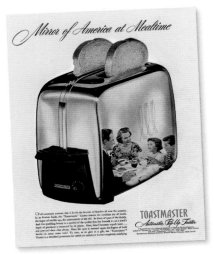

Tirando la leva, l'acqua bollente viene spinta attraverso il caffè e nella tazzina.

Il caffè macinato è posto in un filtro separabile.

Macchina italiana per espresso, 2007

Tostare il pane

- **Che cosa è?** Tostapane
- **Chi?** Charles Strite
- **Dove e quando?** USA, 1919

I primi tostapane elettrici comparvero nel 1893, ma non erano facili da usare: non facevano uscire il pane e bisognava spegnerli per non carbonizzarlo. L'inventore americano Charles Strite fabbricò un tostapane con timer e molla di uscita quando il pane era pronto. Prima fu usato nell'industria, poi, nel 1926, uscì un modello domestico: il Toastmaster. Da allora è un complemento essenziale di ogni cucina.

Fare il caffè

- **Che cosa è?** Macchina a leva per caffè espresso
- **Chi?** Achille Gaggia
- **Dove e quando?** Italia, 1938

Sin dal 1884, qualcuno aveva pensato di preparare il caffè rapidamente: Angelo Moriondo, di Torino, aveva brevettato una caffettiera a vapore, che però non aveva avuto successo. Nel 1903 altri due italiani, Luigi Bezzerra e Desiderio Pavoni, ne migliorarono il progetto. Poi, nel 1938, l'ingegnere italiano Achille Gaggia ideò la prima macchina per caffè a vapore azionata da una leva. Era più piccola, ma a pressione molto maggiore delle precedenti e produceva caffè in tazzine simile all'odierno espresso.

Padelle antiaderenti

- **Che cosa è?** Teflon™
- **Chi?** Roy Plunkett
- **Dove e quando?** USA, 1938

Come per molte altre invenzioni, il rivestimento che rende antiaderenti le padelle fu scoperto per caso. Il chimico americano Roy Plunkett, che studiava i gas da usare nei frigoriferi, incappò in una sostanza molto scivolosa: il politetrafluoroetilene. In seguito il materiale, chiamato Teflon™, fu usato per padelle, in particolare per cuocere frittate.

Mantenere fresco il cibo

- **Che cosa è?** Tupperware®
- **Chi?** Earl Tupper
- **Dove e quando?** USA, 1946

Subito dopo la Seconda guerra mondiale furono ideati numerosi prodotti per mantenere fresco il cibo. Tra questi c'erano i contenitori di plastica da frigo Tupperware®, con coperchio ermetico. I recipienti, che presero il nome dall'inventore americano Earl Tupper, si diffusero negli anni '50 tramite una rete di "home parties", la cui pioniera fu la casalinga Brownie Wise.

Cottura superveloce

- **Che cosa è?** Forno a microonde
- **Chi?** Percy Spencer
- **Dove e quando?** USA, 1945

L'ingegnere americano Percy Spencer stava sperimentando il magnetron (valvola che emette microonde) quando scoprì che una tavoletta di cioccolato che aveva in tasca si era misteriosamente sciolta. Capì che le microonde avevano fatto vibrare le molecole della cioccolata creando calore e cuocendola. L'azienda per cui lavorava, la Ratyheon, trasformò la scoperta in un nuovo tipo di forno: il forno a microonde.

RadaRange, uno dei primi forni a microonde, 1958 ca.

Tagliare e tritare

- **Che cosa è?** Robot da cucina
- **Chi?** Pierre Verdon
- **Dove e quando?** Francia, 1971

Sin dal 1919, esistono mixer da cucina per impastare il pane e miscelare liquidi. Molte decine di anni dopo, l'ingegnere francese Pierre Verdon realizzò il primo robot da cucina, in grado di tritare e mescolare cibi solidi. Verdon chiamò Magimix il suo utensile risparmia-fatica.

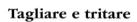

Moderno robot da cucina

Mantenere il freddo

IN CASA

A metà del XIX secolo, l'invenzione del frigorifero cambiò per sempre il modo di mangiare e di conservare il cibo. La bassa temperatura rallenta la crescita dei batteri che fanno avariare gli alimenti, mantenendoli freschi a lungo. L'aria condizionata, che ci permette una vita più agevole nei climi caldi, non è altro che una versione della refrigerazione.

Il freezer è usato per cibo congelato e cubetti di ghiaccio.

▶ **FRIGORIFERO GE "MONITOR-TOP", 1934**
Fu il primo frigo a chiusura ermetica, inventato da Christian Steenstrup della ditta americana General Electric.

In questo primo frigo, il compressore, che regola la temperatura, sta sopra. In gran parte dei frigoriferi moderni è sotto.

Uno sportello spesso e isolato mantiene il freddo all'interno.

COME FUNZIONA IL FRIGO

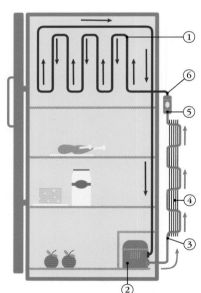

1. *La serpentina assorbe il calore dentro il frigo.*

2. *Il compressore comprime il gas, riscaldandolo.*

3. *Il gas passa attraverso una serpentina dietro al frigo, dove raffredda e si ritrasforma in liquido.*

4. *Il calore è dissipato tramite ventilatori assiali.*

5. *L'evaporatore espande il liquido refrigerante, trasformandolo rapidamente in gas e raffreddandolo.*

6. *Il refrigerante torna nel frigo e il processo si ripete.*

I frigoriferi funzionano trasferendo calore dall'interno all'esterno. Una sostanza, detta liquido refrigerante, passa attraverso una serie di serpentine. Quando è dentro, è fredda e assorbe calore, mentre quando esce dal frigo si riscalda e fa disperdere il calore, poi rientra nel frigo.

CREARE IL FREDDO

La refrigerazione artificiale fu inventata dal fisico scozzese William Cullen a metà del 1800. Il primo frigorifero meccanico fu brevettato solo nel 1898, dall'americano Arthur T. Marshall. Il primo frigo domestico, chiamato DOMELRE, fu realizzato dall'ingegnere americano Fred W. Wolf Jr. nel 1913.

Tonni surgelati sono scaricati da una nave refrigerata in Giappone, 2005

TRASPORTI REFRIGERATI

La refrigerazione non solo permise di mantenere più a lungo il cibo, ma cambiò la nostra dieta. Negli anni '70 del 1800, l'invenzione di navi refrigerate modificò le forniture di cibo in tutto il mondo. Ora alimenti facilmente deperibili, come carne e pesce, possono essere surgelati e trasportati ovunque.

INTERNI PIÙ FRESCHI

L'aria condizionata, inventata nel 1902 dall'ingegnere americano Willis Carrier, funziona come un frigorifero. Un liquido refrigerante trasferisce il calore dall'interno dell'edificio all'esterno, dove lo rilascia nell'aria per mezzo di ventole, visibili nella foto.

SURGELAMENTO

Negli anni '20 del 1900, il naturalista americano Clarence Birdseye sviluppò il metodo di refrigerazione rapida, detto surgelamento. Era basato su una tecnica usata dal popolo Inuit del Canada, che consisteva nel raffreddare velocemente a temperature molto basse. Il cibo si manteneva meglio che con un raffreddamento più lento.

Operai che surgelano frutti di mare

FRIGORIFERI SMART

Sin dagli anni '90 del 1900, molte aziende hanno cercato di perfezionare il frigorifero intelligente, un elettrodomestico che riconosce quando sta finendo un prodotto e lo ordina automaticamente via Internet. Il frigorifero Family Hup della Samsung (sotto) contiene una videocamera che permette di controllare tramite smartphone l'interno del frigo, anche se non si è in casa.

Spuntini veloci

Spesso accade che uno snack o un dolce diventino virali. Predire quale avrà successo è quasi impossibile, ma gli inventori che riescono a capire i gusti del pubblico si arricchiscono. L'importante è brevettare l'idea o (come la Coca-Cola) mantenere segreta la ricetta, per non farsi battere da altri concorrenti.

Moderna barretta di cioccolato Fry

Delizie di cioccolato

- **Che cosa è?** Barretta di cioccolato
- **Chi?** Francis Fry
- **Dove e quando?** GB, 1847

I primi a consumare cioccolato furono i Maya, in Messico, nel primo millennio d.C. Facevano una bevanda amara, chiamata *xocolatl*, con baccelli di cacao e spezie. Nel XVI secolo, gli invasori spagnoli la addolcirono con lo zucchero. La prima tavoletta di cioccolato solida fu prodotta solo nel 1847. La creò un pasticcere inglese mescolando polvere di cacao, burro di cacao e zucchero.

Gelati

- **Che cosa è?** Gelato
- **Chi?** Non si sa
- **Dove e quando?** Forse Cina, ca. 200 a.C.

Le origini del gelato sono sconosciute. Molte antiche culture, fra cui i Greci, i Romani e i Cinesi, consumavano dessert raffreddati con la neve. Le ricette di quello che ora chiamiamo gelato risalgono alle famiglie reali europee del XVII secolo, poi si diffusero ovunque.

▼ **GELATAI AMBULANTI**
Due bambini gustano coni gelato a Hull (Regno Unito) nel 1961. Le gelaterie ambulanti erano comuni in molti Paesi.

Bevande gassate

- **Che cosa è?** Coca-Cola
- **Chi?** John Pemberton
- **Dove e quando?** USA, 1886

Una delle bevande più consumate al mondo nacque come medicinale a base di erbe, prodotto dal farmacista americano John Pemberton. Fra gli ingredienti, oltre a sciroppo di zucchero e acqua carbonata, vi erano alcol e cocaina, allora legale e in seguito entrambi eliminati. Oggi se ne vendono oltre 1,8 miliardi di lattine al giorno.

Cereali da colazione

- **Che cosa è?** Cornflakes
- **Chi?** John Harvey Kellogg
- **Dove e quando?** USA, 1894

Il medico americano John Kellogg dirigeva una stazione termale in cui si serviva cibo ritenuto particolarmente salutare. La colazione consisteva in un semplice cereale preparato con fiocchi di mais cotto. I cornflakes erano così graditi ai pazienti che il fratello di Kellogg, Will Keith, decise di produrli in serie: ben presto furono venduti in tutto il mondo.

Sandwich più semplici

- **Che cosa è?** Pane a cassetta
- **Chi?** Otto Rohwedder
- **Dove e quando?** USA, 1928

L'ingegnere americano Otto Rohwedder ci mise un po' per perfezionare la sua macchina per affettare il pane. Il maggiore problema era la deperibilità della materia prima. Lo risolse inventando una macchina che non solo affettava il pane, ma lo impacchettava, mantenendolo fresco. In breve tempo, quasi tutto il pane venduto negli Stati Uniti era preaffettato.

I macchinari moderni tagliano fette tutte uguali.

Bubblegum

- **Che cosa è?** Gomme da masticare
- **Chi?** Walter Diemer
- **Dove e quando?** USA, 1928

Il ragioniere Walter Diemer, che lavorava in una fabbrica di gomme da masticare a Filadelfia (Stati Uniti), scoprì una gomma molto elastica con cui si potevano fare palloncini. La nuova gomma, chiamata "Dubble Bubble", fu venduta in tutto il Paese. Tuttavia, dato che Diemer non l'aveva brevettata, presto altre ditte la imitarono.

Scatola attuale di Dubble Bubble

La prima bubblegum era rosa, perché a quel tempo era l'unico colorante disponibile in fabbrica.

Noodles da asporto

- **Che cosa è?** Noodles istantanei
- **Chi?** Momofuku Ando
- **Dove e quando?** Giappone, 1958

Negli anni '70, l'invenzione dei noodles disidratati, che si potevano conservare a lungo, portò alla produzione di un nuovo snack, detto "Cup noodles". È un bicchiere di plastica che contiene noodles secchi e aromi: basta versarvi un po' di acqua bollente per ottenere un pasto.

FATTI IN BREVE

- La chef americana Ruth Graves Wakefield inventò la ricetta dei biscotti con gocce di cioccolato nel 1938. La vendette alla ditta Nestlé per 1 dollaro e una fornitura di cioccolato per tutta la vita.
- La gomma da masticare fu inventata nel 1869 dallo scienziato americano Thomas Adams, che usò il lattice della sapota, una pianta messicana.

199

Aspirapolvere con mantice, 1910

Mantice —

Aspirapolvere

A metà del XIX secolo, gli scienziati intuirono il funzionamento dell'aspirapolvere: bastava creare un vuoto parziale nell'apparecchio, in modo che risucchiasse la polvere e lo sporco. Bisognò però aspettare l'inizio del XX secolo perché un inventore progettasse un congegno abbastanza riuscito da avere successo.

PRIMI ASPIRAPOLVERE

Nel 1860, l'inventore americano Daniel Hess realizzò per casa sua la prima macchina per aspirare la polvere. Consisteva in una scopa per tappeti su ruote, con una spazzola rotante posta sotto un mantice (sacchetto comprimibile per l'aria), da spingere su e giù per fare il vuoto. L'invenzione non ebbe successo.

ASPIRAPOLVERE A MOTORE

Nel 1901 l'ingegnere inglese Hubert Cecil Booth ebbe un'idea rivoluzionaria: creò un gigantesco aspirapolvere, soprannominato "Puffing Billy". Era azionato da un motore a petrolio, pesava 1.800 kg e doveva essere trasportato da un carro tirato da cavalli. Non aveva spazzole, ma aspirava la polvere con lunghi tubi.

▼ PUFFING BILLY
La macchina di Booth era troppo grossa per entrare in casa. La si parcheggiava davanti, e i tubi per aspirare la polvere venivano passati dalle finestre.

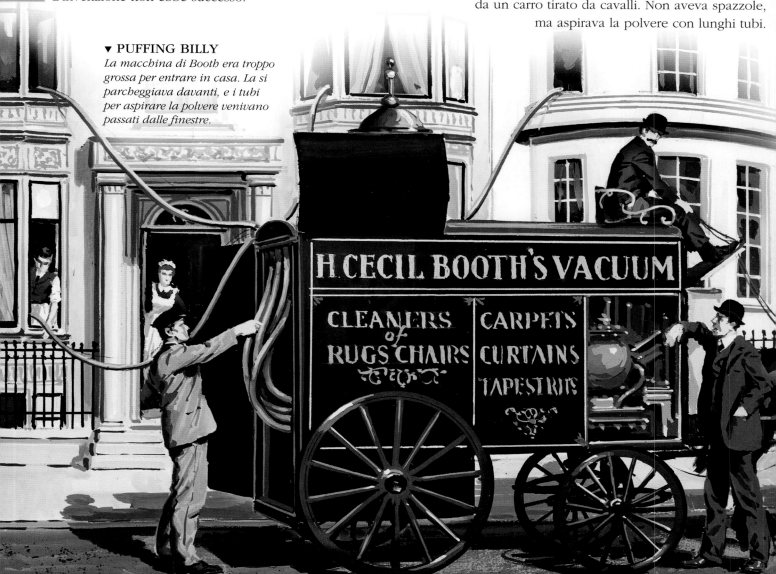

H. CECIL BOOTH'S VACUUM

CLEANERS of RUGS CHAIRS | CARPETS CURTAINS TAPESTRIES

PASSARE L'ASPIRAPOLVERE

Nel 1907, un portinaio americano, James Spangler, inventò l'aspirapolvere portatile. Aveva una spazzola rotante e una ventola elettrica per smuovere la polvere, un sacchetto di tessuto per raccoglierla e un manico da scopa per spostare l'apparecchio. Spangler vendette i diritti all'uomo d'affari americano William Hoover, che vi apportò miglioramenti tecnologici e ci costruì sopra un impero.

Maniglia per spingere l'aspirapolvere.

La polvere si raccoglie in un cilindro di plastica trasparente, che va svuotato quando è pieno.

Le spazzole anteriori spazzano la polvere.

G-Force, il primo aspirapolvere ciclonico venduto ovunque, 1990

L'ASPIRAPOLVERE DYSON

Per gran parte del XX secolo, gli aspirapolvere furono dotati di sacchetti di stoffa per raccogliere la polvere, ma quand'erano pieni l'apparecchio perdeva potenza. Nel 1979, l'inventore inglese James Dyson (v. pp. 202-203) ideò un tipo di aspirapolvere senza sacchetti, chiamato ciclonico (destra).

ROBOT ASPIRAPOLVERE

Negli anni 2000 sono stati messi in vendita numerosi robot aspirapolvere. Sono apparecchi aspiranti dotati di sensori che li guidano automaticamente intorno agli oggetti, come mobili. Il primo, del 2001, è stato il Trilobite Electrolux (sopra).

Un aspirapolvere Hoover dal design futuristico, 1954

ASPIRAPOLVERE CICLONICO

Questo tipo di apparecchio contiene ventole rotanti che creano il vuoto per aspirare aria piena di polvere. Questa passa poi attraverso elementi conici, detti cicloni, dove è fatta ruotare rapidamente per separarla dalla polvere. La polvere ricade nel bidone di raccolta, che va svuotato quando è pieno, e quindi non c'è bisogno di sacchetti.

5. L'aria gira vorticosamente attorno ai cicloni più piccoli, lasciando cadere le particelle di polvere più sottili.

4. L'aria è aspirata da fori del cilindro interno e passa attraverso piccoli cicloni.

6. L'aria, priva di polvere, torna nella stanza.

3. L'aria ruota in questo cilindro, lasciando cadere le particelle più grosse di polvere.

1. L'aria (e la polvere) viene aspirata da un tubo nell'aspirapolvere.

2. Il tubo trasporta l'aria nel grande cilindro interno.

James Dyson

Uno degli inventori più brillanti degli ultimi decenni è James Dyson. Sono sue le idee di numerosi apparecchi da usare dentro e fuori casa, e in particolare l'aspirapolvere ciclonico. Tutte le sue invenzioni sono nate da osservazioni di difetti in apparecchi esistenti molto usati, e dall'interesse a ideare qualcosa per migliorarli.

► IN LABORATORIO
I laboratori Dyson hanno realizzato oltre 50 tipi di aspirapolvere ciclonici: da quelli industriali, giganteschi, alle versioni manuali.

IN CASA

LA BALLBARROW

Il maggiore successo inventivo di Dyson fu un nuovo tipo di carriola. L'ispirazione gli venne perché la stretta ruota della sua carriola da giardino sprofondava sempre nel fango. Risolse il problema sostituendo la ruota con una sfera di plastica: in questo modo si distribuiva il carico, e si poteva usare l'attrezzo sul terreno molle.

La sfera permette di manovrare meglio la carriola.

L'ASPIRAPOLVERE CICLONICO

Nel 1978, Dyson si propose di inventare un aspirapolvere senza sacchetti basato sulla tecnologia ciclonica (v. p. 201). Prima di ottenere una versione funzionante, fece 5.127 prototipi. Il suo primo aspirapolvere, il G-Force, fu messo in vendita in Giappone a metà degli anni '80. Una versione successiva, il Dyson DC01, divenne un fenomeno globale, e altre ditte ne produssero di simili.

INSUCCESSI

Anche Dyson ebbe degli insuccessi: il più noto è la lavatrice Contrarotator (o CR01), del 2000. Aveva due tamburi controrotanti, e quindi poteva centrifugare più di altri modelli. Era però costosa, e se ne vendettero poche. La produzione smise dopo qualche anno.

I due tamburi della Contrarotator avevano oltre 5.000 fori per rimuovere rapidamente l'acqua.

BIOGRAFIA

1947	1970	1974	1978
Dyson nasce il 2 maggio. Negli anni '60 studia design di mobili e d'interni al Royal College of Art di Londra.	Ancora studente, partecipa al progetto del Rotork Sea Truck, un mezzo da sbarco veloce usato dalla Marina britannica.	Fonda una società per produrre la sua prima invenzione di successo: la Ballbarrow, con cui vince il Building Design Innovation Award nel 1977.	Inizia a lavorare sull'aspirapolvere ciclonico. Ne produce un modello nel 1983, ma non trova un'azienda disposta a investire sul prodotto.

1986	**1993**	**2006**		**2016**
Con il sostegno di una ditta giapponese, Dyson lancia in Giappone il primo aspirapolvere ciclonico: il G-Force.	In Inghilterra esce il Dyson DC01. Nel giro di due anni diventa l'aspirapolvere più venduto. Nel 2002, va alla conquista degli Stati Uniti.	La sua società riscuote un altro successo con l'Airblade (destra), una nuova versione dell'asciugamani ad aria.		Negli ultimi anni, Dyson ha ideato un ventilatore senza pale, un umidificatore da interni e, nel 2016, un phon per capelli.

Musica registrata

Fino alla fine del XIX secolo, la musica si poteva ascoltare solo dal vivo. Poi, con l'invenzione del telefono nel 1876, si scoprì che i suoni potevano essere trasmessi con l'elettricità. L'inventore americano Thomas Edison (v. pp. 186-187) iniziò a indagare se fosse possibile registrarli. La sua invenzione del fonografo diede un grande impulso all'industria discografica.

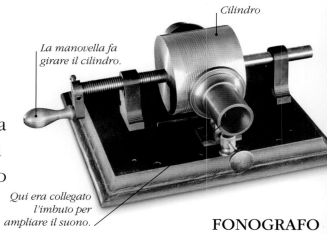

Cilindro

La manovella fa girare il cilindro.

Qui era collegato l'imbuto per ampliare il suono.

FONOGRAFO

Il fonografo di Edison, inventato nel 1877, consisteva in un imbuto, una puntina e un cilindro rotante coperto da carta stagnola. Quando si immetteva un suono nell'imbuto, la punta tracciava un solco sul foglio che avvolgeva il cilindro rotante. Per risentire il suono, si collocava di nuovo la punta sul solco e la si trascinava in avanti. Gli ultimi fonografi, per registrare e riascoltare le registrazioni usavano un cilindro di cera (v. p. 206).

REGISTRARE SENZA ELETTRICITÀ

Nelle prime registrazioni, i musicisti suonavano direttamente in un grande imbuto e le onde sonore spostavano la puntina. L'imbuto raccoglieva solo una piccola parte dei suoni, quindi la qualità era scarsa. I microfoni, inventati negli anni '70 del 1800, migliorarono il suono, anche se non quanto quelli sensibili "ultraudibili" degli anni '20.

▼ VOCE FORTE
Prima dei microfoni, i musicisti si riunivano per registrare davanti a un grosso imbuto.

NASTRO MAGNETICO

Nel 1928, l'ingegnere tedesco-austriaco Fritz Pfleumer trovò un modo per registrare i suoni su nastri coperti di polvere di ossido di ferro magnetizzato. Le particelle magnetiche inviano i suoni sotto forma di impulsi. I primi magnetofoni basati sull'invenzione di Pfleumer comparvero negli anni '30.

Registratore a nastro, 1962

Tasti di controllo

Nastro magnetico di plastica

WOW!

Oggi tutti hanno un registratore digitale high tech nel loro smartphone.

REGISTRATORI MULTITRACCIA

Sebbene la tecnologia dei registratori multitraccia sia nata negli anni '40, alla fine della Seconda guerra mondiale, il pioniere di questi apparecchi fu il musicista americano Les Paul negli anni '50. Egli scoprì che, per registrare singolarmente ogni musicista di una band, si potevano usare molte tracce di registrazione su un unico nastro magnetico più largo. L'invenzione permise di controllare meglio il suono del pezzo finito.

Registratore multitraccia, anni '70 del 1900

▶ REGISTRAZIONE CASALINGA
Oggi la tecnologia è così avanzata che chi ama la musica può realizzare una personale registrazione multitraccia con apparecchi di uso quotidiano, come smartphone e iPad.

REGISTRAZIONE DIGITALE

Alla fine degli anni '70, la registrazione su nastro iniziò a essere sostituita da quella digitale. Questa tecnologia converte il suono, registrato sotto forma di segnali elettrici, in un codice digitale, riconvertibile nella riproduzione del suono. Lo scienziato inglese Alec Reeves ebbe l'idea nel 1937.

Ogni cilindro di cera di Edison riproduceva circa 2 minuti di musica.

Ascoltare la musica

Negli anni, gli apparecchi che usiamo per ascoltare la musica hanno subìto un notevole cambiamento. Gran parte dei miglioramenti del XX secolo hanno riguardato la qualità del suono. Ultimamente, ci si è concentrati su attrezzature più piccole e leggere. Le collezioni di dischi, e l'apparecchio per suonarli, che occupavano scaffali interi, ora possono stare in tasca.

I primi dischi

- **Che cosa è?** Registrazioni sonore
- **Chi?** Thomas Edison
- **Dove e quando?** USA, 1877

Edison scoprì come registrare suoni nel 1877. Nel 1888 creò i cilindri di cera, che furono il primo metodo di massa di ascoltare musica. Ogni cilindro, di cera dura, aveva un solco sulla superficie esterna corrispondente alla registrazione di suoni. Si suonava con un fonografo (v. p. 204). I primi, soprannominati "macchine parlanti", erano azionati da un meccanismo a molla.

I primi dischi erano larghi solo 13 cm, poi divennero più grandi.

Dischi piatti

- **Che cosa è?** Grammofono Berliner
- **Chi?** Emile Berliner
- **Dove e quando?** USA, 1887

I fonografi erano comuni ma costosi, e occupavano molto spazio. L'inventore tedesco-americano Berliner realizzò un'alternativa più economica e meno ingombrante: una macchina che tracciava solchi di suoni su dischi piatti. Non solo i dischi duravano di più, erano più facili da produrre (poiché potevano essere stampati da una matrice) e da conservare, ma contenevano anche più musica (fino a cinque minuti).

FATTI IN BREVE

- La prima registrazione di suoni fu la filastrocca *Mary had a little lamb* recitata da Thomas Edison.
- I primi dischi erano di gommalacca, un tipo di resina prodotta dagli insetti.
- I giradischi divennero veramente ascoltabili solo negli anni '20 del 1900, poco dopo che gli ingegneri americani Peter L. Jensen e Edwin Pridham inventarono gli altoparlanti elettrici.

Dischi LP (long-playing)

- **Che cosa è?** Dischi di vinile 45 e 33 giri
- **Chi?** RCA Victor (45 giri) e Columbia Records (33 giri)
- **Dove e quando?** USA, 1948

I primi dischi giravano a 78 giri al minuto. Nel 1948 furono introdotti due nuovi formati di maggiore durata, fatti di una plastica detta vinile, e che giravano a diversa velocità. I 45 giri contenevano circa 4 minuti di musica per lato, i 33 giri fino a 25 minuti per lato.

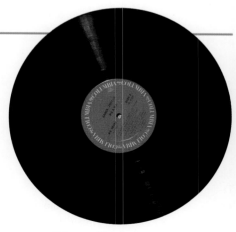

Disco di vinile, 1971

Suoni portatili

- **Che cosa è?** Walkman
- **Chi?** Masaru Ibuka, Norio Ohga, Nobutoshi Kihara, Akio Monta e Kozo Ohsone
- **Dove e quando?** Giappone, 1979

Nel 1962 l'azienda di elettronica olandese Philips presentò le musicassette, che contenevano musica su un nastro magnetico (v. p. 205). L'invenzione spianò la strada al primo vero lettore portatile di musica: il Walkman Sony, che comparve nel 1979. L'idea venne al cofondatore della Sony, Masaru Ibuka, che cercava un modo per ascoltare musica in aereo.

L'apparecchio era venduto con cuffie per ascoltare la musica da soli.

Uno dei primi Walkman Sony, 1979

A differenza dei vinili, i CD non si graffiano facilmente.

Suoni digitali

- **Che cosa è?** Compact disc
- **Chi?** Philips e Sony
- **Dove e quando?** Olanda e Giappone, 1982

Negli anni '80 e '90, i compact disc (CD) sostituirono quasi completamente i dischi di vinile. I CD, basati su una tecnologia inventata dall'americano James Russell negli anni '60, raccoglievano suoni sotto forma di informazioni digitali in cavità incise su dischi di plastica, che potevano essere letti da un laser.

Gli iPod della Apple, usciti nel 2001, resero popolari i lettori MP3

Gli utenti ruotavano una "click wheel" per scegliere la musica memorizzata nell'apparecchio.

Suoni compressi

- **Che cosa è?** MP3
- **Chi?** Karlheintz Brandenburg
- **Dove e quando?** Germania, 1989

Le registrazioni digitali assorbivano molta memoria del computer. Nel 1989 arrivò una nuova tecnologia, detta MP3. Riduceva le dimensioni di un file audio eliminando le parti che non si sentono normalmente, in modo che una canzone da 40 MB potesse essere ridotta a 4 MB. I primi lettori MP3 comparvero nel 1999. Oggi si possono ascoltare intere raccolte di dischi su un'app MP3 dello smartphone.

Le cuffie usano onde radio per comunicare con uno smartphone.

Suoni senza fili

- **Che cosa è?** Cuffie bluetooth
- **Chi?** Molti produttori
- **Dove e quando?** Vari, 2002-2004

Uno dei problemi delle cuffie è che legano l'utente alla fonte di musica. Per evitarlo si provò con le onde radio, ma fu solo negli anni 2000, 10 anni dopo l'invenzione del Bluetooth del gigante svedese delle telecomunicazioni Ericsson, che il problema fu risolto. Questa tecnologia a onde radio trasmette dati a breve distanza, permettendo di ascoltare musica senza fili sullo smartphone. Le prime cuffie wireless uscirono nel 2002.

Giochi e passatempi

Sono stati scoperti giochi e passatempi casalinghi che risalgono a migliaia di anni fa, e molti sono in voga ancora adesso. Spesso si fanno per divertimento, ma alcuni sono anche istruttivi e insegnano abilità come la matematica, la logica e come progettare. Molti di quelli qui illustrati sono diffusi in tutto il mondo.

Moderno puzzle a incastro di una mappa del mondo

Antichi giochi da tavolo

Tavola e pezzi di senet, ca. 1285 a.C.

- ■ **Che cosa è?** Senet
- ■ **Chi?** Antichi Egizi
- ■ **Dove e quando?** Egitto, ca. 3100 a.C.

Il gioco da tavolo più antico, il senet, era giocato su una tavoletta suddivisa in 30 quadrati, in tre file di 10 l'una. I giocatori spostavano a turno le pedine fra i quadrati, e vinceva chi per primo rimaneva senza pedine sulla scacchiera. Si pensa che il gioco rappresentasse il viaggio di uno spirito nell'aldilà.

Puzzle

- ■ **Che cosa è?** Puzzle a incastri
- ■ **Chi?** John Spilsbury
- ■ **Dove e quando?** GB, 1766

Si ritiene che il primo puzzle a incastro fosse stato realizzato nel 1766 dal geografo e disegnatore di mappe inglese John Spilsbury come strumento educativo. Egli attaccò la mappa dell'Europa su una tavola di legno, poi la fece a pezzi con un seghetto, in modo che gli studenti, assemblando i pezzi, imparassero la geografia.

Giochi da tavola moderni

- ■ **Che cosa è?** Monopoli
- ■ **Chi?** Elizabeth Magie, Charles Darrow
- ■ **Dove e quando?** USA, 1904 e 1935

Uno dei giochi da tavola più popolari di tutti i tempi è il Monopoli, chiamato in origine "Landlord Game". Fu creato dalla progettista di giochi americana Elizabeth Magie per mettere in guardia dagli avidi proprietari terrieri. Si diffuse solo quando un altro progettista, Charles Darrow, lo trasformò in Monopoli, il gioco da tavola che celebra la proprietà.

Charles Darrow fu il primo progettista di giochi milionario

WOW!

Il puzzle più grande mai composto aveva 551.232 pezzi, che formavano l'immagine di un fiore di loto gigante.

Costruzioni

I mattoncini e le piastre piatte si collegano con bottoni.

- **Che cosa è?** Mattoncini LEGO®
- **Chi?** Godtfred Kirk Christiansen
- **Dove e quando?** Danimarca, 1958

Nel 1958, la ditta danese LEGO brevettò un nuovo tipo di mattoncini di plastica collegabili fra loro: i mitici mattoncini LEGO®. Venti anni dopo, l'azienda produsse set di costruzioni a tema, che permettevano ai bambini di costruire modelli come razzi spaziali, un castello medievale o un'intera città. Pochi mattoncini LEGO danno infinite possibilità: 6 mattoncini classici 2 x 4 si possono combinare in oltre 915 milioni di modi diversi.

◄ **DRAGO ROSSO**
I mattoncini di questo Drago di fuoco LEGO® Creator si possono usare anche per costruire un serpente o uno scorpione.

I pezzi a fiamma sono usati per il soffio ardente del drago.

Giochi di ruolo

- **Che cosa è?** Dungeons & Dragons
- **Chi?** Gary Gygax e Dave Arneson
- **Dove e quando?** USA, 1974

Dungeons & Dragons è un gioco di ruolo fantasy. I giocatori assumono il ruolo di un personaggio, come un guerriero o un mago, per un'avventura che, prima di terminare, può durare giorni, o settimane. Ogni azione è decisa tirando un dado a più facce: da 4 a 20. Dungeons & Dragons ha ispirato numerosi giochi simili.

Questo dado, detto D20, ha 20 lati.

I 7 dadi Dungeons & Dragons

Giochi tridimensionali

- **Che cosa è?** Cubo di Rubik
- **Chi?** Erno Rubik
- **Dove e quando?** Ungheria, 1974

Questo cubo variopinto, inventato da un professore di architettura ungherese, si può ruotare in infiniti modi. Per risolvere il rompicapo, bisogna fare in modo che ogni faccia sia di un solo colore. È il puzzle più diffuso al mondo: finora ne sono stati venduti 350 milioni.

Sfidare il computer

- **Che cosa è?** AlphaGo
- **Chi?** Google DeepMind
- **Dove e quando?** GB, 2014

Sin dagli anni '60, i computer partecipavano a complessi giochi da tavolo, come gli scacchi. Con il passar del tempo sono diventati sempre più abili. Nel 2014, la ditta inglese DeepMind (di proprietà di Google) ha creato un programma per giocare l'antico gioco cinese di Go. Si chiama AlphaGo, e ha sconfitto molti dei migliori giocatori del mondo.

AlphaGo batte il numero uno del mondo, il cinese Ke Jie, nel 2017

Videogiochi

I primi computer furono costruiti per eseguire compiti seri, come decifrare i codici del nemico. Negli anni '50, però, alcuni ricercatori universitari iniziarono a usarli per divertimento. All'inizio degli anni '70, gli esperimenti portarono alla creazione delle prime console per videogiochi. Da allora, i videogame sono diventati uno dei passatempi più popolari del mondo.

Primi videogiochi casalinghi

- **Che cosa è?** The Magnavox Odyssey
- **Chi?** Ralph H. Baer
- **Dove e quando?** USA, 1972

Le prime console per videogiochi che si potevano collegare a una TV permettevano giochi semplici, come *Table Tennis*. La console fu un successo, ispirò molti imitatori e un'intera industria decollò.

Cartuccia videogioco

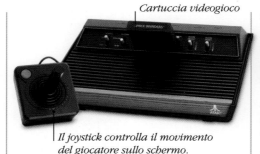

Il joystick controlla il movimento del giocatore sullo schermo.

Cartucce videogiochi

- **Che cosa è?** Atari 2600
- **Chi?** Atari, Nolan Bushnell e Ted Dabney
- **Dove e quando?** USA, 1977

Negli anni '70, l'Atari dominò il mercato dei videogiochi. Mentre le precedenti console funzionavano solo a giochi preinstallati, l'Atari 2600 permetteva una scelta fra giochi memorizzati in cartucce singole. Alcuni di quelli più popolari di quel periodo furono *Space Invaders* e *Donkey Kong*.

Giochi giapponesi

- **Che cosa è?** Nintendo Entertainment System
- **Chi?** Nintendo
- **Dove e quando?** Giappone, 1983

All'inizio l'industria dei videogiochi fu dominata dagli Stati Uniti, ma negli anni '80 fu superata dal Giappone dopo l'uscita del Nintendo Entertainment System. Divenne la console più venduta del tempo, presente in circa un terzo di tutte le famiglie americane.

L'ingombrante joystick fu sostituito da sottili joypad a croce e da pulsanti.

NES Classic Edition, 1985

Console palmare

- **Che cosa è?** Nintendo Gameboy
- **Chi?** Nintendo, Satoru Okada
- **Dove e quando?** Giappone, 1989

Negli anni '90 e 2000, quando uscì il Gameboy, la Nintendo monopolizzò il mercato delle console palmari. Nel 2004 si vendettero oltre 154 milioni di Nintendo DS, che divenne la console palmare più venduta. Favorirono la diffusione di giochi con personaggi, come *Super Mario Brothers*.

WOW!

Si ritiene che il primo videogioco sia stato *Tennis for Two*. Fu ideato dal fisico americano William Higinbotham nel 1958.

Console per giocare in casa

- **Che cosa è?** Sony Playstation 2
- **Chi?** Sony, Ken Kutaragi
- **Dove e quando?** Giappone, 2000

Negli anni '90, un'altra ditta giapponese, la Sony, entrò nell'industria dei videogiochi. La sua prima console, la Playstation, uscì nel 1994 ed ebbe abbastanza successo. Il modello successivo, Playstation 2, rivoluzionò tutto. Leggeva anche DVD e CD, ed era perciò una console completa da intrattenimento

Il controller vibra agendo sullo schermo.

casalingo. Oltre 150 milioni di esemplari venduti la resero la più richiesta di tutti i tempi.

Controllo del movimento

- **Che cosa è?** Nintendo Wii
- **Chi?** Nintendo
- **Dove e quando?** Giappone, 2006

Nonostante la forte competizione fra Sony e Nintendo, quest'ultima ebbe più successo negli anni 2000 con la console Wii, che diffuse il controllo dei giochi con i movimenti del corpo. La tecnologia permette ai giocatori di usare il controllo a distanza come fosse un'attrezzatura sportiva virtuale per giocare a tennis, golf o boxe.

Console e computer

- **Che cosa è?** Xbox
- **Chi?** Microsoft
- **Dove e quando?** USA, 2001

Dopo anni di dominio giapponese, nel 2001 gli Stati Uniti tornarono sul mercato alla grande, con il lancio della potente Xbox. Il servizio di streaming del suo successore (Xbox One) permette ai giocatori di agire a distanza con il loro computer.

Gioco di Xbox usato su un portatile

Il giocatore muove il controller per dirigere l'azione sullo schermo.

Il WC con lo scarico

Lo sciacquone, portando via i liquami ricchi di batteri, ha salvato milioni di vite. Ma nel XVI secolo, quando fu inventato, non fu subito capito. Il meccanismo di scarico raggiunse la massima diffusione allorché riuscì non solo ad eliminare i rifiuti, ma anche gli odori.

JOHN HARRINGTON

Il poeta inglese John Harrington inventò il primo WC con scarico nel 1596. Aveva una cisterna che rilasciava acqua nella tazza, lavandone il contenuto e trasferendolo in un pozzetto. Il sistema, nonostante fosse usato dalla sua madrina, la regina Elisabetta I, non si diffuse.

IL WC CON SIFONE

Il problema dei primi WC era che i cattivi odori risalivano dalle condutture attraverso cui passavano i liquami. Nel 1775, l'inventore scozzese Alexander Cummings trovò la soluzione: un sifone di scarico, che bloccava l'acqua e impediva alle esalazioni di uscire.

Sifone di scarico

WC con sifone, 1870

FOGNATURE

A metà del XIX secolo, il vasto uso di WC con scarico sollecitò la costruzione di nuovi sistemi di fognature per portar via i liquami. Uno di essi, costruito sotto la città di Londra dall'ingegnere inglese sir Joseph Bazalgette, contribuì a rendere la città più pulita e sicura e a evitare la diffusione di malattie mortali come il colera.

Sir Joseph Bazalgette (sotto al centro) ispeziona l'avanzamento dei lavori delle fognature di Londra, anni '60 del 1800

Lo scarico si aziona tirando una catena.

◄ **SCARICO ALTO**

Questo WC del 1912 ha una cisterna rialzata: la gravità contribuisce ad aumentare la velocità e la potenza dello sciacquone.

L'acqua scendeva dalla cisterna nella tazza attraverso il tubo.

VASO DI PORCELLANA

Un notevole passo avanti nella tecnologia del bagno fu il vaso in ceramica fatto di un solo pezzo, progettato dall'industriale inglese Thomas Twyford negli anni '80 del 1800. Mentre i modelli precedenti erano racchiusi in scatole di legno, questo, come l'esemplare decorato a sinistra, non aveva supporto ed era quindi più facile da pulire.

COME FUNZIONA UN WC

Quando si spinge la manopola, si apre la valvola di scarico che fa passare l'acqua dalla vasca di raccolta alla tazza. L'acqua e i liquami sono aspirati dalla tazza e passano nel sifone, poi nelle fogne. Un sifone a U blocca l'acqua in fondo alla tazza, impedendo agli odori di risalire al WC.

Serbatoio dell'acqua

Manopola

1. L'acqua scende nella tazza attraverso fori nel bordo.

Tazza

3. Dopo lo scarico, la valvola di innesco si apre per riempire il serbatoio.

4. Quando il galleggiante raggiunge il punto più alto, il serbatoio non si riempie più.

Valvola di innesco

2. I liquami scaricati passano nel sifone, poi nella fognatura.

IN CASA

CARTA IGIENICA

Probabilmente furono i Cinesi, nel VI secolo ca., a usare per primi la carta igienica. In Occidente se ne attribuisce la paternità all'americano Joseph Gayetty, nel 1857, anche se il rotolo fu inventato nel 1890 dai fratelli Clarence ed E. Irvin Scott. Fino al XX secolo non fu molto usata, poiché la gente si sentiva in imbarazzo ad acquistarla.

Il sedile di legno incernierato del WC si poteva alzare o abbassare.

La temperatura del sedile può essere controllata.

Un ugello emette acqua calda quando si preme un tasto.

SUPER WC

Sin dagli anni '70 del 1900, il Giappone si è specializzato nel produrre WC tecnologicamente avanzati. Di solito hanno optional come sedile riscaldato, coperchio automatico e persino altoparlanti per la musica, tutti controllati da un pannello. I WC high tech con doccetta sono chiamati anche "washlet", come una nota marca giapponese.

213

Aspetto perfetto

Non tutte le invenzioni rivoluzionano il nostro modo di vivere. Alcune sono solo piccoli aiuti quotidiani: contribuiscono a darci denti più bianchi, a mantenere la pelle sana, i capelli in ordine o le unghie colorate. Ecco alcune delle idee di bellezza che possono servire a essere e sentirci al meglio.

WOW!

I moderni smalti per unghie si basavano su un tipo di vernice per auto.

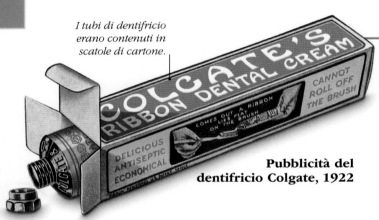

I tubi di dentifricio erano contenuti in scatole di cartone.

Pubblicità del dentifricio Colgate, 1922

Denti splendenti

- **Che cosa è?** Dentifricio in tubo
- **Chi?** Washington Sheffield
- **Dove e quando?** USA, 1892

La pratica di spazzolarsi i denti con una pasta speciale contenuta in vasetti si diffuse nel XIX secolo. Negli anni '90 del 1800, il produttore inglese di dentifrici Colgate mise in vendita un'invenzione del dentista americano Washington Sheffield: un dentifricio in un tubo di metallo pieghevole. Sheffield disse di essersi ispirato ai tubetti di colori. Colgate lo pubblicizzò con lo slogan: "Esce un nastro che si stende sullo spazzolino".

Rasatura a umido

- **Che cosa è?** Rasoio di sicurezza
- **Chi?** King C. Gillette
- **Dove e quando?** USA, 1901

Nel XIX secolo, gli uomini si radevano usando pericolosi rasoi "tagliagola" a lama aperta. Un commesso e inventore americano, King C. Gillette, trovò un'alternativa più economica e sicura: le lamette usa-e-getta. Bastava comprare un manico su cui inserirle, e gettarle via e sostituirle quando la lama perdeva il filo.

Rasoio Gillette, anni '30 del 1900

Unghie dipinte

- **Che cosa è?** Smalto liquido per unghie
- **Chi?** Cutex
- **Dove e quando?** USA, 1917

Gli antichi Cinesi si dipingevano le unghie già nel 3000 a.C. All'inizio del XX secolo, lo smalto per unghie prese la forma di una pasta o di polvere, poi, nel 1917, l'azienda americana Cutex creò il primo smalto liquido.

Pubblicità di smalto per unghie, 1937

Labbra colorate

- **Che cosa è?** Rossetto
- **Chi?** James Bruce Mason Jr.
- **Dove e quando?** USA, 1922

Sin dai tempi antichi, le donne si sono dipinte le labbra, di solito con un pennello. All'inizio del XX secolo, a qualcuno venne l'idea di mettere un rossetto solido in un contenitore scorrevole di metallo. Seguì il tubetto che girava su se stesso, usato ancora oggi.

Illustrazione di una donna che applica il rossetto, 1930

Lacca per capelli

- **Che cosa è?** Spray per capelli
- **Chi?** Erik Rotheim
- **Dove e quando?** Norvegia, 1927

L'ingegnere chimico norvegese Erik Rotheim inventò una bomboletta spray che non ebbe successo. Dopo la Seconda guerra mondiale, il chimico americano Lyle Goodhue la adattò a un congegno per spruzzare insetticida, che le truppe americane chiamavano "bomba pesticida". Rendendosi conto del potenziale degli spray, dopo la guerra la tecnologia aerosol fu impiegata per molti scopi domestici, fra cui la lacca per capelli di questa pubblicità del 1955.

Rasatura a secco

- **Che cosa è?** Rasoio elettrico
- **Chi?** Jacob Schick
- **Dove e quando?** USA, 1928

Nel 1928, il colonnello dell'esercito americano Jacob Schick investì il denaro che aveva guadagnato con una prima invenzione di successo (un rasoio che custodiva le lamette nel manico) per realizzare il primo rasoio elettrico a secco. Successive innovazioni furono una lamina protettiva che copriva le lame, prodotta dalla ditta inglese Remington nel 1937, e una lama di rasatura rotante della ditta olandese Philips del 1939.

Il corpo scanalato di questo rasoio a batterie permette di impugnarlo meglio.

Rasoio elettrico Schick, 1934 ca.

Crema solare

- **Che cosa è?** Ambre Solaire
- **Chi?** Eugène Schueller
- **Dove e quando?** Francia, 1936

L'olio del chimico francese Eugène Schueller – l'Ambre Solaire – fu il primo schermo solare di massa per proteggere la pelle dai raggi ultravioletti, che possono causare tumori cutanei. Fu prodotto negli anni '30 del 1900, quando nel sud della Francia iniziò la moda dell'abbronzatura. Durante la Seconda guerra mondiale, era usato per proteggere i soldati da ustioni solari.

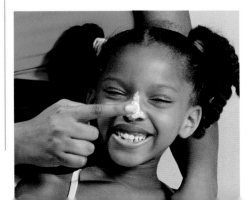

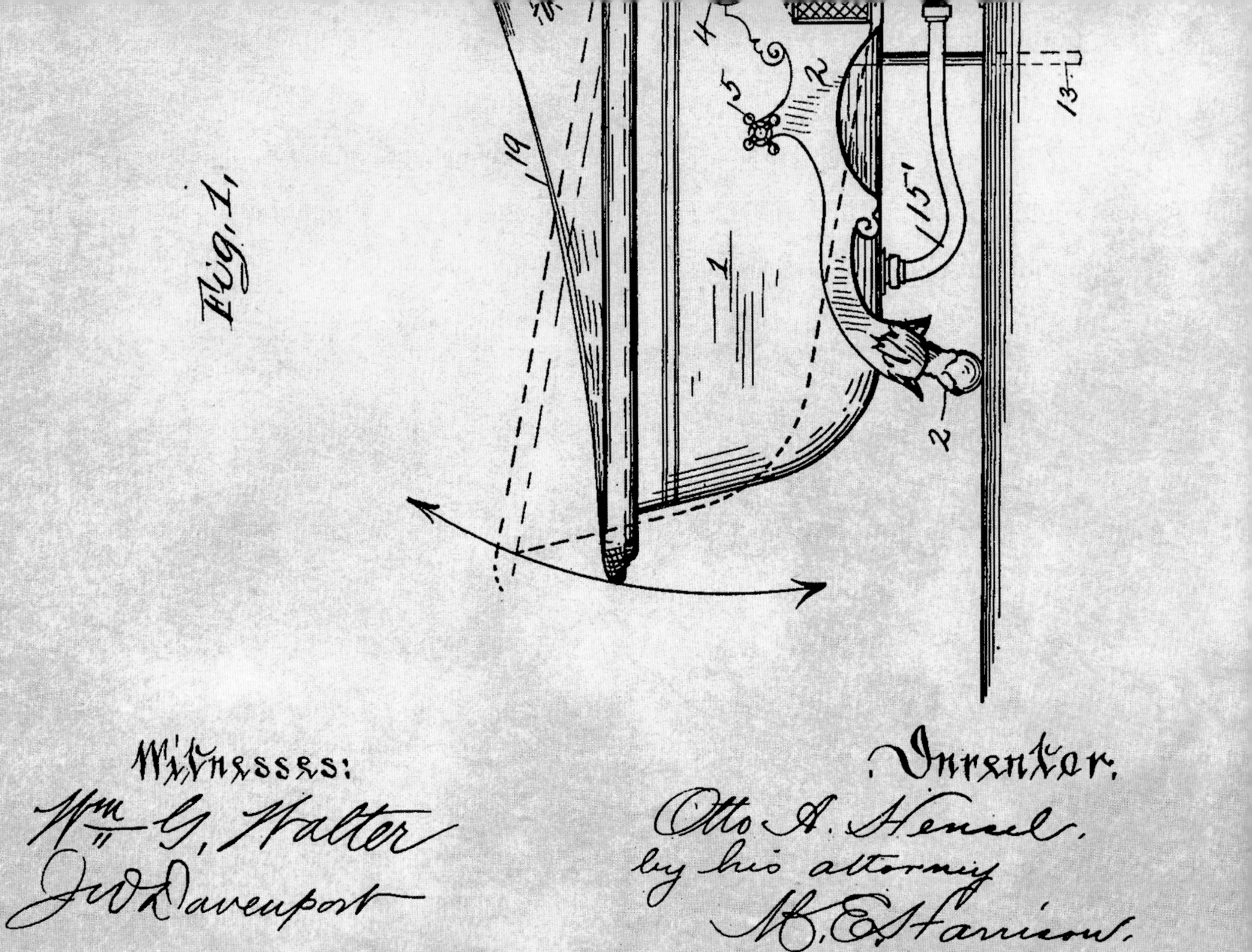
Fig. 1,
19
1
5
4
2
2
15'
13
Witnesses:
Wm G. Walter
J. W. Davenport
Inventor.
Otto A. Hensel.
by his attorney
M. E. Harrison.

MOMENTO DI RELAX

Nel XIX secolo, l'idroterapia era una cura comune
per qualsiasi disturbo. Questo brevetto americano
del 1900, di Otto Hensel, consiste in una vasca
da bagno a dondolo che, oscillando, spruzzava
acqua sul bagnante. Una tenda tesa dalla vasca
al collo del bagnante impediva all'acqua di versarsi.
Oggi ci si può rilassare in vasche normali
per idromassaggio e docce con getti d'acqua.

No. 643,094.

(No Model.)

O. A. HENSEL.

ROCKING OR OSCILLATING BATH TUB.

(Application filed Jan. 6, 1899.)

Patented Feb. 6, 1900.

2 Sheets—Sheet 1.

Nel guardaroba

In ogni momento della storia, gli indumenti sono stati fonte di grandi cambiamenti. Le invenzioni in questo campo, come il telaio, sostennero la rivoluzione industriale del XVIII e XIX secolo. Nel mondo, il modo di vestirsi è diverso, ma a volte un indumento è talmente utile da diventare comune ovunque.

Un ago si muove su e giù congiungendo fili sopra e sotto il tessuto.

IN CASA

TENERE LONTANA LA PIOGGIA

Nel 1824, il chimico scozzese Charles Macintosh inventò un cappotto impermeabile fatto con una stoffa intessuta di gomma. Tuttavia i primi "Macikntosh", dal nome dell'inventore, si scioglievano al caldo. L'ingegnere inglese Thomas Hancock risolse il problema ideando un processo, detto vulcanizzazione, in cui si usavano il calore e lo zolfo per rinforzare la gomma.

CUCIRE RAPIDAMENTE

A metà del XIX secolo, molti inventori americani progettarono una macchina per cucire, ma dal 1851 il maggior successo lo riscosse la macchina di Isaac Singer. Tuttavia, era così simile a quella di un altro inventore, Elias Howe, che questi fece causa a Singer, vincendola. In seguito, i due si associarono.

Cappotto di Macintosh, 1922

Il materiale leggero fa traspirare il piede.

IL MODERNO REGGISENO

Si dice che a inventare il primo reggiseno leggero moderno sia stata una donna americana, Mary Jacob, che lo brevettò nel 1914. Accorgendosi che il suo ingombrante corsetto non le permetteva di indossare un nuovo abito, con due fazzoletti da naso e qualche nastro progettò un indumento intimo che lo sostituiva.

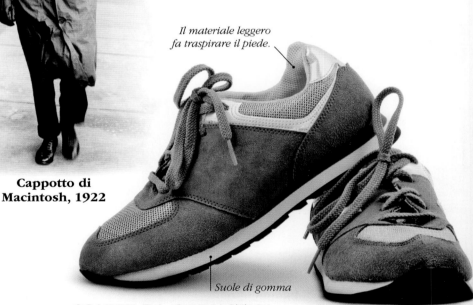

Suole di gomma

SCARPE DA GINNASTICA

Nel 1832, l'inventore americano Wait Webster brevettò un'idea per fare scarpe flessibili attaccando una suola di gomma a una tomaia di pelle. Ma le vere scarpe sportive, o scarpe da ginnastica, comparvero solo quando furono inventate suole sagomate di gomma con buona presa. Le prime, del 1916, furono chiamate "sneakers" perche non facevano rumore, da "*sneak*", che significa "muoversi furtivamente".

NYLON PER TUTTE

Dopo che il chimico americano Wallace Carothers ebbe inventato il nylon nel 1938, le calze da donna, prima di seta costosa, divennero molto più economiche. Nel 1945, l'azienda americana Glen Raving Knitting Mills produsse un nuovo indumento intimo unendo due calze: il collant.

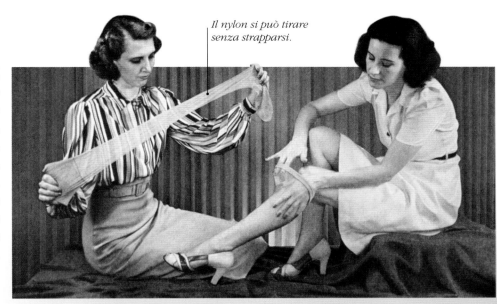

Il nylon si può tirare senza strapparsi.

Due signore provano calze di nylon, 1939

INDUMENTI TRASPIRANTI

Il Gore-Tex® , usato per indumenti sportivi, fu scoperto nel 1969 dall'ingegnere americano Robert W. Gore. Egli scoprì che, espandendo rapidamente una sostanza detta politetrafluoroetilene, chiamato Teflon™ (v. p. 195), si produceva un nuovo materiale impermeabile e traspirante, che lasciava uscire il sudore.

▲ ATTREZZATURA PER OGNI CLIMA
Il Gore-Tex® è ora usato per indumenti traspiranti e impermeabili di ogni genere, comprese attrezzature da sci e altri sport.

Chiusure

Perché un capo di vestiario abbia successo, non bastano materiali, stile e taglia giusti. Bisogna anche che non si apra mentre lo si indossa. Fin dall'antichità, menti creative hanno ideato varie chiusure per i vestiti: dalle fibbie, ai bottoni, a intricate allacciature fatte di denti, occhielli e ganci.

Abbottonare

- **Che cosa è?** Bottoni
- **Chi?** Forse civiltà della valle dell'Indo
- **Dove e quando?** Mohenjo Daro, Pakistan, ca. 2500 a.C.

I bottoni più antichi che si conoscano furono prodotti nella valle dell'Indo (Pakistan e nord dell'India) circa 5.000 anni fa. Fatti di conchiglie, si inserivano in un cappio di stoffa: probabilmente, erano più ornamentali che funzionali. Le asole, che permettono di inserire una fila di bottoni, furono inventate solo nel XIII secolo.

Fermare la spada

- **Che cosa è?** Fibbia
- **Chi?** Forse i Romani
- **Dove e quando?** Forse Italia, ca. 100 a.C.

Non si sa quando comparvero le prime fibbie, ma erano molto in voga presso i Romani. I soldati le usavano per fermare l'armatura e le armi. Fino al XV secolo, quando migliorarono le tecniche di produzione, in Europa le fibbie erano

Fibbia di bronzo, VII secolo

costose, e solo le persone abbienti potevano permettersele.

Il gancio si allaccia all'occhiello.

Chiusure medievali

- **Che cosa è?** Chiusura a gancio
- **Chi?** Non si sa
- **Dove e quando?** GB, XIV secolo

Una delle più semplici chiusure per abiti consiste in un piccolo gancio metallico che entra in un occhiello. Si usava sin dal Medioevo, e si pensa sia comparso per la prima volta in Inghilterra. È un tipo di chiusura usato ancora oggi, in particolare per i reggiseni.

Chiusure di pannolini

- **Che cosa è?** Spilla di sicurezza/ spilla da balia
- **Chi?** Walter Hunt
- **Dove e quando?** USA, 1849

La spilla di sicurezza utilizza un meccanismo a molla per chiudersi. Come si vede sopra, spesso si usa per tenere insieme lembi di tessuto, come

◄ **SPILLE D'ACCIAIO**
La spilla di sicurezza di Hunt era d'ottone, mentre quelle moderne, di varie grandezze, sono di acciaio inossidabile.

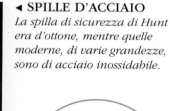

un pannolino. Fu un'idea dell'inventore americano Walter Hunt, che vendette il brevetto per soli 400 dollari a un'azienda, che ci ricavò milioni.

La sporgenza di un disco si infila nel foro dell'altro.

Due dischi insieme | *Foro*

Bottoni automatici

- **Che cosa è?** Chiusura automatica
- **Chi?** Heribert Bauer
- **Dove e quando?** Germania, 1885

Nell'antica Cina si usavano piccoli dischi fissati uno sull'altro, ma i moderni bottoni automatici furono inventati alla fine del XIX secolo dal tedesco Heribert Bauer. Li chiamò *federknopf-verschluss*, cioè "chiusure con bottone a molla". Sono usati spesso negli abiti dei bambini, perché facili da aprire e chiudere, ma anche in quelli degli adulti.

WOW!

La parola "bottone" deriva dal tedesco antico *buttan*, che significa qualcosa che sporge.

Velcro® moderno

Tirare insieme

- **Che cosa è?** Cerniera lampo
- **Chi?** Gideon Sundback
- **Dove e quando?** Svezia, 1913

La prima chiusura simile a una cerniera lampo fu realizzata dall'inventore americano Whitcomb Judson nel 1893. Consisteva in una fila di ganci e occhielli metallici (invece dei denti delle zip moderne), uniti da un fermaglio. Chiamata "C-curity", era ingegnosa ma poco funzionale. Judson assunse allora lo scienziato svedese Gideon Sundback per migliorarla. Nel 1913, Sundback creò la cerniera lampo che tuttora usiamo.

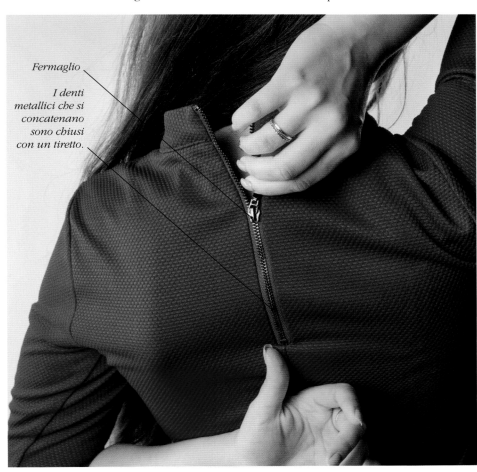

Fermaglio

I denti metallici che si concatenano sono chiusi con un tiretto.

Uncini e asole

- **Che cosa è?** Velcro®
- **Chi?** Georges de Mestrel
- **Dove e quando?** Svizzera, 1955

Per la sua chiusura, de Mestrel prese ispirazione dalle lappole, semi coperti da piccoli uncini che si attaccano a superfici ruvide, come pellicce di animali. La costruì in due parti: una coperta di minuscoli uncini, l'altra di minuscole asole che, se premute insieme, aderiscono. Chiamò la sua invenzione Velcro®, dal francese *velours croché*, che significa "velluto uncinato".

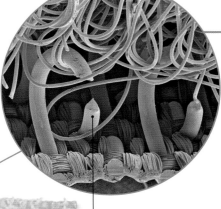

I piccoli uncini di una superficie si agganciano alle piccole asole dell'altra.

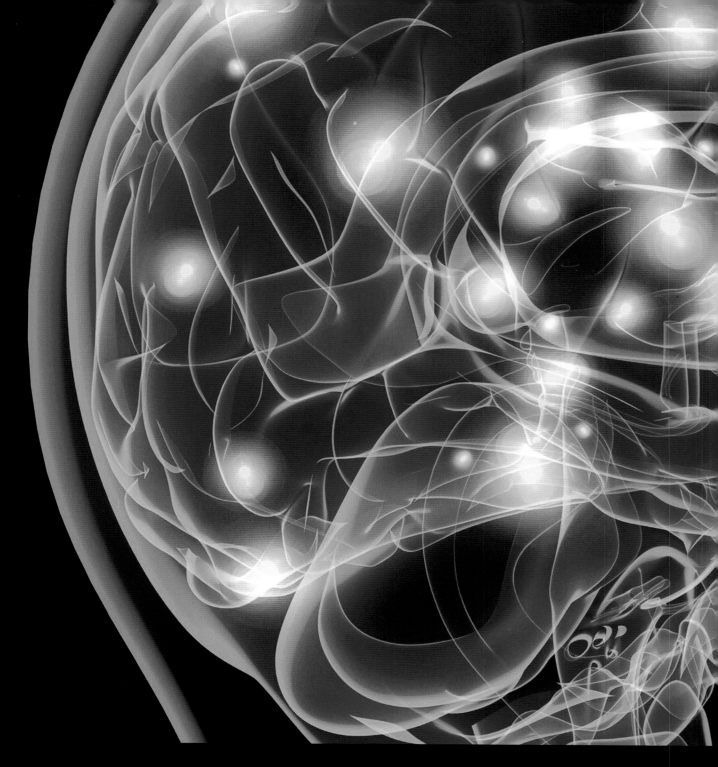

IN BUONA
SALUTE

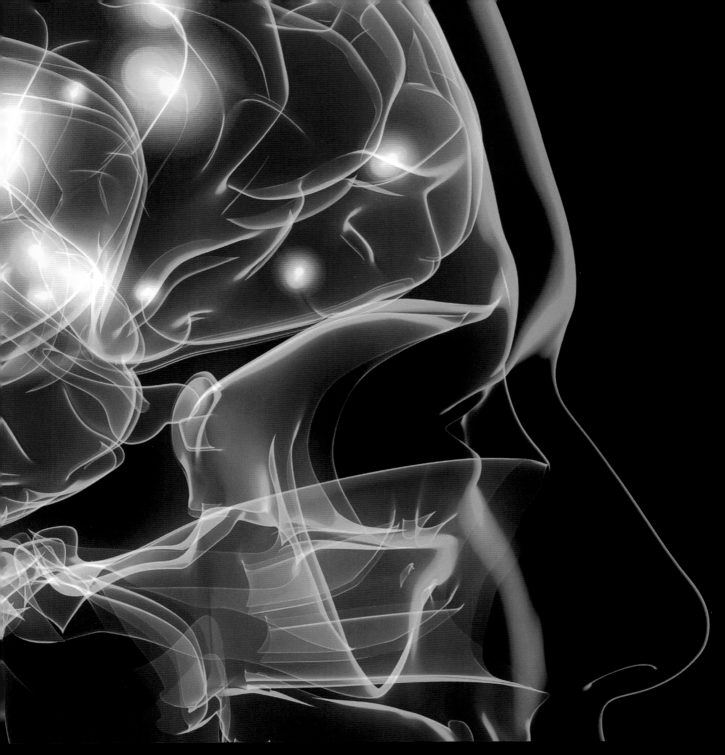

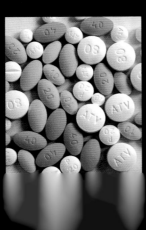

Negli ultimi 200 anni,
la tecnologia medica ha
fatto grandi passi avanti.
Invenzioni di ogni genere
hanno permesso ai medici
di esplorare le cause
e le cure delle malattie.

Guardare dentro

Prima del 1895, per vedere nel corpo di un paziente bisognava dissezionarlo. La scoperta dei raggi X, dello scienziato tedesco Wilhelm Röntgen, aprì una nuova strada. I raggi X sono una forma di radiazione elettromagnetica (simile alla luce) che passa inalterata attraverso le parti molli del corpo – gli organi – mentre è assorbita da quelle più dense, come le ossa, che risaltano nelle immagini radiografiche. Da allora, sono stati inventati molti altri metodi per ispezionare il corpo.

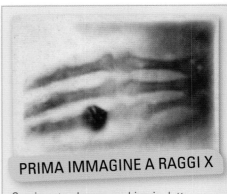

PRIMA IMMAGINE A RAGGI X

Sperimentando un macchinario detto tubo a raggi catodici, Röntgen scoprì l'emissione di raggi misteriosi, che sembra passassero attraverso materiali solidi. Nel 1895 li usò per la prima immagine a raggi X: la mano inanellata di sua moglie (sopra).

L'osso è di colore bianco.

Si vedono chiaramente le viti inserite nell'osso.

I tessuti molli sono indistinti.

Radiografia di ginocchio umano

RAGGI SENZA NOME

Non sapendo che radiazione fosse, Röntgen la chiamò X (sconosciuta). Per la sua scoperta, nel 1901 vinse il premio Nobel per la fisica. Oggi i raggi X sono usati per individuare ossa fratturate o oggetti estranei, compresi impianti chirurgici.

FARE LUCE

Nel 1957, i medici americani Basil Hirschowitz e Larry Curtiss inventarono l'endoscopio a fibra ottica. È un sottile tubo flessibile contenente fibre di vetro o plastica e segnali luminosi trasmissibili. Si inserisce lo strumento nel corpo del paziente per ottenere immagini dei suoi organi interni.

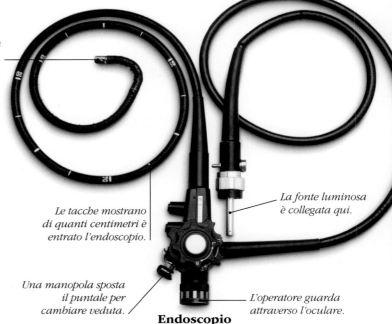

Il puntale va dentro il corpo.

Le tacche mostrano di quanti centimetri è entrato l'endoscopio.

La fonte luminosa è collegata qui.

Una manopola sposta il puntale per cambiare veduta.

L'operatore guarda attraverso l'oculare.

Endoscopio

IMMAGINI DA SUONI

Gli ecografi, usati per la prima volta negli anni '50, inviano al corpo onde ultrasonore. Tessuti diversi, come ossa o muscoli, producono echi diversi, creando un'"immagine sonora" bidimensionale, detta sonogramma. È una procedura innocua, spesso usata per esaminare feti nell'utero (sinistra).

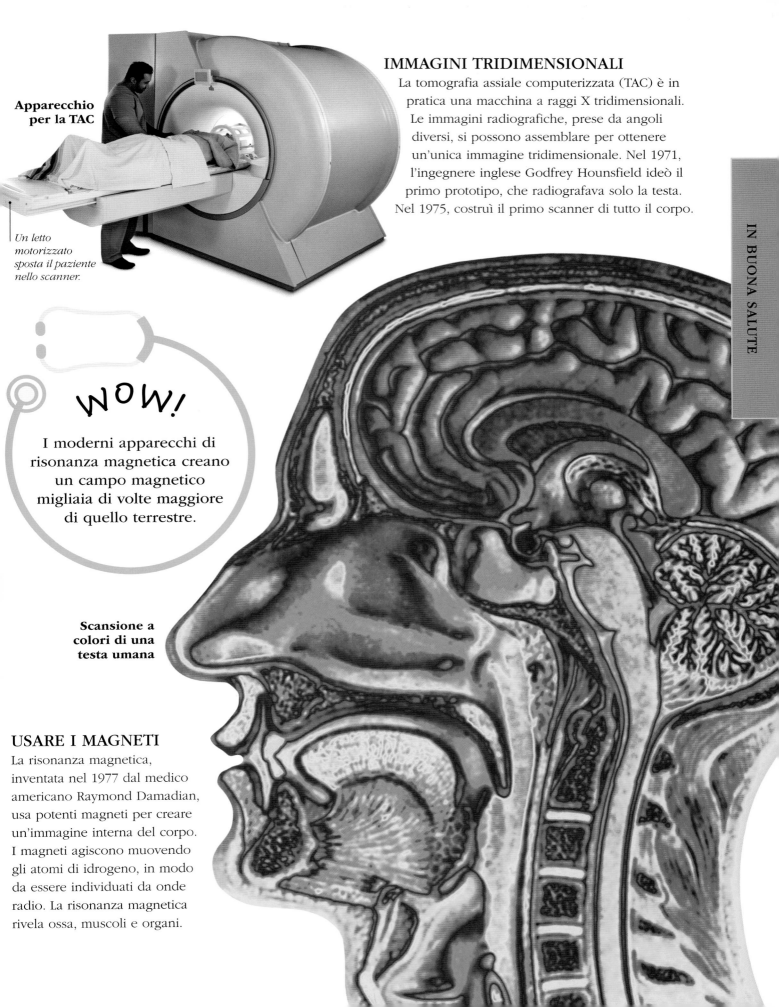

Apparecchio per la TAC

Un letto motorizzato sposta il paziente nello scanner.

IMMAGINI TRIDIMENSIONALI

La tomografia assiale computerizzata (TAC) è in pratica una macchina a raggi X tridimensionali. Le immagini radiografiche, prese da angoli diversi, si possono assemblare per ottenere un'unica immagine tridimensionale. Nel 1971, l'ingegnere inglese Godfrey Hounsfield ideò il primo prototipo, che radiografava solo la testa. Nel 1975, costruì il primo scanner di tutto il corpo.

WOW!

I moderni apparecchi di risonanza magnetica creano un campo magnetico migliaia di volte maggiore di quello terrestre.

Scansione a colori di una testa umana

USARE I MAGNETI

La risonanza magnetica, inventata nel 1977 dal medico americano Raymond Damadian, usa potenti magneti per creare un'immagine interna del corpo. I magneti agiscono muovendo gli atomi di idrogeno, in modo da essere individuati da onde radio. La risonanza magnetica rivela ossa, muscoli e organi.

▲ NEL LABORATORIO
*Marie Curie lavora nel suo laboratorio
all'università della Sorbona di Parigi, 1911.*

BIOGRAFIA

1867	1891	1897	1903
Marie Sklodowska nasce il 7 novembre a Varsavia (Polonia). Da adolescente, studia di nascosto scienze all'università Flying.	Si trasferisce a Parigi per studiare, e incontra Pierre Curie, professore della Sorbona. Si sposano nel 1895.	Nasce la prima figlia, Irene. Anche lei diventerà scienziata e vincerà un premio Nobel per la chimica nel 1935.	I Curie vincono il premio Nobel per la fisica: Marie è la prima donna a ottenerlo.

Irene Curie

Marie Curie

La fisica franco-polacca Marie Curie fu una dei maggiori scienziati del suo tempo e pioniera dello studio della radioattività (flusso di particelle di energia prodotto quando un atomo instabile si spezza). Il suo lavoro migliorò le conoscenze sull'emissione di radiazioni e sul loro impiego nella terapia dei tumori. Fu la prima a ottenere due premi Nobel per la scoperta di due elementi radioattivi.

Minerale dell'uranio, da cui sono estratti il polonio e il radio

NUOVI ELEMENTI

Quando Marie Curie arrivò a Parigi, gli scienziati avevano da poco scoperto che alcuni elementi, come l'uranio, emettevano radiazioni. Lavorando con il marito Pierre e da sola, nel 1898 Marie scoprì altri due elementi radioattivi: il polonio e il radio.

UNA DONNA IN UN MONDO DI UOMINI

Alla fine del XIX secolo, il mondo scientifico europeo era negato alle donne. In Polonia, terra natale di Marie, non potevano nemmeno frequentare l'università, cosicché la giovane fu costretta a studiare di nascosto. Quando arrivò a Parigi, si laureò in fisica e chimica, aprendo la strada ad altre scienziate donne.

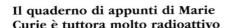

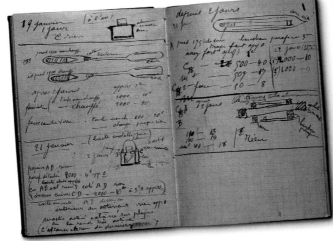

Il quaderno di appunti di Marie Curie è tuttora molto radioattivo

TRATTARE IL CANCRO

Le scoperte di Curie permisero di sviluppare la radioterapia, un trattamento oncologico con alte scariche di radiazioni. Purtroppo, a quel tempo non se ne conoscevano ancora i rischi, e si pensa che Marie sia morta per una malattia ossea dovuta alla lunga esposizione alle radiazioni.

PICCOLI CURIE

Durante la Prima guerra mondiale, Curie fece attrezzare 20 camion con macchine radiografiche, destinate ai soldati feriti da pallottole e con ossa fratturate. Lei stessa partecipò al trasferimento dei mezzi pesanti nella zona bellica. Alla fine della guerra, i camion, soprannominati "Piccoli Curie" (sinistra) avevano esaminato oltre un milione di soldati.

1906	1910	1934	1995
Dopo la morte di Pierre in un incidente stradale, Marie prende il suo posto di professore alla Sorbona; sarà la prima donna a occupare questa posizione.	Vince il secondo premio Nobel, per la chimica. È l'unica donna ad aver vinto due premi Nobel e in due discipline diverse.	Muore a 66 anni, dopo una lunga malattia dovuta probabilmente alla prolungata esposizione alle radiazioni.	Le spoglie di Marie e Pierre Curie sono trasferite al Pantheon di Parigi, dove sono sepolti i più illustri cittadini francesi.

Diagnosi migliori

Fino a circa 200 anni fa, gli unici strumenti di cui disponevano i medici per identificare una malattia erano la propria esperienza e la descrizione dei sintomi del paziente. Da allora, sono stati inventati numerosi dispositivi per esaminare lo stato di salute e capire il significato dei sintomi. Da ipotesi, la diagnosi si è trasformata in qualcosa di più scientifico.

Stetoscopio di Laënnec

Tubo vuoto di legno e ottone

Ascoltare

- **Che cosa è?** Stetoscopio
- **Chi?** René Laënnec
- **Dove e quando?** Francia, 1816

Lo stetoscopio è usato per ascoltare i suoni dei polmoni e del cuore e individuare eventuali anomalie. Il primo modello era un semplice tubo di legno da appoggiare sul petto di un paziente. La versione moderna, con una testina, tubi di gomma e auricolari (per auscultare con entrambi gli orecchi), comparve solo nel XIX secolo.

Guardare

- **Che cosa è?** Oftalmoscopio
- **Chi?** Hermann von Helmholtz
- **Dove e quando?** Germania, 1851

L'oftalmoscopio, inventato da un medico tedesco, permette di guardare nella pupilla del paziente per esaminare se l'occhio è sano. Nei primi modelli, l'occhio era illuminato dalla luce di una candela, riflessa sulla superficie a specchio dell'apparecchio; in seguito è subentrata la luce elettrica.

Oftalmoscopio francese secondo la versione Helmholtz, metà del XIX secolo

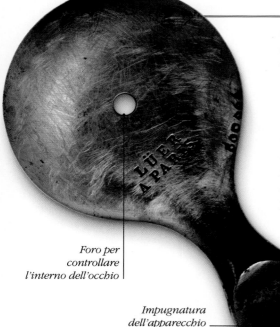

Foro per controllare l'interno dell'occhio

Impugnatura dell'apparecchio

Temperatura corporea

- **Che cosa è?** Termometro clinico
- **Chi?** Thomas Allbutt
- **Dove e quando?** GB, 1866

I termometri medici, inventati a metà del XIX secolo, erano lunghi più di 30 cm e richiedevano 20 minuti per la lettura. Il medico inglese Thomas Allbutt migliorò il progetto creando un termometro di dimensioni dimezzate, che si leggeva dopo 5 minuti.

Termometro di Allbutt (sinistra) e custodia (destra), 1880 ca.

Pressione sanguigna

- **Che cosa è?** Sfigmomanometro
- **Chi?** Samuel Siegfried Karl von Basch
- **Dove e quando?** Austria, 1881

Lo sfigmomanometro è un semplice apparecchio che misura la pressione sanguigna. Fu ideato da un medico austriaco e migliorato dal medico italiano Scipione Riva Rocci, che vi aggiunse la fascia da avvolgere attorno al braccio del paziente. Il bracciale, gonfiandosi, comprime l'arto e interrompe il flusso sanguigno. Poi va sgonfiato lentamente, fino a sentire il sangue che rifluisce: a questo punto il quadrante registra la pressione.

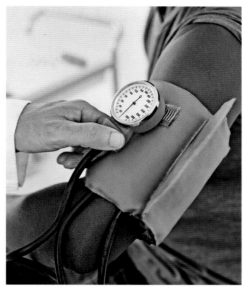

Moderno sfigmomanometro

Attività elettrica del cuore

- **Che cosa è?** Elettrocardiografo (ECG)
- **Chi?** Willem Einthoven
- **Dove e quando?** Olanda, 1901

L'elettrocardiografo misura le piccole correnti elettriche prodotte dal cuore, che possono essere utili per individuare un disturbo cardiaco. Il suo inventore, il medico olandese Willem Einthoven, vinse il premio Nobel per la medicina nel 1924.

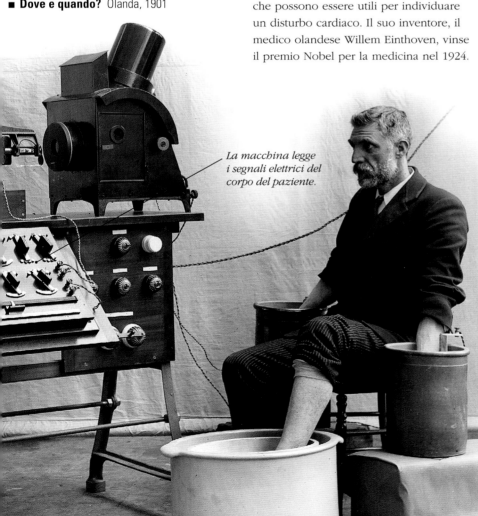

La macchina legge i segnali elettrici del corpo del paziente.

Glucometro

- **Che cosa è?** Misuratore di glucosio nel sangue
- **Chi?** Anton "Tom" Clemens
- **Dove e quando?** USA, 1966

Chi ha il diabete (malattia in cui i valori del glucosio nel sangue sono fuori controllo) deve controllare il livello del glucosio ematico. Fino agli anni '60 non era semplice. Poi un ingegnere americano realizzò uno strumento in grado di interpretare la lettura di strisce di carta al glucosio, che cambiano colore secondo quanto zucchero contiene una goccia di sangue.

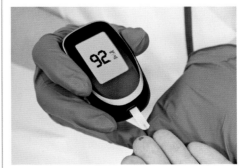

I moderni glucometri digitali misurano la glicemia

◄ PRIMO ECG
I pazienti che usavano questo apparecchio del 1911 dovevano immergere gli arti in secchi con acqua salata, che fungevano da elettrodi, conducendo l'elettricità.

Anestetici

Fino alla metà del XIX secolo gli interventi chirurgici erano molto dolorosi, poiché non esistevano analgesici efficaci. Negli anni '40 iniziarono a diffondersi gli anestetici, farmaci che provocano una temporanea perdita di sensibilità. Oggi ne abbiamo una vasta gamma, che consente di operare senza dolore.

ANTICA CHIRURGIA

Esistono prove di operazioni chirurgiche già in tempi preistorici. Una delle più comuni era la trapanazione del cranio: si eseguivano fori con strumenti affilati per alleviare il dolore in cerimonie rituali o, come qualcuno pensa, per far uscire gli "spiriti maligni". Questo cranio trapanato mediorientale ha più di 4.000 anni.

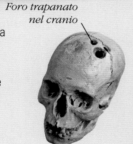

Foro trapanato nel cranio

Un regolatore controlla il flusso dei fumi di etere nel tubo.

Un tubo di gomma trasporta i fumi dall'ampolla al boccaglio.

CHIRURGIA RAPIDA

Questo dipinto del XVII secolo mostra un dentista che estrae un dente. Prima degli anestetici, i medici tentavano di rendere la procedura meno dolorosa dando ai pazienti una bevanda alcolica, o facendogli perdere i sensi fisicamente, poi li operavano in fretta.

MIRACOLO ETERE

Nel 1846, il dentista americano William Morton fece un grande passo avanti usando l'etere etilico per anestetizzare un paziente. L'etere aveva il problema di essere molto infiammabile, ma ebbe una grande diffusione.

Un vecchio inalatore di etere, basato sul progetto originale di Morton

CLOROFORMIO

Un altro anestetico, comparso nello stesso periodo dell'etere, fu il cloroformio. Lo usò per primo il medico scozzese James Young Simpson nel 1847 per alleviare i dolori del parto. Alcuni obiettarono che non era naturale, ma la stessa regina Vittoria permise a Simpson di usare il cloroformio durante il suo parto nel 1853.

Bottiglia di cloroformio di fine XIX secolo

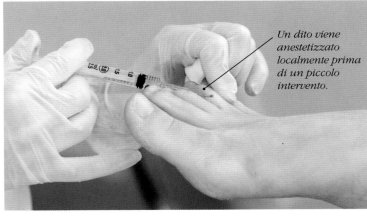

Un dito viene anestetizzato localmente prima di un piccolo intervento.

ANESTETICI LOCALI

Una giusta dose di etere o di cloroformio faceva perdere i sensi al paziente, ma se era eccessiva rischiava la morte. Nel 1903, il chimico francese Ernest Fourneau creò l'amilocaina, il primo anestetico locale di sintesi. Intorpidiva la parte del corpo da operare, lasciando il paziente cosciente. Da allora, sono stati prodotti molti altri anestetici locali.

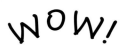

WOW!

L'ossido d'azoto, usato nel XIX secolo per ridurre il dolore, dà una tale sensazione di allegria che viene detto "gas esilarante".

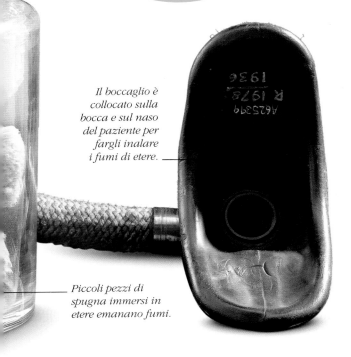

Il boccaglio è collocato sulla bocca e sul naso del paziente per fargli inalare i fumi di etere.

Piccoli pezzi di spugna immersi in etere emanano fumi.

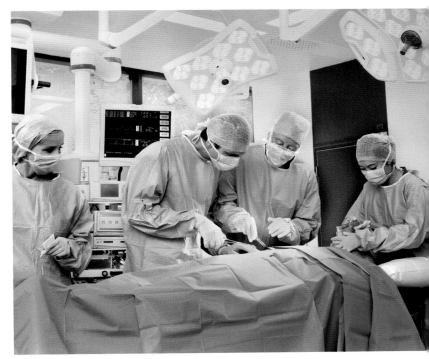

ANESTETICI GENERALI

I moderni anestetici generali sono di solito combinazioni di vari farmaci che fanno perdere conoscenza al paziente durante l'intervento. I dosaggi sono controllati da una macchina, detta apparecchio di Boyle, dal medico inglese Henry Boyle che la inventò nel 1917. Durante l'intervento, un anestesista (sopra a sinistra) somministra e controlla gli anestetici.

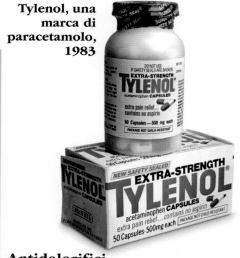

Tylenol, una marca di paracetamolo, 1983

IN BUONA SALUTE

Meraviglie della medicina

Negli ultimi secoli la scienza medica ha fatto importanti progressi. Il numero dei farmaci e il tipo di attrezzature mediche a disposizione sono molto aumentati. Alcuni sono farmaci salvavita, altri alleviano dolori meno intensi. Qualche centinaio di anni fa, una simile specializzazione della medicina sarebbe stata impensabile.

Antidolorifici

- **Che cosa è?** Paracetamolo
- **Chi?** Harmon Northtrop Morse
- **Dove e quando?** USA, 1877

A volte ci vuole un certo periodo prima che un farmaco sia accettato. Nel 1877, un chimico americano ideò il paracetamolo, usato di solito come leggero antidolorifico e antipiretico. Tuttavia, dubbi infondati sulla sua sicurezza ne impedirono l'uscita fino agli anni '50.

Il farmaco miracoloso

- **Che cosa è?** Aspirina
- **Chi?** Felix Hoffman
- **Dove e quando?** Germania, 1897

L'aspirina è usata per trattare numerosi disturbi, fra cui cefalee, attacchi cardiaci, trombosi e ictus; per questo è detta "farmaco miracoloso". È una forma sintetica di una sostanza naturale, l'acido salicilico, che si trova nella corteccia del salice. È in uso da secoli in medicina.

Scatola di polvere di aspirina solubile, 1900

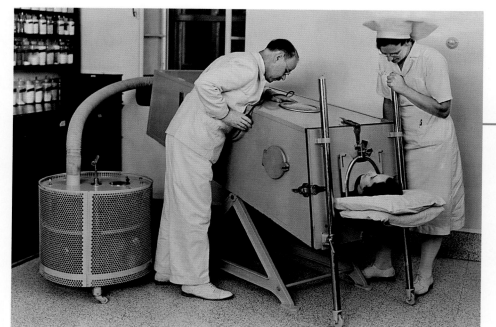

Respirazione facile

- **Che cosa è?** Polmone d'acciaio
- **Chi?** Philip Drinker e Louis Agassiz Shaw
- **Dove e quando?** USA, 1927

Dopo l'invenzione del polmone d'acciaio, pazienti con i muscoli respiratori paralizzati da un incidente o da una patologia riuscirono a respirare di nuovo. Era un apparecchio ingombrante, che circondava il corpo del paziente, ma salvò molte vite. Da allora, è stato sostituito da respiratori più piccoli con ventilazione d'aria.

Un polmone d'acciaio aiuta una paziente a respirare, 1940

Fialette del sulfamidico Prontosil, 1936-1940

Combattere i batteri

- **Che cosa è?** Farmaci sulfamidici
- **Chi?** Gerhard Domagk
- **Dove e quando?** Germania, 1932

Prima che gli antibiotici (farmaci che uccidono i batteri) si diffondessero negli anni '40 del 1900, si usava un'altra famiglia di farmaci: i sulfamidici. Anche se alcuni erano efficaci per certe infezioni batteriche, non tutti erano sicuri, e nel 1937 uno causò un'intossicazione di massa in cui morirono oltre 100 americani. Ciò spinse il governo a introdurre per la prima volta, nel 1938, test di farmacovigilanza.

Aiutare il cuore

- **Che cosa è?** Defibrillatore portatile
- **Chi?** Frank Pantridge
- **Dove e quando?** GB, 1965

I defibrillatori provocano una scossa elettrica che corregge la frequenza cardiaca anomala di chi subisce un attacco cardiaco. I primi apparecchi erano grossi e ingombranti, e si potevano usare solo in ospedale. L'invenzione di Pantridge era abbastanza piccola da essere trasportata sulle ambulanze. Oggi molti luoghi pubblici hanno defibrillatori ad accesso pubblico (PAD), che possono essere azionati da chiunque.

Ridurre il colesterolo

- **Che cosa è?** Statine
- **Chi?** Akira Endo
- **Dove e quando?** Giappone, 1971

Le statine sono farmaci che abbassano il colesterolo, un grasso che potrebbe depositarsi nelle arterie e ostruirle, causando talora attacchi cardiaci. Furono realizzate dopo una sperimentazione sui funghi, e ora sono fra i farmaci più venduti al mondo.

Gli elettrodi del defibrillatore vanno messi sul petto del paziente.

Defibrillatore ad accesso pubblico, 2006

L'apparecchio ha una voce registrata che dà semplici istruzioni su come azionarlo.

Prevenire la malaria

- **Che cosa è?** Artemisinina
- **Chi?** Tu Youyou
- **Dove e quando?** Cina, 1972

Il problema di molti antimalarici di prima generazione, come il chinino, è che alla fine i parassiti diventano immuni. Sono stati perciò inventati nuovi farmaci, o ripresi farmaci vecchi. La chimica cinese Tu Youyou ha prodotto l'artemisinina sperimentando di nuovo la cura con una pianta, *Artemisia annua*, che si usa 1.600 anni fa. Ha vinto il premio Nobel per la medicina.

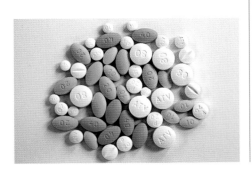

Le piante di *Artemisia annua* sono preparate per la vendita in Uganda

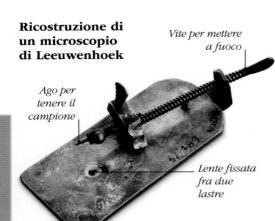

Ricostruzione di un microscopio di Leeuwenhoek

Vite per mettere a fuoco

Ago per tenere il campione

Lente fissata fra due lastre

Microscopi

Fino agli anni '60 del 1800, nessuno sapeva cosa provocasse le malattie, poi il chimico francese Louis Pasteur (v. pp. 244-245) dimostrò che i responsabili erano minuscoli organismi, detti batteri, troppo piccoli per essere visti a occhio nudo.
Il viaggio verso la "teoria dei germi" era iniziato 250 anni prima, con l'invenzione del microscopio, che per la prima volta permise di vederli.

PRIMI PASSI

Negli anni '90 del 1500, i fabbricanti di lenti olandesi Hans e Zacharias Jansen idearono il primo microscopio collegando delle lenti a un tubo. Dopo un secolo, lo scienziato olandese Anton van Leeuwenhoek costruì microscopi più potenti e fu il primo a osservare microrganismi monocellulari. Il suo apparecchio, che aveva una sola lente, ingrandiva gli oggetti fino a 270 volte.

▶ **MICROSCOPIO COMPOSTO**
Ricostruzione del microscopio composto di Hook, che impiega due o più lenti.

L'osservatore guarda attraverso l'oculare.

La vite sposta su e giù lo strumento per mettere a fuoco.

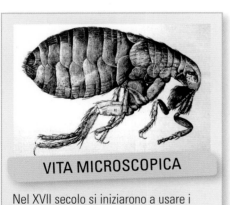

VITA MICROSCOPICA

Nel XVII secolo si iniziarono a usare i microscopi. Nel 1665, lo scienziato inglese Robert Hooke pubblicò un libro, *Micrographia*, che conteneva le prime illustrazioni di campioni, come piante e minuscoli insetti (fra cui la pulce sopra), visti al microscopio.

Spillo di metallo che tiene fermo il campione.

Sostegno dell'obbiettivo

MINUSCOLE UNITÀ

Il microscopio usato dallo scienziato inglese Robert Hooke nel XVII secolo era di legno. La messa a fuoco era controllata spostando tutto l'apparecchio, invece che le lenti o il campione. Osservando da vicino un pezzo di sughero, Hooke osservò che era formato da minuscole unità microscopiche, che chiamò "cellule". Ancora oggi questa parola è usata per descrivere le piccole strutture che costituiscono tutti gli organismi viventi.

Louis Pasteur nel suo laboratorio

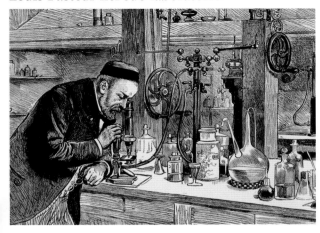

TEORIA DEI GERMI

L'idea che le malattie infettive fossero diffuse da germi, o microrganismi, è nota come teoria dei germi. Oggi è data per scontata, ma quando Pasteur la propose suscitò molte critiche. Con l'aiuto del microscopio, dimostrò che alcuni piccoli organismi erano responsabili della contaminazione del latte, mentre altri, chiamati lieviti, causavano la fermentazione della birra e del vino.

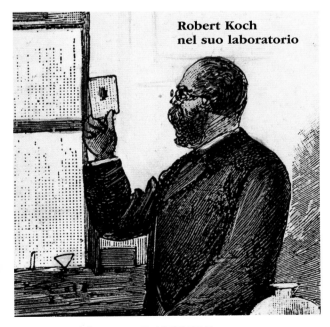

**Robert Koch
nel suo laboratorio**

SCOPERTA DEI BATTERI

Mentre Pasteur dimostrò che le malattie erano causate dai batteri, lo scienziato tedesco Robert Koch identificò con precisione i colpevoli. Il microscopio gli permise di individuare quelli che provocavano malattie come l'antrace (1876), la tubercolosi (1882) e il colera (1883). Per queste scoperte, Koch è conosciuto come il "padre della batteriologia".

MICROSCOPIO COMPOSTO

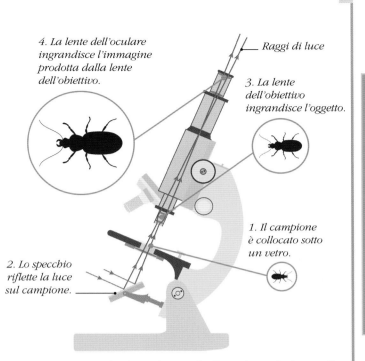

4. La lente dell'oculare ingrandisce l'immagine prodotta dalla lente dell'obiettivo.

— Raggi di luce

3. La lente dell'obiettivo ingrandisce l'oggetto.

1. Il campione è collocato sotto un vetro.

2. Lo specchio riflette la luce sul campione.

Il microscopio composto funziona al contrario di un telescopio. Invece di avere un grande obiettivo per raccogliere una debole luce che viene da lontano, ha un obiettivo piccolo per focalizzare la luce su oggetti piccoli e vicini. Di solito i microscopi hanno una fonte luminosa, un obiettivo che si può mettere a fuoco e un oculare fisso. Deviando il raggio luminoso, le lenti vengono messe a fuoco per ingrandire l'immagine.

MICROSCOPI ELETTRONICI

Negli anni '30 del 1900, il fisico tedesco Ernst Ruska realizzò un microscopio che poteva ingrandire fino a 500.000 volte. Invece di usare la luce, lo strumento si serviva di un fascio di elettroni, e permise di avere immagini di molecole e atomi. I più potenti microscopi elettronici odierni ingrandiscono fino a 30 milioni di volte.

Immagine al microscopio elettronico di batteri (gialli) sulla punta di uno spillo

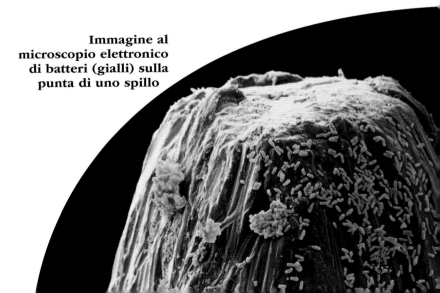

Guerra ai germi

All'inizio del 1800, negli ospedali molti pazienti morivano per infezioni che contraevano durante interventi chirurgici o parti. A metà del secolo, gli scienziati iniziarono a capire che i responsabili erano germi invisibili. Si fecero campagne per migliorare l'igiene ospedaliera, osteggiate dai medici che rifiutavano di accettare le nuove teorie.

IGIENE IN OSPEDALE

Oggi chi lavora in ospedale si lava bene le mani prima di venire a contatto con i pazienti. Il primo a usare questa pratica igienica, nel 1848 a Vienna, fu il medico ungherese Ignaz Semmelweis. Scoprì che la mortalità dei pazienti operati diminuiva quando i chirurghi si lavavano le mani con acqua leggermente clorata.

IL PRIMO ANTISETTICO

Negli anni '60 del 1800, il chirurgo inglese Joseph Lister fece i primi passi per prevenire le infezioni aerodiffuse in sala operatoria. Oltre a ripulire le ferite con fenolo, il primo antisettico (sostanza chimica che uccide i germi patogeni), Lister ideò una macchina che spruzzava fenolo mentre operava. In tal modo, le malattie infettive si ridussero.

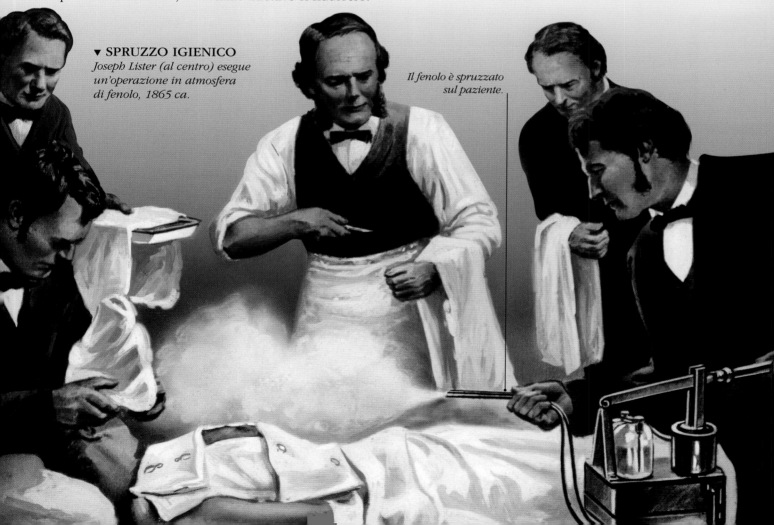

▼ **SPRUZZO IGIENICO**
Joseph Lister (al centro) esegue un'operazione in atmosfera di fenolo, 1865 ca.

Il fenolo è spruzzato sul paziente.

KIT MEDICO STERILE

I medici, influenzati dalle teorie di Lister, iniziarono a bollire gli strumenti chirurgici per sterilizzarli (eliminare i germi) prima di operare. Nel 1886, l'industriale americano Robert Wood Johnson fondò, insieme ai fratelli, una ditta farmaceutica, la Johnson & Johnson, per produrre bende sterili e attrezzatura chirurgica. Due anni dopo, commercializzarono la prima cassetta di pronto soccorso sterile, diffondendo la sterilizzazione.

I farmaci e le garze sterili sono disposti in ordinati scompartimenti.

Kit di primo soccorso, 1930 ca.

Sapone al fenolo, 1894

SAPONE ANTIBATTERICO

Nel 1834, il chimico tedesco Friedlieb Ferdinand Runge scoprì il fenolo (acido carbolico), una sostanza che Lister usò come antisettico. Alla fine del XIX secolo, divenne alla portata di tutti sotto forma di saponette prodotte in serie.

La garza sterile assorbe il sangue.

CEROTTI

Fino all'inizio del XX secolo, bendare una piccola ferita era un'operazione complicata, da fare in due persone. Nel 1920, Earl Dickson (inventore americano impiegato alla Johnson & Johnson) trovò una soluzione: i cerotti adesivi. Erano piccoli quadrati di garza posti su un nastro adesivo. Furono prodotti con il nome di Band-Aid, e ora sono usati in tutto il mondo.

WOW!

Il colluttorio Listerine prese il nome da Joseph Lister per mettere in rilievo le sue proprietà antibatteriche.

Le mascherine impediscono di diffondere infezioni respiratorie.

CHIRURGIA SICURA

I chirurghi moderni prendono molte precauzioni per proteggere dalle infezioni: mascherine, copricapi, camici e guanti di latex. L'uso di antisettici, combinato a queste misure, promuove l'igiene dei moderni spazi chirurgici.

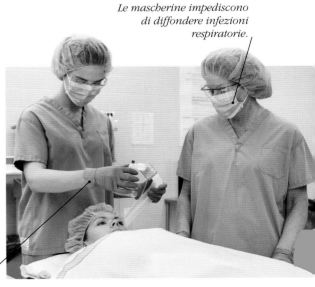

I guanti sterili vanno gettati dopo l'uso.

237

Evoluzione delle terapie

I progressi che ha fatto la medicina negli ultimi 250 anni si sono concretizzati in numerose cure per controllare e persino eliminare le malattie. Molte hanno superato sperimentazioni ed errori, e spesso le innovazioni hanno precorso la comprensione scientifica.

Dipinto del XX secolo che raffigura James Lind che dà un limone a un paziente

PREVENIRE LO SCORBUTO

Fino al XVIII secolo, i marinai che facevano lunghi viaggi per mare tornavano con una misteriosa malattia, che ora sappiamo essere lo scorbuto. Era dovuta alla mancanza di vitamina C, presente negli agrumi. Nel 1747 il chirurgo inglese James Lind dimostrò che chi mangiava regolarmente agrumi non ne soffriva. Quando infine la Marina inglese accolse la novità, lo scorbuto fu sconfitto in pochissimo tempo.

Maniglia della pompa per estrarre e iniettare il sangue.

L'ago è collegato alla pompa.

Apparecchio per trasfusione di sangue di Blundell, XIX secolo

TRASFUSIONE DI SANGUE

Il medico inglese James Blundell eseguì la prima trasfusione di sangue umano nel 1818. Iniettò il sangue del marito a una donna che aveva avuto un'emorragia durante il parto. In questo caso la procedura ebbe successo, ma non sempre le trasfusioni funzionavano, poiché non si conoscevano ancora i gruppi sanguigni, e mescolare gruppi diversi poteva risultare fatale.

Prima macchina per dialisi, 1949

DIALISI

Nel 1944, il medico olandese Willem Kolff inventò una macchina per dializzare pazienti con insufficienza renale. Il primo "rene artificiale" era un attrezzo ingombrante, che ripuliva il sangue del paziente da prodotti di rifiuto estraendolo, filtrandolo attraverso una membrana, e reinserendolo. Oggi la procedura della dialisi è abbastanza comune.

CHIRURGIA OCULISTICA LASER

Negli anni '50 del 1900, l'oftalmologo spagnolo José Barraquer usò per la prima volta un bisturi per rimodellare la cornea (parte trasparente esterna dell'occhio) e correggere la vista. Dopo anni di ricerca e pratica, nel 1988 la prima procedura di rimodellamento con un laser ultravioletto come strumento di incisione fu eseguita dal medico americano Marguerite McDonald.

WOW!

Nel 1665, il medico inglese Richard Lower eseguì la prima trasfusione sanguigna fra due cani.

CHIRURGIA ROBOTICA

Anche se dev'essere ancora inventato un robot che opera da solo, sin dagli anni '80 del 1900 esistono robot che prendono parte agli interventi chirurgici. Il primo fu l'Arthrobot, costruito nel 1983 da un'équipe di ricercatori canadesi guidati da James McEwen. Durante l'intervento, il robot spostava la gamba del paziente in base ai comandi impartiti dal chirurgo.

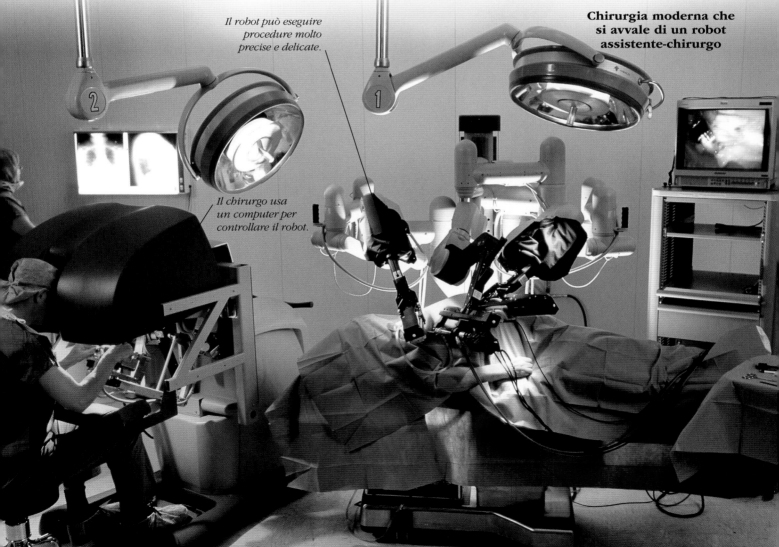

Il robot può eseguire procedure molto precise e delicate.

Chirurgia moderna che si avvale di un robot assistente-chirurgo

Il chirurgo usa un computer per controllare il robot.

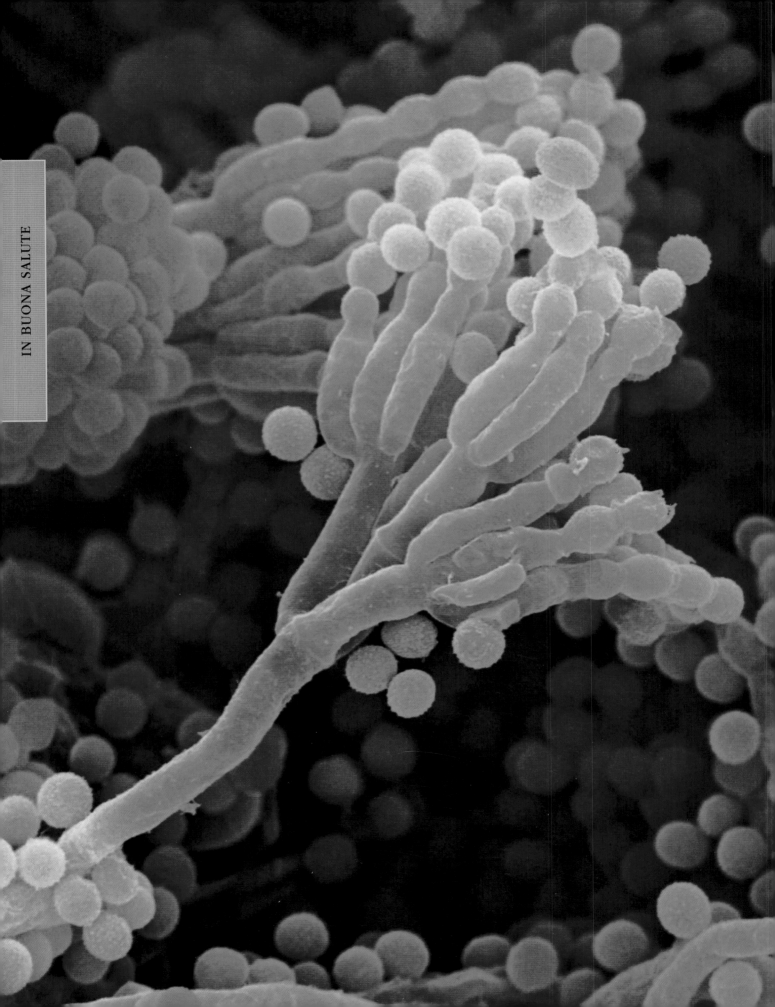

SUPERMUFFA
Questo particolare di un'immagine al microscopio elettronico a scansione (v. p. 235) mostra una muffa, *Penicillium*, usata per creare il primo antibiotico: la penicillina. Le sue proprietà antibatteriche furono scoperte per caso nel 1928 dal medico scozzese sir Alexander Fleming. Da allora, la penicillina e altri antibiotici hanno salvato milioni di vite.

Vaccinazioni

I vaccini sono costituiti da forme attenuate dei microbi che provocano la malattia. Quando sono somministrati (di solito iniettati) a qualcuno, il suo corpo si prepara alla malattia formando anticorpi. Il primo vaccino efficace fu messo a punto dal medico inglese Edward Jenner alla fine del XVIII secolo per sconfiggere il vaiolo. Da allora, sono stati creati vaccini per molte altre malattie.

IL PRIMO VACCINO

Jenner notò che le mungitrici colpite da vaiolo bovino, una malattia simile al vaiolo ma molto meno grave, non contraevano il vaiolo. Infettò allora un bambino con vaiolo bovino, poi con vaiolo, e il piccolo non contrasse la malattia. Ciò confermò l'idea di Jenner che il bambino era diventato immune al vaiolo. Nella figura, Jenner vaccina suo figlio.

LA SIRINGA

Nel 1853, l'invenzione della siringa ipodermica rese più semplice vaccinare. Fu creata indipendentemente da tre persone: l'irlandese Francis Rynd, che inventò l'ago cavo, il chirurgo francese Charles Pravaz e il medico scozzese Alexander Wood. Trovarono un modo di collegare un ago a un cilindro cavo con stantuffo.

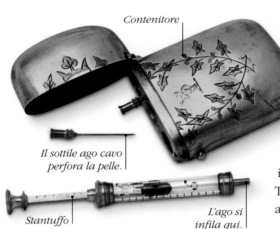

Contenitore

Il sottile ago cavo perfora la pelle.

Stantuffo

L'ago si infila qui.

Siringa con ago di riserva e contenitore metallico, fine XIX secolo

IL LAVORO DI PASTEUR

Per un certo periodo ci si poté vaccinare solo contro il vaiolo. All'inizio del XIX secolo, gli scienziati non conoscevano altre malattie che avessero un ceppo di patogeni naturalmente attenuato. Un passo avanti lo fece lo scienziato francese Louis Pasteur (v. pp. 244-245) quando, nel 1862, scoprì come indebolire artificialmente i batteri con calore e sostanze chimiche. Nel 1885, produsse così il primo vaccino contro la rabbia.

Il vaccino della rabbia viene iniettato nello stomaco di un paziente.

◄ **AL LAVORO**
Qui Pasteur vaccina contro la rabbia, ma realizzò anche un vaccino contro l'antrace.

IL "JET-INJECTOR"

In questa procedura, inventata nel 1936 dall'ingegnere americano Marshall Lockhart, si somministra il farmaco con uno spruzzo di liquido ad alta pressione che perfora la pelle. Si esegue rapidamente, ed è quindi utile nei programmi di vaccinazione di massa. Vi è però il rischio di infezione, ed è stata sostituita dalle versioni monodose usa-e-getta.

Vaccinazione antinfluenzale eseguita con jet injector.

Particelle di virus influenzale (in bianco, sotto) attaccano le cellule rosse del sangue

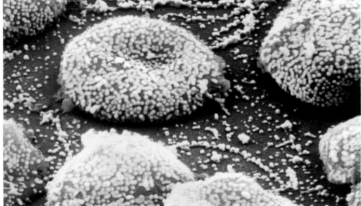

VACCINI MODERNI

Nel XX secolo sono stati realizzati altri vaccini, fra cui quelli contro la tubercolosi (1921), il morbillo (1963) e la rosolia (1966). Negli anni '50 il medico americano Jonas Salk creò un vaccino antipoliomielite, rifiutandosi di brevettarlo per renderlo accessibile a chiunque.

▼ VACCINAZIONI ORALI

Il vaccino antipolio orale, qui somministrato a una bimba yemenita, fu inventato dal medico americano Albert Sabin negli anni '60.

SCONFIGGERE LE MALATTIE

La ricerca di nuovi vaccini sta procedendo. Negli anni '40 comparve il primo vaccino antinfluenzale, seguito da quelli antiepatite A negli anni '90, e antimalaria nel 2018. Esistono tuttavia ancora molte malattie mortali, come Ebola e AIDS, contro cui non esiste vaccinazione.

FATTI IN BREVE

- Un tempo il vaiolo era una delle malattie più letali: alla fine del XVIII secolo, in Europa uccideva circa 400.000 persone l'anno.
- Nel 1980, l'Organizzazione mondiale della sanità dichiarò che il vaiolo era stato definitivamente debellato con la vaccinazione; è la prima malattia infettiva a essere del tutto eliminata.

Louis Pasteur

Il biologo e chimico francese Louis Pasteur fu un'importante
figura della medicina del XIX secolo. Le sue numerose scoperte,
in particolare nel campo della teoria dei germi e della vaccinazione
(v. pp. 242-243), rivoluzionarono il pensiero scientifico. Salvarono
anche milioni di vite, costituendo un enorme progresso nel
trattamento di malattie mortali come l'antrace e la rabbia.

**Gli operai ispezionano le vasche di pastorizzazione
in un deposito in cui si tratta il latte. Londra, 1935**

PASTORIZZAZIONE

Negli anni '60 del 1800, Pasteur scoprì
un metodo per impedire a liquidi
come il vino e il latte di deteriorarsi
per contaminazione batterica. La
tecnica comporta il riscaldamento
regolare del liquido,
che uccide i batteri senza
modificarne il sapore.
Il procedimento è detto
pastorizzazione.

*Microscopio che Pasteur usò
per studiare i bachi da seta.*

*Bozzoli di bachi
con cui si fa la
seta.*

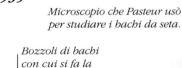

L'INDUSTRIA DELLA SETA

Pasteur salvò l'industria della seta dalla
devastazione causata da una malattia del
baco da seta. Scoprendo che si trasferiva
dagli adulti ai giovani, consigliò di
distruggere le uova delle farfalle infette.
Fu così garantita la sopravvivenza
solo dei bachi sani, e la malattia
fu debellata.

BIOGRAFIA

1822	1859	1860-1870
Pasteur nasce il 27 dicembre a Dôle, in Francia. Studia chimica, e nel 1848 diventa insegnante all'università di Strasburgo.	Usa particolari matracci sigillati (destra) per dimostrare che il cibo si degrada a causa dei microbi presenti nell'aria.	Dopo aver inventato la pastorizzazione nel 1863, nel 1868 è colpito da un ictus che gli paralizza parzialmente il lato sinistro. Si riprende e continua a lavorare.

SCOPERTA DEL VACCINO

Nel 1879, mentre faceva ricerche su un'infezione dei polli chiamata colera aviairo, scoprì che si potevano usare ceppi indeboliti di una malattia per produrre un vaccino contro di essa. La scoperta gli permise di sviluppare i vaccini contro l'antrace e la rabbia.

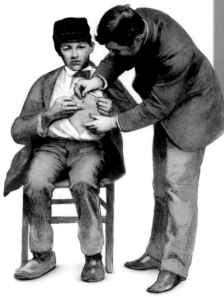

Medico che vaccina contro la rabbia

COMBATTERE LA RABBIA

Pasteur produsse un vaccino antirabbia (malattia infettiva che colpisce animali e uomini) nel 1885. Il suo primo paziente fu Joseph Meister, di 9 anni, che era stato morso da un cane infetto. Dopo che il bambino fu guarito, Pasteur divenne un eroe nazionale.

Louis Pasteur nel suo laboratorio

1881	1885	1887	1895
Pasteur crea un vaccino per l'antrace, una malattia mortale, e lo usa per immunizzare animali come pecore, capre e vacche.	Vaccina per la prima volta un essere umano: un bambino affetto da rabbia.	Fonda l'Institut Pasteur a Parigi, dedicato alla ricerca sulle malattie infettive.	È colpito da un altro ictus, ma questa volta non lo supera; muore il 28 settembre 1895.

Salute dei denti

L'odontoiatria fu riconosciuta come una branca a sé della medicina solo all'inizio del XVIII secolo, quando il chirurgo francese Pierre Fauchard scrisse un autorevole testo sulla cura dei denti. Da allora, la tecnologia dentale ha fatto grandi progressi, che hanno contribuito a mantenere i denti puliti, sani e belli.

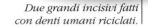
Due grandi incisivi fatti con denti umani riciclati.

DENTI FALSI

Le dentiere, fatte con denti animali o umani, sono esistite sin dalla preistoria. Nel XVIII secolo, quando si iniziò a consumare più zucchero, i denti si cariavano più facilmente, e la richiesta di protesi crebbe. Già nel 1774 il francese Alexis Duchâteau ideò apparecchi artificiali di porcellana, e nel 1791 il dentista francese Nicholas Dubois de Chémont le migliorò e le brevettò nel Regno Unito. Di solito, le moderne protesi dentarie sono di plastica.

LA POLTRONA DA DENTISTA

Il dentista americano Milton Hanchett inventò la prima poltrona regolabile da dentista nel 1848. Aveva un poggiatesta, uno schienale reclinabile e una seduta che si spostava su e giù. Nel 1877, un altro dentista americano, Basil Manly Wilkerson, ideò la prima poltrona idraulica, che si poteva alzare e abbassare con un pedale.

Poggiatesta

Comoda seduta bombata di cuoio

Pedale per regolare l'altezza della poltrona

Poltrona idraulica ad alta tecnologia, 1925 ca.

LAVARSI I DENTI

Lo spazzolino più antico che si conosca è stato rinvenuto in Cina e risale al 750 d.C. circa. Era di spesse setole di maiale inserite in un manico d'osso. Gli spazzolini moderni hanno setole di nylon su un manico di plastica. L'immagine mostra bambini inglesi che si spazzolano i denti nel 1920 circa.

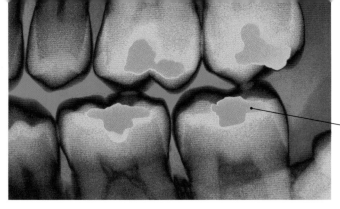

Radiografia dentale colorata

Otturazione in amalgama

RIEMPIRE I BUCHI

Negli anni '20 del 1800, molti dentisti, tra cui Auguste Taveau in Francia e Thomas Bell nel Regno Unito, iniziarono a fare otturazioni in amalgama, un materiale malleabile composto da argento e mercurio, per riempire le cavità dentarie. Nel XX secolo furono prodotte amalgame più naturali, di vetro in polvere, ceramica e plastica.

ORTODONZIA

I primi apparecchi ortodontici per raddrizzare i denti furono realizzati dal dentista francese Christophe-François Delabarre nel 1819. Da allora, sono molto migliorati: negli anni '40 del 1800 vi sono stati aggiunti elastici e negli anni '70 del 1900 adesivi per tenerli fermi.

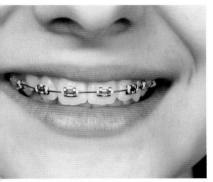

parecchio ortodontico moderno

Testa del trapano

Braccio flessibile per spostare il trapano

RIMUOVERE LA CARIE

I trapani da dentista sono usati per eliminare parti cariate del dente. Dalla metà del XIX secolo a oggi hanno subìto un'enorme evoluzione: nel 1864 è stato introdotto il trapano meccanico, nel 1875 quello elettrico, e infine, nel 1949, la turbina ad aria compressa. La testa di quest'ultima, inventata dal dentista neozelandese John Patrick Walsh, rispetto ai 3.000 di un trapano elettrico ruota a 400.000 giri al minuto.

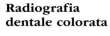

WOW!

Prima dell'invenzione delle otturazioni in amalgama, si riempivano le cavità con metallo sciolto bollente, una procedura molto dolorosa.

Un sistema di corda e puleggia aziona la testa del trapano.

◄ **PIÙ VELOCE**
Il trapano a pedale, inventato nel 1871 dal dentista americano James Beall Morrison, riduceva il tempo del trattamento.

Poggiapiedi regolabile

Il pedale viene spinto su e giù per far girare il trapano.

Trapano a pedale, 1871

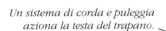

Nuove parti del corpo

Oggi sono disponibili molte parti artificiali diverse del corpo umano, dette protesi. Vi sono apparecchi per ascoltare e vedere meglio, arti per muoversi con naturalezza e persino cuori artificiali. La protesi più antica che si conosca è un dito del piede di legno e cuoio trovato in una mummia egizia dell'800 a.C. circa.

Vedere con chiarezza

Occhiali da vista in un dipinto tedesco del XIV secolo

- **Che cosa è?** Occhiali da vista
- **Chi?** Roger Bacon; Alessandro di Spina
- **Dove e quando?** GB, XIII secolo; Italia, XIV secolo

L'origine degli occhiali da vista non è del tutto chiara. Nel XIII secolo, il monaco inglese Roger Bacon descrisse l'uso delle lenti per vedere meglio. I monaci italiani Alessandro di Spina e Salvino degli Armati ebbero anch'essi l'idea, e all'inizio del XIV secolo comparvero gli occhiali da vista. I primi occhiali avevano spesse lenti di quarzo.

Sentire meglio

- **Che cosa è?** Apparecchio acustico elettrico
- **Chi?** Miller Reese Hutchison
- **Dove e quando?** USA, 1898

Il primo apparecchio acustico elettrico comparve nel 1898: era ingombrante e aveva una batteria separata. Negli anni '50 del 1900, con l'avvento dei transistor, le dimensioni si ridussero a un apparecchio abbastanza piccolo da entrare nell'orecchio. La tecnologia digitale degli anni '80 permise di produrre apparecchi quasi invisibili.

Apparecchio acustico

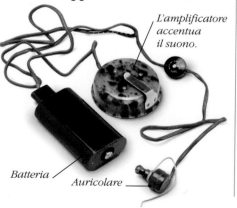

L'amplificatore accentua il suono.

Batteria

Auricolare

Una radiografia mostra la posizione dell'impianto di pacemaker

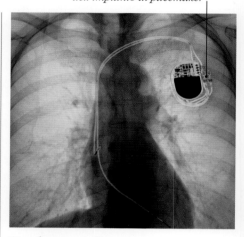

Far battere il cuore

- **Che cosa è?** Pacemaker
- **Chi?** Rune Elmqvist
- **Dove e quando?** Svezia, 1958

I pacemaker sono apparecchi che inviano piccoli segnali elettrici al cuore per mantenerne la giusta frequenza. I primi pacemaker erano esterni e limitavano i movimenti del paziente. Nel 1958, fu inventato un apparecchio da inserire nel corpo (sopra), che consente al paziente di vivere una vita più normale.

Lenti a contatto

- **Che cosa è?** ? Lenti a contatto morbide
- **Chi?** Otto Wichterle
- **Dove e quando?** Cecoslovacchia, 1961

Le prime lenti a contatto furono ideate dall'oftalmologo tedesco Adolf Gaston Eugen Fick nel 1888. Erano di vetro soffiato e si potevano portare solo un paio d'ore. Nel 1936, lo scienziato americano William Feinbloom presentò nuove versioni in plastica, a cui seguirono, negli anni '60, le lenti a contatto morbide di plastica flessibile, dette idrogel. Furono prodotte dal chimico ceco Otto Wichterle. Le lenti a contatto attuali sono spesso di un materiale durevole, detto silicone idrogel.

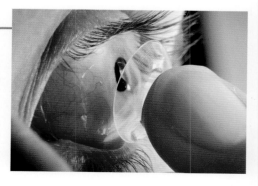

*Il congegno era di
alluminio e plastica.*

Cuore artificiale

- **Che cosa è?** Jarvik 7
- **Chi?** Robert Jarvik
- **Dove e quando?** USA, 1982

Nel 1982, un dentista americano
che soffriva di insufficienza cardiaca
fu la prima persona a ricevere un cuore
artificiale, che gli permise di vivere altri
112 giorni. Il cuore Jarvik 7, che prese
il nome dal suo inventore, fu il primo dei
tanti modelli che comparvero nei decenni
seguenti. In alcuni casi, un cuore artificiale
poteva far guadagnare tempo a un
paziente prima del trapianto.

*Le punte in fondo alla
protesi aderiscono
al terreno.*

Gambe artificiali

- **Che cosa è?** Flex-Foot
- **Chi?** Van Philipps
- **Dove e quando?** USA, 1996

I moderni arti artificiali, leggeri e flessibili,
accrescono la mobilità di chi li porta.
Il bioingegnere americano Van Philipps,
che a 21 anni aveva perso una gamba sotto il
ginocchio, inventò delle protesi che chiamò
Flex-Foot. Una di esse è la "Flex-Foot
Cheetah", di lamina di fibra di carbonio,
destinata a chi pratica sport
agonistico. A contatto con
il suolo, si flette dando
maggiore mobilità
all'atleta.

▶ **BLADE RUNNER**
*Una saltatrice in lungo gareggia
ai Campionati mondiali
paralimpici del 2011. Le gambe
protesiche degli atleti agiscono
come molle, permettendo loro
di correre e di saltare
ad alta velocità.*

Mano bionica

- **Che cosa è?** I-Limb
- **Chi?** David Gow
- **Dove e quando?** GB, 2007

L'I-Limb, inventato in un ospedale scozzese,
fu la prima mano bionica controllata
elettronicamente, perfettamente
funzionante. Le dita sono indipendenti
e si muovono secondo segnali
muscolari inviati dal braccio del
paziente. Patrick Kane (destra),
di 13 anni, fu la prima persona
a usare la protesi.

FATTI IN BREVE

- Attorno al X secolo, i Cinesi usavano
lenti di ingrandimento per leggere.
- Le protesi uditive nacquero dalla
tecnologia telefonica: ai primi apparecchi
furono adattati trasmettitori di telefoni
che amplificavano il suono.
- Il chirurgo inglese sir John Charnley
eseguì il primo intervento di sostituzione
di un'anca all'inizio degli anni '60.

249

LO SPAZIO

Ora gli astronauti vivono
e lavorano nello spazio, le
sonde robotiche esplorano
altri pianeti e i telescopi
rivelano lontane galassie.
Dove ci porteranno
le prossime invenzioni?

Studiare le stelle

Sin dalla preistoria, gli uomini sono stati affascinati da stelle e pianeti, ma per migliaia di anni li hanno potuti osservare solo a occhio nudo. I telescopi, inventati nel XVII secolo, aprirono la strada allo studio dell'universo, e da allora gli astronomi hanno costruito strumenti sempre più grandi e migliori.

Telescopio riflettore, 1724

Foto della nebulosa di Orione, 1883

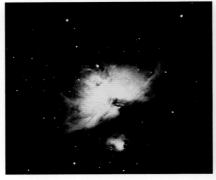

Immagine di fotocamera a infrarossi, 2010

CHE COSA È UN TELESCOPIO?

I telescopi utilizzano una grande lente o uno specchio per cogliere la luce, e una lente più piccola, detta oculare, per creare immagini di oggetti distanti più luminose e grandi di quelle che si colgono con la vista normale. Il principio fu scoperto dal costruttore di lenti olandese Hans Lippershey nel 1608 circa.

ASTROFOTOGRAFIA

Dopo l'invenzione della fotografia nel XIX secolo, gli astronomi collegarono le fotocamere ai telescopi. Poiché le macchine fotografiche riescono ad assorbire a lungo la luce, si creano immagini luminose che rivelano più dettagli dell'occhio umano. Le moderne fotocamere elettroniche rilevano tipi di luce, come l'infrarosso, altrimenti invisibili.

TIPI DI TELESCOPIO

I telescopi rifrattori (o cannocchiali), inventati per primi, usano grandi lenti per flettere i raggi luminosi in modo che si incrocino in un punto focale. I telescopi riflettori usano specchi curvi per far rimbalzare i raggi luminosi su un fuoco. Quando i raggi si divaricano, una o più lenti dell'oculare ne alterano i percorsi, creando un'immagine ingrandita.

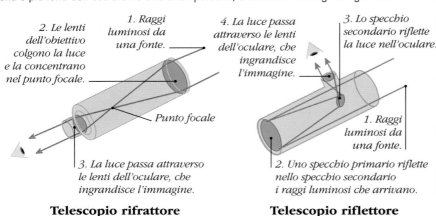

2. Le lenti dell'obiettivo colgono la luce e la concentrano nel punto focale.

1. Raggi luminosi da una fonte.

4. La luce passa attraverso le lenti dell'oculare, che ingrandisce l'immagine.

3. Lo specchio secondario riflette la luce nell'oculare.

Punto focale

1. Raggi luminosi da una fonte.

3. La luce passa attraverso le lenti dell'oculare, che ingrandisce l'immagine.

2. Uno specchio primario riflette nello specchio secondario i raggi luminosi che arrivano.

Telescopio rifrattore

Telescopio riflettore

▶ **IL VERY LARGE TELESCOPE (VLT)**
Questo è uno dei quattro enormi telescopi costruiti dall'Osservatorio europeo australe nel deserto del Cile. Ognuno contiene uno specchio largo 8 m che pesa 22 tonnellate. Il VLT rivela immagini 4 milioni di volte più deboli di quanto si possano vedere a occhio nudo.

SEPARARE LA LUCE

Lo spettroscopio fu inventato nel 1814 dal fisico tedesco Joseph von Fraunhofer. Diffonde in varie direzioni i raggi di luce dalle stelle, secondo il loro colore e la loro energia. Fraunhofer scoprì strette linee scure nello spettro solare, che poi gli scienziati collegarono alla luce assorbita da particolari sostanze chimiche. Oggi gli astronomi usano lo spettroscopio per studiare di cosa sono fatti i corpi celesti.

La luce del Sole entra da qui.

Le linee di assorbimento scure sono dovute a sostanze chimiche della stella che assorbono la luce.

Lo schema generale dello spettro, dall'infrarosso all'ultravioletto, rivela la temperatura della stella.

Fasci laser proiettati dal VLT producono nell'atmosfera superiore stelle artificiali, che il telescopio usa per il proprio controllo di qualità e per creare immagini più nitide.

Spettroscopio solare, 1881

Spettrografia di una stella

TELESCOPI SPAZIALI

La luce visibile è solo una parte della radiazione elettromagnetica emessa da oggetti cosmici. Corpi troppo freddi per brillare visibilmente emettono ancora radiazioni infrarosse (calore), mentre oggetti molto caldi ed eventi violenti rilasciano ultravioletti ad alta energia, raggi X e raggi gamma. L'atmosfera terrestre blocca la maggior parte delle radiazioni, quindi per mappare il cielo si usano telescopi spaziali.

Osservatorio di raggi X Chandra

Specchi annidati deflettono e concentrano i raggi X provenienti da lontane stelle che esplodono.

TELESCOPI INTELLIGENTI

Tutti i grandi telescopi moderni sono riflettori. Alcuni hanno enormi specchi fatti di un unico pezzo in materiali sottili e leggeri, altri usano griglie ad alveare, o specchi più piccoli per ridurre il peso. I motori dietro agli specchi, controllati da computer, ne regolano la forma per correggere distorsioni e garantire una messa a fuoco perfetta in qualsiasi direzione siano orientati.

"Occhiale" originale di Galileo

Telescopi

In quattro secoli, i telescopi hanno fatto molta strada, da quando, nel 1608 circa, l'ottico Hans Lippershey collocò due lenti alle due estremità di un lungo tubo. Oggi sono diventati apparecchi enormi, capaci di individuare galassie ai bordi dell'universo e radiazioni rese invisibili dai gas e dalla polvere interstellare.

Primo telescopio

- **Che cosa è?** Cannocchiale di Galileo
- **Chi?** Galileo Galilei
- **Dove e quando?** Italia, 1609

Dopo aver sentito parlare dell'invenzione di Lippershey, molti astronomi costruirono telescopi, ma quello che ebbe più successo fu l'italiano Galileo Galilei (v. pp. 259-259). I suoi studi gli permisero di migliorare gli ingrandimenti del cannocchiale da 3 (3 x) a 20 (20 x) e di fare importanti scoperte sull'universo.

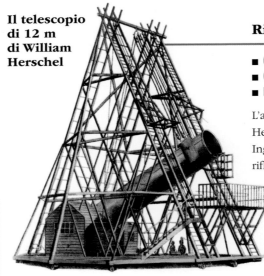

Il telescopio di 12 m di William Herschel

Riflettori giganti

- **Che cosa è?** Primo telescopio gigante
- **Chi?** William Herschel
- **Dove e quando?** GB, 1789

L'astronomo di origine tedesca William Herschel, dopo essersi trasferito in Inghilterra inventò i migliori telescopi riflettori. Nel 1781, in seguito alla scoperta di Urano, fu finanziato da re Giorgio III e costruì un enorme telescopio con uno specchio di 1,2 m, montato su una grande piattaforma girevole per puntarlo in tutte le direzioni.

Specchi per ingrandire

- **Che cosa è?** Riflettore di Newton
- **Chi?** Isaac Newton
- **Dove e quando?** GB, 1668

Lo scienziato inglese Isaac Newton, studiando le proprietà della luce negli anni '60 del 1600, intuì che uno specchio curvo poteva flettere la luce su un punto focale proprio come una lente. Il suo telescopio "newtoniano" evitava le distorsioni che affliggevano i primi progetti basati su lenti.

Oculare

Ricostruzione di un telescopio di Newton

Radiotelescopio

- **Che cosa è?** Telescopio di Lovell
- **Chi?** Bernard Lovell e Charles Husband
- **Dove e quando?** GB, 1957

La scienza della radioastronomia ebbe inizio negli anni '30 del 1900, quando si scoprirono onde radio provenienti da oggetti celesti invece che dal Sole. Poiché le onde radio sono più lunghe di quelle della luce visibile, per catturarle e

Il disco metallico riflettente di 76,2 m di diametro raccoglie le onde radio —

L'antenna è il punto focale per le onde radio, che poi generano segnali elettrici.

Telescopio di Lovell, vicino a Macclesfield, nel Cheshire (GB).

concentrarle servirono telescopi più grandi. Negli anni '50, l'astronomo inglese Bernard Lovell costruì il primo grande telescopio a "disco" a Jodrell Bank, vicino a Manchester.

Osservare dallo spazio

- **Che cosa è?** Satellite astronomico infrarosso (IRAS)
- **Chi?** NASA
- **Dove e quando?** Orbita terrestre bassa, 1983

Dalla fine degli anni '40 del 1900, i rivelatori di radiazioni portati da razzi hanno individuato nello spazio raggi invisibili che sono assorbiti dall'atmosfera terrestre. Gli osservatori satellitari ultravioletti, lanciati sin dagli anni '60, studiano alcuni di questi raggi, mentre i satelliti infrarossi, il cui pioniere è l'IRAS, usano particolari telescopi raffreddati per rilevare deboli radiazioni termiche e mappare il cielo di notte.

Il parasole protegge e raffredda il telescopio IRAS.

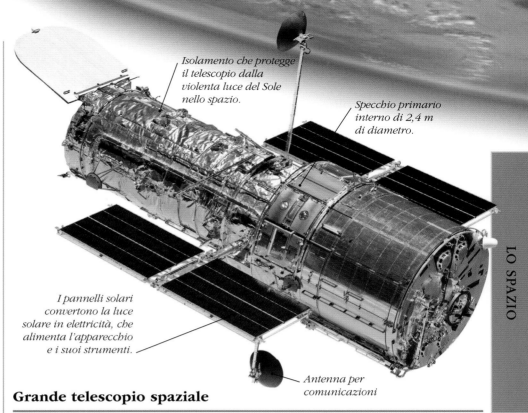

Isolamento che protegge il telescopio dalla violenta luce del Sole nello spazio.

Specchio primario interno di 2,4 m di diametro.

I pannelli solari convertono la luce solare in elettricità, che alimenta l'apparecchio e i suoi strumenti.

Antenna per comunicazioni

Grande telescopio spaziale

- **Che cosa è?** Telescopio spaziale Hubble
- **Chi?** NASA
- **Dove e quando?** Orbita terrestre bassa, lanciato nel 1990

Nel 1946, l'astrofisico americano Lyman Spitzer propose di mandare in orbita nello spazio un telescopio per evitare le distorsioni dell'atmosfera terrestre. Il telescopio spaziale Hubble, che permette una chiara visione dello spazio profondo, fu lanciato nel 1990. Così chiamato in onore dell'astronomo americano Edwin Hubble, ha inviato alcune delle foto più nitide di corpi celesti e ha scoperto le lune, prima sconosciute, del nostro sistema solare e galassie lontane ai margini dell'universo.

Telescopio futuro

- **Che cosa è?** Telescopio europeo estremamente grande (E-ELT)
- **Chi?** Osservatorio europeo australe
- **Dove e quando?** Cile, 2024 ca.

La prossima generazione di telescopi, attualmente in costruzione, sarà ancora più grande e potente. Il Telescopio europeo estremamente grande (E-ELT), che si trova nel deserto di Atacama, in Cile, userà una rete ad alveare di specchi le cui posizioni sono regolate da un computer. Il telescopio, del diametro di 39,3 m, raccoglierà una luce 100 milioni di volte maggiore di quella percepibile a occhio nudo. Gli astronomi riusciranno così a vedere pianeti che orbitano attorno ad altre stelle e a studiare le galassie più lontane.

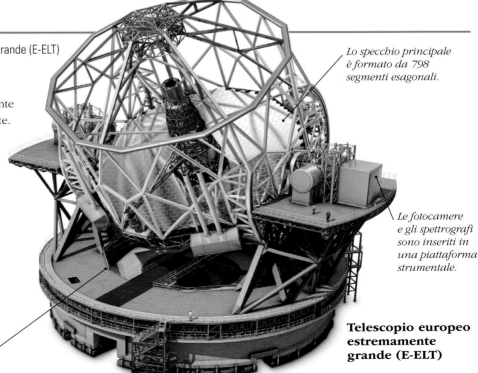

Lo specchio principale è formato da 798 segmenti esagonali.

Le fotocamere e gli spettrografi sono inseriti in una piattaforma strumentale.

La piattaforma principale sostiene il peso del telescopio e ruota a 360°.

Telescopio europeo estremamente grande (E-ELT)

OSSERVATORIO
DEL DESERTO DI ATACAMA

Gli osservatori più grandi del mondo sono "schieramenti" collegati di radiotelescopi, come l'Atacama Large Millimeter Array (ALMA), nel deserto di Atacama, in Cile. In essi si combinano i segnali di 66 radioantenne mobili, che rilevano le stesse osservazioni che farebbe un unico telescopio di 16 km di diametro.

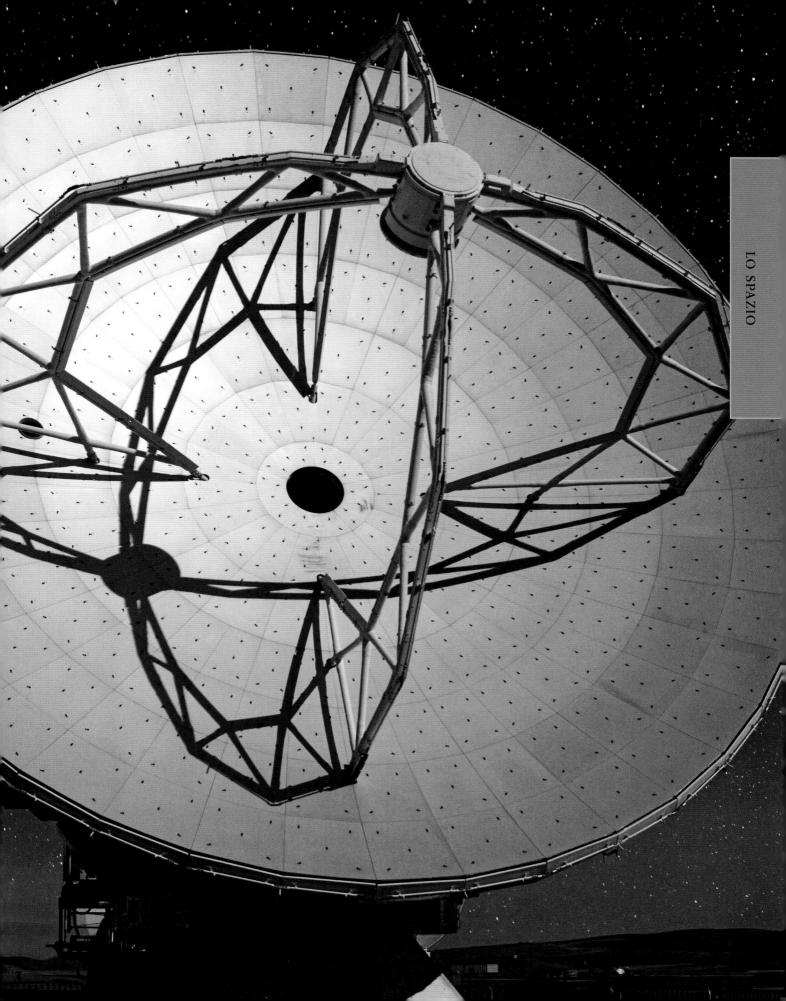

Galileo Galilei

Galileo Galilei, nato a Pisa nel 1564, è noto per aver dimostrato che i pianeti girano attorno al Sole e non alla Terra, ma fu anche un poliedrico scienziato e inventore. Studiò medicina all'università di Pisa, ma si dice che fu affascinato dalla fisica quando osservò il moto pendolare di un candeliere che oscillava.

ATTRAVERSO IL TELESCOPIO

Dopo aver saputo dell'invenzione del telescopio, nel 1609 circa Galileo ne costruì una versione molto migliorata. Con il suo "cannocchiale" osservò le fasi del pianeta Venere e i satelliti di Giove. Le osservazioni lo convinsero che il modello eliocentrico (con il Sole al centro) dell'universo, proposto dall'astronomo polacco Niccolò Copernico nel 1543, doveva essere giusto.

I grandi oggetti pesanti cadono più rapidamente di quelli piccoli e leggeri perché è maggiore il rapporto fra peso e superficie.

Schizzi della Luna di Galileo

ESPERIMENTI SULLA GRAVITÀ

Galileo studiò le proprietà degli oggetti che cadono comprendendo che, in assenza di resistenza dell'aria, corpi con masse diverse cadevano alla stessa velocità. Si dice che l'avesse dimostrato ai suoi allievi attorno al 1590, facendo cadere due oggetti di massa diversa dalla cima della torre di Pisa.

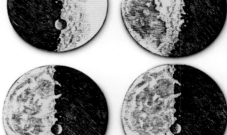

▶ **ITALIANO ECLETTICO**
Questo ritratto italiano di Galileo lo mostra con i suoi strumenti, fra cui un cannocchiale e un mappamondo celeste sul tavolo.

BIOGRAFIA

1564	1581 ca.	1592	1609
Galileo nasce a Pisa, da Vincenzo (noto musicista) e Giulia.	Studia medicina all'università di Pisa, ma anche matematica e filosofia naturale, e applica l'analisi matematica allo studio della fisica.	Galileo diventa professore di matematica a Padova. Inventa il termoscopio e il compasso di proporzione.	Costruisce i primi telescopi e li usa per osservare il cielo.

TERMOMETRI DI GALILEO

Nel 1600 circa, Galileo inventò il termoscopio. È uno strumento che misura la temperatura, basato sulla sua scoperta che i fluidi cambiano densità quando diventano più freddi o più caldi. I suoi successori ne usarono il principio per progettare un termometro, in cui sfere di vetro pesate galleggiavano o affondavano secondo la temperatura.

Ricostruzione di un termometro di Galileo

SCONTRO CON L'AUTORITÀ

La teoria eliocentrica galileiana lo mise in conflitto con la potente Chiesa cattolica, che sosteneva che la Terra fosse al centro di tutto, come diceva la Bibbia. Nei suoi ultimi anni, Galileo fu costretto a difendersi in un processo intentato contro di lui dall'Inquisizione. Fu giudicato colpevole di eresia e trascorse gli ultimi nove anni di vita agli arresti domiciliari, nella sua casa vicino a Firenze. Morì nel 1642. La Chiesa ha riconosciuto ufficialmente la sua innocenza soltanto nel 1992.

1610	1615	1633	1642
Galileo pubblica il *Sidereus Nuncius*, un libro che descrive le sue scoperte con il telescopio, dove sostiene il sistema eliocentrico copernicano piuttosto che quello geocentrico.	Nel processo della Santa inquisizione a Roma, gli viene ordinato di non insegnare più la teoria copernicana.	Dopo aver pubblicato il *Dialogo sopra i due massimi sistemi del mondo*, viene di nuovo accusato e condannato per eresia.	Muore vicino a Firenze. Nonostante negli ultimi quattro anni fosse diventato quasi cieco, continuò a scrivere e a inventare fino alla fine.

Satelliti

Un satellite è un oggetto naturale o artificiale in orbita attorno a un altro. Così come la Luna gira attorno alla Terra, molti satelliti artificiali vengono lanciati nello spazio per seguire una traiettoria lungo la quale si spostano ad alta velocità, ma sempre in percorsi più o meno circolari, trattenuti dalla gravità della Terra. Dagli anni '50 del 1900 hanno rivoluzionato molti aspetti della nostra vita quotidiana e migliorato la nostra conoscenza della Terra e dello spazio.

PRIMO SATELLITE

Anche se alcuni dei primi razzi, prima di ricadere sulla Terra, avevano raggiunto lo spazio, il primo oggetto a rimanere in orbita fu lo Sputnik 1, lanciato dalla Russia nell'ottobre 1957. Era una semplice sfera dotata di antenne e di un radiotrasmettitore a batteria, ma preannunciò l'inizio dell'era spaziale.

RAGGIUNGERE L'ORBITA

Per mandare in orbita un satellite fu necessario costruire nuovi razzi più potenti, come il missile R-7. Oggi satelliti meteorologici, come l'Insat 3, vengono lanciati da imponenti razzi vettori a più stadi: quelli più bassi li trasportano in un'orbita iniziale, il motore dello stadio superiore li spinge nella traiettoria finale.

Un rivestimento aerodinamico, detto "carenatura", viene calato sul satellite prima del lancio.

Carico del satellite Insat 3D, 2013

ANIMALI IN ORBITA

Alcuni dei primi satelliti portavano a bordo animali da esperimento. Lo Sputnik 2, lanciato nel 1957, trasportava la cagnetta Laika. Fu mandata nello spazio senza speranza che tornasse, mentre molti altri animali astronauti, indossando tute spaziali adeguate, sono ritornati. Fra loro vi sono due scimpanzé inviati nello spazio dalla NASA nel 1961.

ENERGIA AI SATELLITI

I primi satelliti funzionavano a batterie, che nello spazio gelido si esaurivano rapidamente e avevano quindi vita breve. Il secondo satellite americano, il Vanguard 1, fu lanciato nel 1958 per sperimentare l'uso di pannelli a energia solare. Oggi quasi tutti sfruttano questa fonte energetica.

L'"ala" solare è una combinazione di 3 pannelli solari di 7,1 mq, che generano una potenza di 2.300 watt.

La fotocamera raccoglie informazioni dall'alto sulla Terra: si parla di telerilevamento.

Satellite di telerilevamento Sentinel-2

Il Phonesat 2.5 della NASA usa componenti di smartphone alimentati da celle solari.

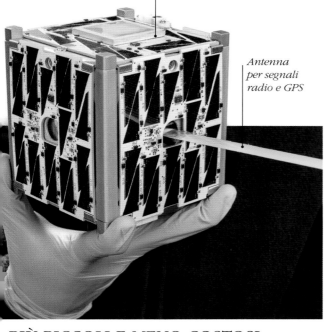

Antenna per segnali radio e GPS

PIÙ PICCOLI E MENO COSTOSI

I progressi dell'elettronica hanno reso più piccoli, economici e robusti i satelliti. I "cubesat" sono un tipo di satellite miniaturizzato, composti da unità standard inserite insieme, molto meno pesanti dei satelliti convenzionali, ma con molte delle loro qualità. Si costruiscono rapidamente e, essendo così piccoli, si possono lanciare con poca spesa, facendosi "dare un passaggio" dal lancio di un satellite più grande.

ORBITE DI SATELLITI

I satelliti seguono orbite diverse secondo la loro funzione. Quelli che stanno appena sopra l'atmosfera terrestre, come quelli per le comunicazioni (comsat) per i telefoni satellitari, usano un'orbita terrestre bassa (LEO), fra 200 e 2.000 km. Altri comsat usano orbite geostazionarie, cioè rimangono fissi sopra un punto sull'equatore, mentre alcuni specializzati usano orbite altamente ellittiche. I satelliti di osservazione della Terra usano orbite polari, che permettono vedute ravvicinate di grandi superfici del globo.

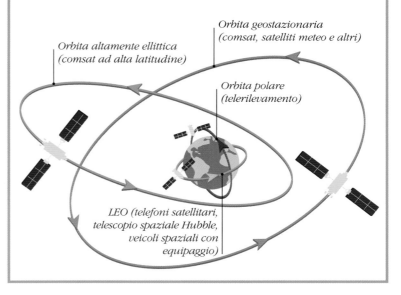

Orbita altamente ellittica (comsat ad alta latitudine)

Orbita geostazionaria (comsat, satelliti meteo e altri)

Orbita polare (telerilevamento)

LEO (telefoni satellitari, telescopio spaziale Hubble, veicoli spaziali con equipaggio)

La Terra vista dall'alto

Decine e decine di satelliti sorvegliano il nostro pianeta dalle loro orbite. Alcuni sono satelliti spia che fotografano il territorio nemico, altri satelliti meteorologici che forniscono accurate previsioni, o da telerilevamento, che usano tecnologie avanzate per rilevare dati geologici, topografici e cambiamenti climatici.

LANDSAT-1

Pochi ritenevano utile studiare la Terra dallo spazio, finché i primi astronauti non ne descrissero i minimi particolari a occhio nudo e le agenzie spaziali fecero ulteriori ricerche. Il primo satellite progettato per il telerilevamento terrestre fu il Landsat 1 della NASA. Lanciato nel 1972, usava un sistema fotografico e uno scanner multispettrale per studiare l'agricoltura, le foreste, le risorse minerali e l'acqua dei continenti.

WOW!

Nel 1967, i satelliti spia americani che controllavano i test nucleari scoprirono esplosioni di raggi gamma in galassie lontane miliardi di anni luce.

▼ **MONITORARE I GHIACCIAI**
I falsi colori e le immagini all'infrarosso mettono in rilievo il terreno privo di ghiaccio (rosso) attorno al ghiacciaio groenlandese Petermann (azzurro).

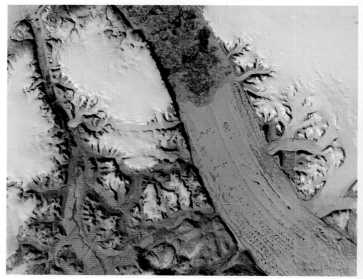

SPIE NEL CIELO

Dalla fine degli anni '50, i satelliti spia aprirono la strada al telerilevamento. Usavano macchine fotografiche con teleobiettivo per fotografare il territorio nemico e sganciavano bobine di film in capsule, poi paracadutate e recuperate a mezz'aria da aerei. Quando migliorò la qualità della tecnica digitale, le immagini si poterono spedire via radio.

IMMAGINI MULTISPETTRALI

Una delle forme più utili di telerilevamento consiste nel fotografare il territorio con filtri diversi: sono le immagini multispettrali. I colori vivaci del suolo a diverse lunghezze d'onda possono dare informazioni sulle condizioni del terreno e delle coltivazioni, o sulla distribuzione delle risorse minerali e dell'acqua nel sottosuolo.

OSSERVATORI DEL TEMPO

Il primo satellite meteorologico, il TIROS-1, fu lanciato nel 1960 mentre negli anni '70 furono inviati satelliti in orbite alte, dove potevano fotografare situazioni meteo su zone più ampie della Terra. Oggi gli strumenti di telerivelazione sorvegliano la velocità del vento, la temperatura e altre condizioni atmosferiche e oceaniche, valutando modelli su larga scala e cambiamenti del clima.

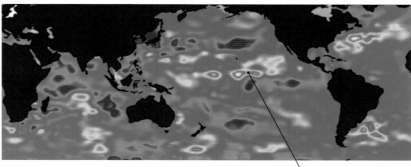

Mappa satellitare delle temperature oceaniche durante l'evento climatico El Niño del 2017

I falsi colori mostrano che le acque del Pacifico centrale sono più calde del solito.

▼ RADAR COMPOSTO
I satelliti radar sono utili per rilevare dettagli di condizioni climatiche in zone inaccessibili, come questi vulcani russi.

Un codice cromatico mostra l'altezza dei picchi: i più bassi sono verdi, poi gialli, rossi, e da rosa a bianchi i più alti.

RILEVAZIONE RADAR

I moderni satelliti radar rilevano la superficie terrestre con grande precisione sparando fasci di onde radio e misurando le onde riflesse. Il tempo necessario ai segnali per tornare indica la distanza della superficie riflettente, mentre cambiamenti delle onde riflesse mostrano altri dettagli, come la tessitura della superficie e la composizione minerale. La missione TanDEM-X, dell'agenzia spaziale tedesca, ha usato due satelliti per disegnare la più dettagliata mappa tridimensionale della Terra.

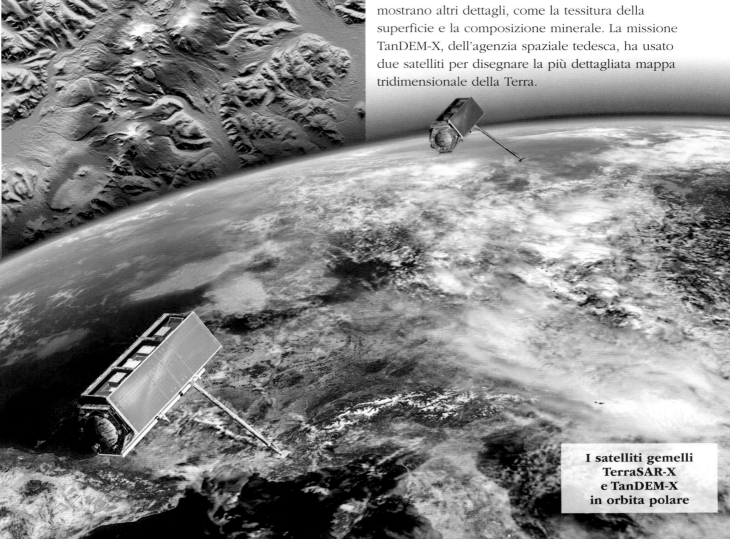

I satelliti gemelli TerraSAR-X e TanDEM-X in orbita polare

Comunicazione

Le due applicazioni più comuni della tecnologia satellitare riguardano le telecomunicazioni e la navigazione. La posizione dei satelliti sopra la Terra è ideale per inviare e ricevere segnali radio fra regioni molto distanti. Inoltre, i segnali di una rete di satelliti permettono ai sistemi di navigazione di localizzare una posizione e di mostrare la strada migliore per arrivare a destinazione.

SEGNALI RADIO CHE RIMBALZANO

Il modo più semplice per comunicare via satellite è usare un riflettore che fa rimbalzare sulla Terra un fascio di onde radio. Il satellite Echo 1A della NASA, del 1960, ha sperimentato per primo questo principio. Era un enorme pallone metallico in orbita fino a 1.600 km di altezza e faceva rimbalzare i segnali radio su di sé.

La massa totale del satellite è solo di 180 kg.

Il satellite gonfio ha un diametro di 30,4 m.

Le antenne curve ricevono ordini dalla Terra per il satellite.

Le celle fotovoltaiche generano 14 watt di energia, meno di una lampadina, ma abbastanza per far funzionare il satellite.

Le antenne equatoriali trasmettono segnali e mantengono in vista la Terra mentre il satellite ruota.

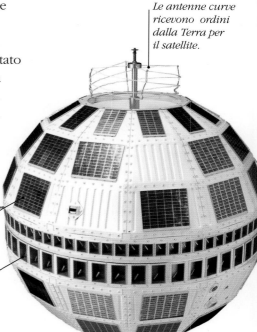

NAVIGAZIONE SATELLITARE

Gli scienziati capirono subito che i segnali radio dei satelliti in orbita potevano essere usati per localizzare punti della Terra. Un primo test fu il sistema TRANSIT della marina militare americana, lanciato nel 1960. Usava 5 satelliti separati in orbite basse che, una volta all'ora, fornivano a chi riceveva i segnali la posizione di una nave o sottomarino.

Pannelli solari

Antenna

Satellite Transit 5, elemento del primo sistema di navigazione satellitare

SATELLITE PER COMUNICAZIONI

I satelliti per comunicazioni attivi hanno a bordo componenti elettronici per ricevere segnali da un'antenna sulla Terra e trasmetterli a un'altra. Il Telstar 1 fu il primo di questi "comsat" a essere lanciato. Nel giugno 1962 entrò in un'orbita bassa, a poche centinaia di chilometri dalla Terra, e trasmise il primo programma televisivo attraverso l'oceano Atlantico.

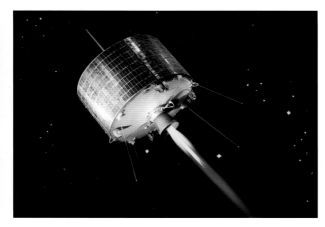

SYNCOM

Nel 1945, lo scrittore di fantascienza Arthur C. Clarke capì che i satelliti in orbite "geostazionarie" alte avrebbero potuto trasmettere segnali di comunicazione globale. Si sarebbero potuti disporre in un punto fisso sopra l'equatore e, senza bisogno di essere seguiti, le antenne avrebbero potuto far rimbalzare i segnali su un'ampia zona. Il primo satellite a mettere in pratica l'idea di Clarke fu il Syncom 3, che trasmise in tutto il mondo le Olimpiadi di Tokyo del 1964.

COME FUNZIONA IL GPS

Il sistema di posizionamento globale (GPS) e sistemi di navigazione simili si affidano a una rete di satelliti in orbite note. Ciascuno trasporta un orologio atomico e trasmette in continuazione un segnale temporale. Un ricevitore computerizzato misura quanto impiega il segnale per arrivare da satelliti diversi, usando l'informazione per calcolare la distanza fra sé e ognuno dei satelliti. L'insieme delle misurazioni identifica la posizione esatta del ricevitore.

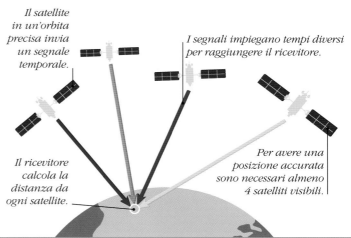

Il satellite in un'orbita precisa invia un segnale temporale.

I segnali impiegano tempi diversi per raggiungere il ricevitore.

Il ricevitore calcola la distanza da ogni satellite.

Per avere una posizione accurata sono necessari almeno 4 satelliti visibili.

TELEFONATE ALL'ORBITA

Gran parte delle telefonate internazionali passa sotto il mare in cavi di fibra ottica. Si evitano così i ritardi di trasmissione di segnali a lunga distanza attraverso stazioni terrestri che ricevono da comsat in orbita alta. Che succede, però, se si è in un posto remoto senza connessione con rete mobile o fissa? I telefoni satellitari inviano segnali direttamente a un satellite in orbita bassa, garantendo quasi ovunque una buona comunicazione. Negli anni '80 del 1900, furono progettati per le navi dall'organizzazione Inmarsat.

L'antenna esterna amplifica il segnale.

WOW!

I ricevitori di navigazione GPS identificano la posizione con un errore di 5 m. Il sistema europeo Galileo ha un errore di qualche centimetro!

▶ **PALMARE SATELLITARE**
Oggi i telefoni satellitari sono molto usati da esploratori e soccorritori in zone isolate.

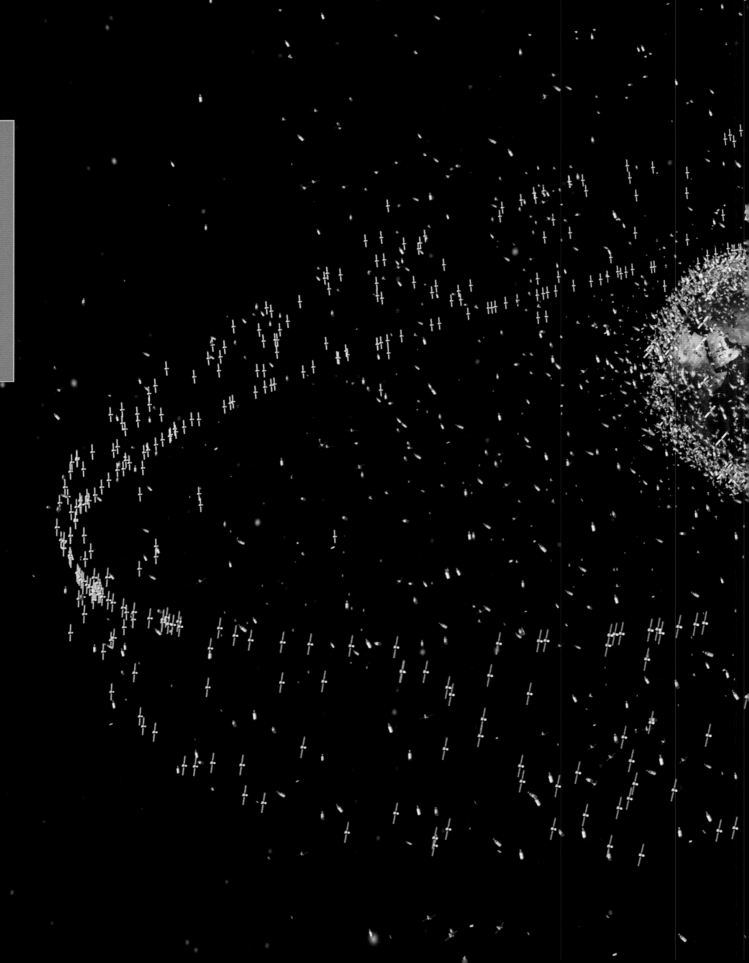

ROTTAMI SPAZIALI

Le orbite attorno alla Terra si sono riempite di spazzatura
spaziale: da vecchi stadi di razzi a minuscoli frammenti
di vernice. I detriti, viaggiando ad alta velocità,
costituiscono un serio pericolo per nuovi satelliti
e navicelle spaziali, per cui gli ingegneri stanno cercando
un modo per rimuovere questa accozzaglia prima che
diventi troppo rischioso esplorare lo spazio.

Razzi vettori

Un razzo è un apparecchio a propulsione che funziona secondo il principio di azione e reazione. Brucia combustibile per creare gas che si espandono. I gas che fuoriescono da un'estremità spingono avanti il razzo, nella direzione opposta. I primi furono usati nel XIII secolo dai Cinesi come fuochi d'artificio; quelli attuali producono abbastanza spinta da lanciare in orbita satelliti e navicelle spaziali.

PIONIERE DELLA MISSILISTICA

L'insegnante russo Konstantin Tsiolkovskij teorizzò la missilistica del XX secolo in una serie di libri e di articoli scientifici. Fu il primo a proporre di usare combustibile liquido per dare maggiore spinta e di costruire razzi a più stadi. Realizzò modelli per dimostrare le proprie idee, ma non riuscì mai a metterle in pratica.

Un'intelaiatura di tubi sostiene il motore del razzo che sta in alto

Serbatoio di combustibile con cono di protezione

RAZZO A PROPELLENTE LIQUIDO

I motori a combustione a vapore e interna bruciano combustibili con ossigeno atmosferico, ma i pionieri dell'inizio del XX secolo scoprirono propellenti liquidi che si potevano mescolare con un "ossidatore" chimico separato, per accendersi oltre l'atmosfera terrestre e generare ancora più spinta. L'ingegnere americano Robert Goddard sperimentò il primo razzo a propellente liquido nel 1926.

Robert Goddard lancia il primo razzo a propellente liquido, 1926

WOW!

Il primo oggetto inviato nello spazio da un razzo fu un piccolo missile, lanciato nel 1949 da ingegneri americani dalla cima di un razzo V-2 adattato.

CORSA ALLO SPAZIO

Dopo la Seconda guerra mondiale, l'Unione Sovietica e gli Stati Uniti gareggiarono fra loro per produrre potenti missili balistici intercontinentali (che trasportavano in alto armi per poi lasciarle cadere sulla Terra). Gli scienziati spaziali di entrambe le parti si resero conto che avrebbero potuto usarli anche a scopi pacifici, per inviare satelliti nello spazio. Il primo, lo Sputnik 1, fu lanciato nel 1957 da un missile russo R-7, il *Semyorka*. Iniziò così la "corsa allo spazio", durata quasi vent'anni.

Razzo R-7 che trasporta lo Sputnik 1, 1957

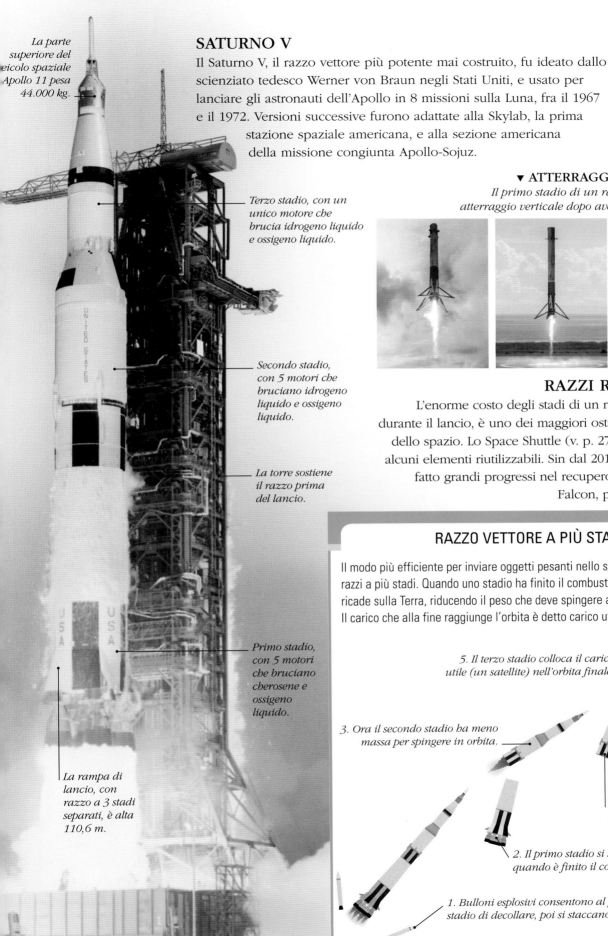

La parte superiore del veicolo spaziale Apollo 11 pesa 44.000 kg.

SATURNO V

Il Saturno V, il razzo vettore più potente mai costruito, fu ideato dallo scienziato tedesco Werner von Braun negli Stati Uniti, e usato per lanciare gli astronauti dell'Apollo in 8 missioni sulla Luna, fra il 1967 e il 1972. Versioni successive furono adattate alla Skylab, la prima stazione spaziale americana, e alla sezione americana della missione congiunta Apollo-Sojuz.

Terzo stadio, con un unico motore che brucia idrogeno liquido e ossigeno liquido.

Secondo stadio, con 5 motori che bruciano idrogeno liquido e ossigeno liquido.

La torre sostiene il razzo prima del lancio.

Primo stadio, con 5 motori che bruciano cherosene e ossigeno liquido.

La rampa di lancio, con razzo a 3 stadi separati, è alta 110,6 m.

▼ ATTERRAGGIO DEL FALCON 9
Il primo stadio di un razzo SpaceX esegue un atterraggio verticale dopo aver lanciato un satellite.

RAZZI RIUTILIZZABILI

L'enorme costo degli stadi di un razzo, distrutti o persi durante il lancio, è uno dei maggiori ostacoli all'esplorazione dello spazio. Lo Space Shuttle (v. p. 273) della NASA aveva alcuni elementi riutilizzabili. Sin dal 2016, la ditta SpaceX ha fatto grandi progressi nel recupero degli stadi dei razzi Falcon, per le missioni future.

RAZZO VETTORE A PIÙ STADI

Il modo più efficiente per inviare oggetti pesanti nello spazio è lanciare razzi a più stadi. Quando uno stadio ha finito il combustibile, si stacca e ricade sulla Terra, riducendo il peso che deve spingere avanti il razzo rimasto. Il carico che alla fine raggiunge l'orbita è detto carico utile del razzo.

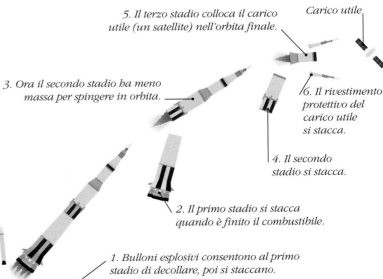

5. Il terzo stadio colloca il carico utile (un satellite) nell'orbita finale.

Carico utile

3. Ora il secondo stadio ha meno massa per spingere in orbita.

6. Il rivestimento protettivo del carico utile si stacca.

4. Il secondo stadio si stacca.

2. Il primo stadio si stacca quando è finito il combustibile.

1. Bulloni esplosivi consentono al primo stadio di decollare, poi si staccano.

Competizione spaziale

I razzi hanno forme e aspetti diversi: dai fuochi d'artificio, alle armi, ai missili a lungo raggio. I razzi più grandi e potenti sono però quelli usati per lanciare in orbita, e oltre, satelliti e velivoli spaziali con equipaggio. Sebbene i primi esperimenti con i razzi a propellente liquido fossero stati fatti negli anni '20 del 1900, il volo nello spazio diventò realtà solo grazie all'interesse militare.

Missili balistici

- **Che cosa è?** Missile V-2
- **Chi?** Werner von Braun
- **Dove e quando?** Germania, 1942

Negli anni '30 del 1900, lo sviluppo dei missili era limitato all'ingegneria dilettantistica. In Germania, invece, il partito nazista ne ordinò la costruzione a un team guidato da Werner von Braun. Il risultato fu il missile V-2 a lungo raggio. Aveva sistemi di manovra e guida molto avanzati e, nel 1942, divenne il primo oggetto artificiale a entrare nello spazio. Fu però anche una micidiale arma di guerra, responsabile di circa 9.000 morti nella Seconda guerra mondiale.

Lancio del satellite Explorer su Juno 1

Lanciatori di satelliti

- **Che cosa è?** Juno I
- **Chi?** Werner von Braun
- **Dove e quando?** USA, 1958

Dopo il lancio in orbita dello Sputnik 1 sovietico nel 1957, gli scienziati americani videro esplodere i loro razzi Vanguard, rimanendo demoralizzati. Per riprendersi, si rivolsero a Werner von Braun, che era andato a lavorare per l'esercito americano. Nel giro di un mese, il suo team lanciò il satellite Explorer 1 su un missile adattato a razzo a 4 stadi: lo Juno 1.

Cavallo da tiro spaziale

- **Che cosa è?** Razzo Sojuz
- **Chi?** Agenzia di progettazione OKB-1
- **Dove e quando?** URSS, 1966

Il razzo che ha finora avuto più successo è il Sojuz. È stato usato dal 1966 per lanci con e senza equipaggio e ha volato oltre 1.700 volte, con relativamente pochi fallimenti. Dopo il ritiro dello Space Shuttle, il Sojuz è stato l'unico modo di inviare astronauti alla Stazione spaziale internazionale.

▶ **SOJUZ TMA-15**
Questo razzo Sojuz, partito nel 2009, ha portato tre astronauti alla Stazione spaziale internazionale per un periodo di 6 mesi di soggiorno nello spazio.

Lo stadio inferiore è formato da 4 razzi vettori riuniti attorno al razzo centrale.

FATTI IN BREVE

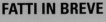

- Il primo volo del razzo a propulsione liquida di Robert Goddard durò circa 20 secondi, raggiungendo un'altezza di 12,5 m.
- Il primo stadio di un Saturn V brucia 2,1 milioni di kg di combustibile in soli 161 secondi, spingendo il razzo a 9.920 km/h.
- I propulsori ionici usano il combustibile in modo 10 volte più efficiente dei razzi chimici, quindi ne serve molto meno per sollevare dal suolo il razzo e per entrare in orbita.

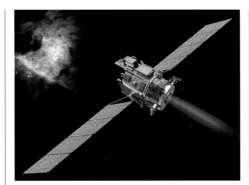

Propulsori ionici

- **Che cosa è?** Deep Space 1
- **Chi?** NASA
- **Dove e quando?** USA, 1998

Per generare spinta e superare la gravità, gran parte dei razzi brucia combustibile in modo esplosivo. I propulsori ionici usano l'elettricità di celle solari per emettere una corrente di particelle cariche (ioni). La spinta di un propulsore ionico è minima, ma poiché dura mesi invece che secondi, può raggiungere un'enorme velocità. La NASA sperimentò per la prima volta la propulsione ionica nella sonda spaziale robotica Deep Space 1.

Razzi del futuro

- **Che cosa è?** SLS "Block 1"
- **Chi?** NASA
- **Dove e quando?** USA, 2019 (previsto)

Dopo la decisione del 2011 di ritirare lo Space Shuttle, la NASA sta lavorando sul razzo più potente di tutti i tempi. Lo Space Launch System (SLS) dovrebbe aprire la strada a nuove missioni con equipaggio sulla Luna, Marte e oltre. Anche aziende commerciali, come SpaceX e Blue Origin, hanno piani ambiziosi.

L'SLS sarà più alto della statua della libertà, e produrrà una spinta 30 volte maggiore di un jet 747.

Illustrazione dello Space Launch System in volo

Aerorazzo

- **Che cosa è?** SpaceShipOne
- **Chi?** Burt Rutan, Scaled Composites LLC
- **Dove e quando?** USA, 2004

Sin dagli anni '50 del 1900, piccoli aerorazzi vengono trasportati ad alta quota da altri velivoli. Lo SpaceShipOne, dell'ingegnere americano Burt Rutan, fu il primo aerorazzo privato con equipaggio. Il design delle ali, adottato dalla Virgin Galactic, gli permette di ritornare sulla Terra galleggiando lentamente, senza entrare in orbita.

Lo SpaceShipOne trainato da un aereo a 2 fusoliere.

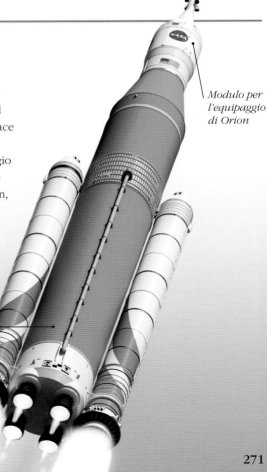

Modulo per l'equipaggio di Orion

Voli spaziali con equipaggio

La sfida non è solo portare uomini nello spazio, ma farli tornare sani e salvi. Le navicelle con equipaggio sono più pesanti e complesse dei satelliti, poiché trasportano attrezzature per mantenere in vita gli astronauti per tutta la durata della missione e proteggerli dal volo di ritorno.

WOW!

Gli equipaggi della Gemini 6A e della Gemini 7, manovrando le navicelle in orbita, si accostarono a 30 cm di distanza.

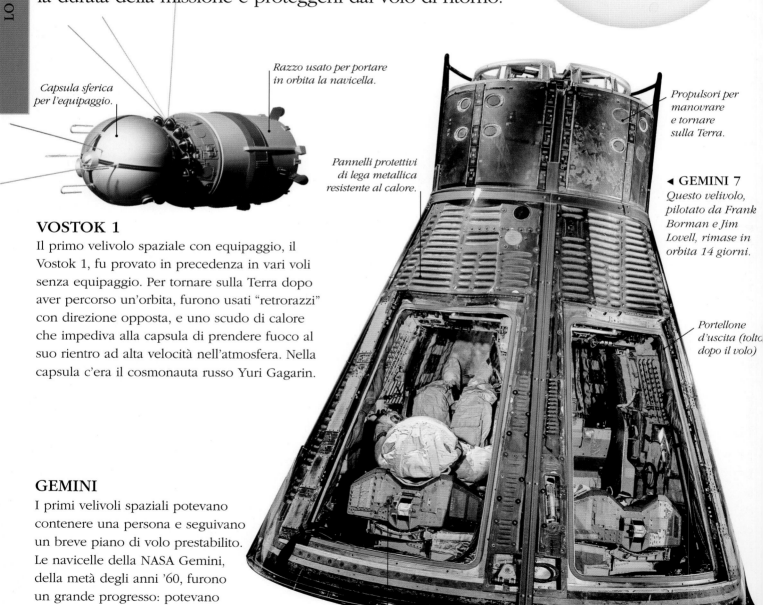

Razzo usato per portare in orbita la navicella.

Capsula sferica per l'equipaggio.

Propulsori per manovrare e tornare sulla Terra.

Pannelli protettivi di lega metallica resistente al calore.

◄ **GEMINI 7**
Questo velivolo, pilotato da Frank Borman e Jim Lovell, rimase in orbita 14 giorni.

Portellone d'uscita (tolto dopo il volo)

VOSTOK 1

Il primo velivolo spaziale con equipaggio, il Vostok 1, fu provato in precedenza in vari voli senza equipaggio. Per tornare sulla Terra dopo aver percorso un'orbita, furono usati "retrorazzi" con direzione opposta, e uno scudo di calore che impediva alla capsula di prendere fuoco al suo rientro ad alta velocità nell'atmosfera. Nella capsula c'era il cosmonauta russo Yuri Gagarin.

GEMINI

I primi velivoli spaziali potevano contenere una persona e seguivano un breve piano di volo prestabilito. Le navicelle della NASA Gemini, della metà degli anni '60, furono un grande progresso: potevano trasportare 2 astronauti in missioni di 2 settimane, regolando l'orbita con un sistema di piccoli razzi direzionali.

Sedili eiettabili d'emergenza

272

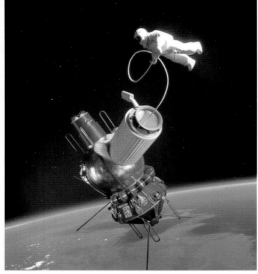

Immagine della prima passeggiata spaziale di Leonov

PASSEGGIATA SPAZIALE

I primi astronauti indossavano tute e caschi per le emergenze, ma non dovevano lasciare la capsula. Nel maggio 1965, il cosmonauta Alexej Leonov della Voskhod 2 indossò una tuta speciale per fare una prima passeggiata nello spazio. Pochi mesi dopo, l'astronauta americano Ed White lo imitò, muovendosi con un propulsore personale simile a una pistola.

◄ LANCIO DELLO SPACE SHUTTLE ATLANTIS IN MISSIONE STS-129
L'Atlantis, uno dei 5 Space Shuttle operativi, eseguì 33 missioni compresa questa, nel 2009, alla Stazione spaziale internazionale.

SPAZIOPLANO IN ORBITA

Lo Space Shuttle, utilizzato dalla NASA dal 1981 al 2011, aveva un diverso approccio al volo nello spazio. Equipaggi fino a 7 persone occupavano un velivolo in orbita simile a un aereo, con una grande cabina e un carico. Durante il lancio, i suoi motori sfruttavano il combustibile contenuto in un enorme serbatoio. Quando raggiungeva l'orbita, il serbatoio si staccava e il velivolo continuava il suo viaggio. Alla fine della missione, planava sulla Terra come un gigantesco aeroplanino di carta e poteva essere usato per altre missioni.

Il modulo per l'equipaggio ha un diametro di 5 m ed è lungo 3 m.

Impronta del piede di Buzz Aldrin sulla Luna, fotografata nella missione Apollo 11

Capsula Orion

I pannelli solari forniscono energia durante la missione.

MISSIONE SULLA LUNA

Le missioni Apollo sulla Luna, della fine degli anni '60, furono portate a termine con una complessa navicella in 3 parti. Un modulo di comando orbitante che trasportava 3 astronauti era collegato a un modulo di servizio con rifornimenti per missioni fino a 12 giorni, mentre un modulo lunare portava 2 degli astronauti dal modulo di comando alla superficie della Luna, e viceversa. Nel luglio 1969, Neil Armstrong e Buzz Aldrin, dell'Apollo 11, furono i primi uomini a mettere piede sulla Luna.

MISSIONI FUTURE

La navicella spaziale della NASA Orion, programmata per il 2020, è simile all'Apollo, con un modulo conico per l'equipaggio collegato a uno cilindrico per i servizi. Orion è però molto più grande, e il modulo per l'equipaggio potrà essere riutilizzato in altre 4-6 missioni per un massimo di 6 mesi ciascuna. Esplorerà Marte e gli asteroidi, condurrà esperimenti e presterà servizio alla Stazione spaziale internazionale.

Missioni umane

Negli ultimi 60 anni, l'idea del volo spaziale umano è passata dall'essere una cosa inimmaginabile a quasi una routine (per quanto rischiosa). Finora nello spazio hanno volato 550 persone: la maggior parte sugli Space Shuttle americani e sulle Sojuz russe. Pare che nel futuro ci aspettino brevi viaggi turistici nello spazio.

Il primo uomo nello spazio

- **Che cosa è?** Vostok 1
- **Chi?** Yuri Gagarin
- **Dove e quando?** URSS, 1961

Fino agli anni '50 del 1900, nessuno sapeva quali effetti potesse avere il volo nello spazio sull'essere umano. Prima di rischiare con un astronauta, l'Unione Sovietica dovette dimostrare che era possibile sopravvivere lanciando varie navicelle con cani a bordo. Il primo volo da record di Yuri Gagarin si limitò a un'unica orbita della Terra e durò 108 minuti. Nel 1963, la prima donna nello spazio, Valentina Tereshkova, compì 48 orbite con una Vostok 6, per oltre 70 ore.

Americani in orbita

- **Che cosa è?** Programma Mercury
- **Chi?** 7 astronauti americani (6 dei quali volarono in missioni Mercury)
- **Dove e quando?** USA, 1958-1963

Il programma Mercury della NASA, ostacolato da razzi meno potenti, rimase indietro rispetto a quello sovietico. Il primo americano, Alan Shepard, nel maggio 1961, riuscì solo a "fare un salto" nello spazio, poi perse l'orbita. Nel febbraio 1962, il razzo Atlas portò in orbita John Glenn sulla capsula Mercury Friendship 7.

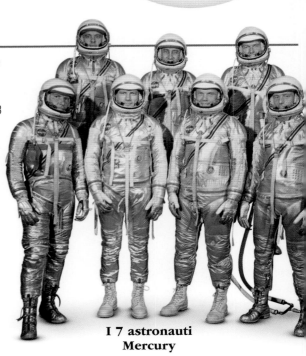

I 7 astronauti Mercury

Una capsula Sojuz agganciata alla Stazione spaziale internazionale, 2005

Moduli Sojuz

- **Che cosa è?** Navicella spaziale Sojuz
- **Chi?** Studio di progettazione OKB-1/Energia Corp.
- **Dove e quando?** URSS, dal 1967 a oggi

La navicella Sojuz, lanciata per la prima volta nel 1967 (in una disastrosa missione in cui morì il pilota), fu comunque un grande progresso. Era la prima con 3 moduli, comprese capsule specializzate per lavorare in orbita e tornare sulla Terra. Grazie ai numerosi miglioramenti, per il programma spaziale russo fu fondamentale.

Esplorare la Luna

- **Che cosa è?** Programma Apollo
- **Chi?** NASA
- **Dove e quando?** USA, 1968-1972

Nel luglio 1969, l'Apollo 11 fu la prima delle 8 storiche missioni che portarono gli astronauti sulla Luna. L'allunaggio dell'Apollo fu molto impegnativo per la NASA. I 12 astronauti che camminarono sulla Luna indossavano tute speciali studiate per fornire ossigeno, proteggerli dai pericoli della superficie lunare e permettere loro di sistemare strumenti scientifici e raccogliere campioni di rocce. Le successive missioni si arricchirono dei Rover lunari (LRV), per esplorare una zona più ampia.

Stretta di mano storica

- **Che cosa è?** Programma sperimentale Apollo-Sojuz
- **Chi?** Apollo-Sojuz 19
- **Dove e quando?** USA/URSS, 1975

Nel giugno 1975, i velivoli Apollo e Sojuz si incontrarono in orbita, usando uno speciale modulo di aggancio per collegare i due sistemi, incompatibili. Fu la fine della corsa allo spazio fra Stati Uniti e Unione Sovietica, ma solo negli anni '90 gli incontri fra lo Space Shuttle e la stazione spaziale Mir divennero regolari.

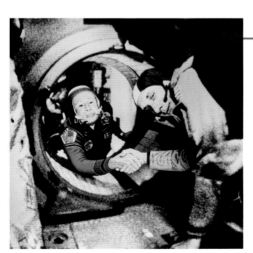

I comandanti delle navicelle Apollo e Sojuz si stringono la mano nello spazio

Il primo turista spaziale

- **Che cosa è?** Missione ISS EP-1
- **Chi?** Dennis Tito
- **Dove e quando?** URSS, 2001

L'agenzia spaziale russa, rimasta senza fondi alla fine degli anni '90, si offrì di portare in orbita passeggeri paganti. Il primo, il milionario americano Dennis Tito, visitò la Stazione spaziale internazionale nel 2001. Negli anni 2000 molti altri turisti fecero l'esperienza; attualmente, l'ampliamento di questo genere di turismo è in mano a promoter commerciali.

Dennis Tito (al centro)

Stazioni spaziali

Le stazioni spaziali permettono agli astronauti di vivere e lavorare in orbita per lunghi periodi. Quelli che erano semplici laboratori adattati dentro rivestimenti di razzi sono diventati comunità permanenti di scienziati che svolgono esperimenti, lavorano materiali, osservano la Terra e studiano gli effetti sul corpo umano dei voli spaziali di lunga durata.

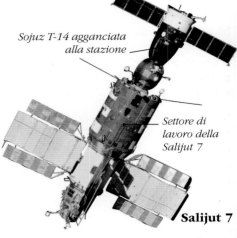

Sojuz T-14 agganciata alla stazione

Settore di lavoro della Salijut 7

Salijut 7

Salijut di seconda generazione

- ■ **Che cosa è?** Salijut 6 e 7
- ■ **Chi?** Agenzia spaziale sovietica
- ■ **Dove e quando?** URSS, 1982-1991

Le stazioni spaziali Salijut 6 e 7 avevano due porte di aggancio alle estremità, che permettevano ai nuovi equipaggi di sbarcare e ai vecchi di ripartire. Inoltre, la Salijut 7 sperimentò un modulo supplementare a cui era collegato in permanenza un rimorchiatore spaziale senza equipaggio.

Salijut 1

- ■ **Che cosa è?** Salijut 1
- ■ **Chi?** Agenzia spaziale sovietica
- ■ **Dove e quando?** URSS, 1971

La prima stazione spaziale, la Salijut 1, fu lanciata dall'Unione Sovietica nel 1971. Era un semplice laboratorio cilindrico, con una piattaforma di aggancio per una Sojuz; nel giugno 1971 fu abitata per 23 giorni dai 3 membri dell'equipaggio della Sojuz 11. Fu il volo spaziale più lungo fino ad allora. La stazione fu poi abbandonata dopo un incidente quando, durante il viaggio di ritorno sulla Terra, morirono gli astronauti della Sojuz 11.

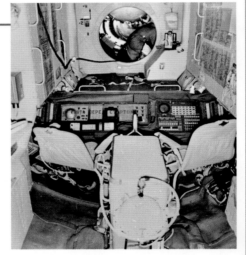

Interno della stazione spaziale Salijut 1

Skylab

- ■ **Che cosa è?** Skylab
- ■ **Chi?** NASA
- ■ **Dove e quando?** USA, con equipaggio, 1973-1974

La Skylab, prima stazione spaziale americana, fu costruita dentro uno stadio vuoto del razzo Saturn, e in 9 mesi di attività ospitò 3 equipaggi. Portava un telescopio ultravioletto per osservare il Sole, e moduli con attrezzatura per eseguire esperimenti di biologia e di chimica in assenza di peso.

Supporto del telescopio

Pannello solare

Skylab

Stazione spaziale modulare

- **Che cosa è?** Mir
- **Chi?** Energia
- **Dove e quando?** URSS, 1986-2001

La stazione russa Mir fu un notevole passo avanti: fu costruita in orbita, "agganciando" numerose singole unità. Il nucleo fu lanciato a febbraio del 1986, seguito da moduli per la ricerca scientifica e per la produzione di energia, oltre a un nuovo punto di ormeggio per lo Space Shuttle della NASA. Nel 1995, Valerij Polijakov rimase a bordo della Mir per 437 giorni, il record di permanenza nello spazio.

Modulo centrale con altri 5 collegati

Stazione spaziale Mir vista dallo Space Shuttle Endeavour

Moduli gonfiabili

- **Che cosa è?** BEAM
- **Chi?** Bigelow Aerospace
- **Dove e quando?** USA, 2016

Il Bigelow Expandable Activity Module (BEAM) è un habitat gonfiabile leggero che fu collegato alla Stazione spaziale internazionale nel 2016. Mantiene la forma grazie alla pressione interna dell'aria. Si stanno ora sperimentando le condizioni interne, e si spera che il BEAM possa aprire la strada ad altri moduli gonfiabili.

La Stazione spaziale internazionale

- **Che cosa è?** Stazione spaziale internazionale
- **Chi?** NASA, Roskosmos, ESA
- **Dove e quando?** Internazionale, lanciata nel 1998

La Stazione spaziale internazionale (ISS), costruita in segmenti sin dal 1998 e abitata dal 2000, è un'ambiziosa collaborazione fra Stati Uniti, Russia, Europa, Brasile, Giappone e altri Paesi. Completata nel 2011, dovrebbe rimanere in funzione fino al 2028.

Pannelli solari

▼ MODULI DELL'ISS
Il tipico equipaggio di 6 astronauti della Stazione spaziale internazionale vive e lavora in una serie di moduli collegati grande come un Boeing 747.

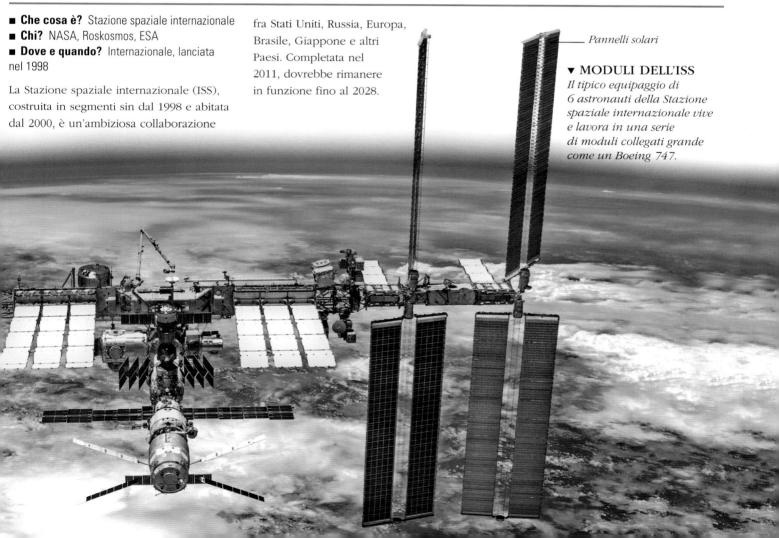

Zaino contenente
i sistemi di
supporto vitale.

Casco a pressione
con visiera
protettiva.

Guanti
fissati alla
tuta ai polsi.

Indumento
principale in
2 parti unite
in vita.

Materiale bianco
che riflette la luce
solare e il calore.

Tessuti a strati che
assorbono aria e
proteggono.

Comandi per i sistemi
di supporto vitale.

Vivere nello spazio

Mantenere sani e in forma gli astronauti che
effettuano voli spaziali sempre più lunghi
è un grosso impegno e richiede molta
inventiva. Non solo devono vivere e lavorare
in ambienti ristretti, ma vanno protetti quando
lasciano la navicella spaziale.

TUTA SPAZIALE

I primi astronauti indossavano
tute protettive per tutta la
missione. A metà degli anni
'60, miglioramenti in fatto di
sicurezza e velivoli più spaziosi
permisero loro di vestirsi in modo
più comodo. Negli anni '90,
le tute indossate dagli astronauti
della NASA per lavorare fuori
dallo Space Shuttle (sinistra) erano
diventate vere e proprie navicelle
personali.

WOW!

Tutte le acque reflue
dell'ISS sono riciclate dopo
essere passate attraverso
filtri e reazioni chimiche.
Alla fine, sono più pulite
dell'acqua potabile
terrestre.

L'astronauta Cady Coleman
si lava i capelli con uno
shampoo a risparmio d'acqua.

MANTENERSI PULITI

Nello spazio l'igiene personale può
essere un problema: l'acqua è preziosa
e non va sprecata e, se si spruzza, si
formano goccioline senza peso che
interferiscono con i delicati strumenti
elettronici di bordo. Al posto delle
docce, gli astronauti usano piccole
sacche di sapone liquido, acqua
e shampoo senza risciacquo.

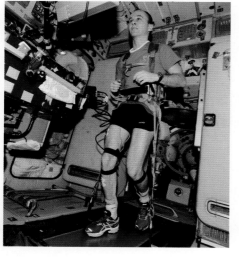

MANTENERSI IN FORMA

Poiché le missioni si sono
allungate da giorni a mesi,
è importante che gli astronauti
si mantengano in forma per il
rientro sulla Terra. Le condizioni
di mancanza di peso in assenza
di gravità indeboliscono muscoli
e ossa, perciò gli astronauti
assumono integratori e si
allenano regolarmente, spesso
usando elastici per riprodurre
la forza di gravità.

L'astronauta
**Sunita Williams
mangia pollo
con riso a bordo
della ISS**

FAR CRESCERE PIANTE

Le lunghe missioni in orbita devono essere autosufficienti, quindi le agenzie spaziali stanno sperimentando come l'esposizione a condizioni spaziali possa influire sulle piante e sui semi. Colture in acqua e nutrienti (idroponiche) o su terreno di altri pianeti potrebbero un giorno fornire cibo e aria pulita alla stazione.

I semenzali crescono bene nello spazio, anche con pochissima gravità.

**L'astronauta T.J. Creamer si prende cura
di piantine di alberi nell'ISS**

PRANZARE

Il cibo arriva all'ISS su un velivolo spaziale da carico senza equipaggio, di solito in confezioni sigillate, reidratate con valvole d'acqua nel modulo di servizio della stazione. Per ovvie ragioni di sicurezza, i forni che riscaldano il cibo inscatolato o confezionato sono a bassa temperatura.

VITA SU MARTE

I futuri esploratori di Marte affronteranno problemi unici, e sulla Terra gli ingegneri stanno già sperimentando soluzioni. Per lavorare nell'atmosfera marziana, avranno bisogno di tute leggere e flessibili. Inoltre, si dovranno proteggere dalle pericolose radiazioni, forse vivendo e lavorando sottoterra.

FATTI IN BREVE

■ L'allineamento dei pianeti che orbitano attorno al Sole cambia, e ciò significa che le missioni su Marte con equipaggio prima che la Terra sia abbastanza vicina per potervi fare ritorno dovranno aspettare circa 3 anni.

■ Negli anni '90, sulla stazione spaziale Mir i cosmonauti russi hanno battuto numerosi record di permanenza nello spazio.

▲ **SIMULAZIONE DELLA VITA SU MARTE**
*Nel deserto dello Utah, ricercatori americani indossano
prototipi di tute spaziali per una futura missione
di esplorazione sulla superficie di Marte.*

Agenzie spaziali

Sin dall'alba dell'era spaziale negli anni '50 del 1900, le agenzie spaziali sono state all'avanguardia dell'esplorazione e dell'innovazione tecnologica. Queste organizzazioni governative o internazionali stabiliscono obiettivi a lungo termine, producono le attrezzature necessarie (spesso le commercializzano), addestrano gli astronauti, gestiscono le missioni e promuovono nuovi modi di usare lo spazio e la tecnologia spaziale.

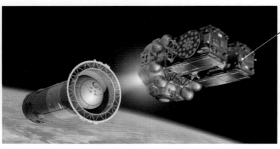

Illustrazione dei 2 satelliti Galileo dell'ESA che si staccano dallo stadio superiore della Sojuz nel 2014.

AGENZIA SPAZIALE EUROPEA

L'Agenzia spaziale europea (ESA) nacque nel 1975 dalla fusione di due organizzazioni precedenti. La serie di razzi Ariane è arrivata alla sesta generazione e l'agenzia, oltre a contribuire alla Stazione spaziale internazionale, ha lanciato nello spazio sonde e satelliti sempre più ambiziosi.

LAVORARE INSIEME

Le agenzie spaziali spesso collaborano, riunendo in grandi progetti i loro investimenti e le loro esperienze. L'ESA ha contribuito al lancio dei telescopi spaziali Hubble e James Webb della NASA, mentre la JAXA giapponese e la Roskosmos russa sono spesso partner della NASA.

COSA È LA NASA?

La National Aeronautics and Space Administration (NASA) fu fondata negli Stati Uniti nel 1958 per controllare molti laboratori e centri che lavoravano al programma spaziale americano. Il successo ottenuto facendo sbarcare l'uomo sulla Luna nel 1969 spinse altri Paesi a istituire proprie agenzie.

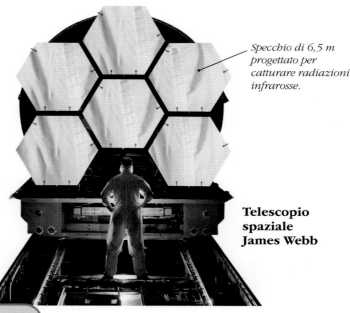

Specchio di 6,5 m progettato per catturare radiazioni infrarosse.

Telescopio spaziale James Webb

CRONOLOGIA DELLE AGENZIE SPAZIALI

1958	1959	1961
Viene istituita la NASA per contrastare la supremazia sovietica nella tecnologia satellitare e spaziale.	La NASA lancia le prime sonde spaziali Pioneer nello spazio vicino alla Terra. Negli anni '60, le missioni delle sonde diventano più ambiziose.	Il presidente americano John F. Kennedy (destra) incarica la NASA di far sbarcare un equipaggio sulla Luna, traguardo raggiunto a luglio del 1969.

▲ ADDESTRAMENTO PER LO SPAZIO
*Sin dagli anni '60 la NASA ha usato enormi vasche
d'acqua per riprodurre l'assenza di peso nello spazio,
soprattutto al centro spaziale Johnson in Texas.*

1979	1992	2003	2014
Debutta l'ESA, con il razzo Ariane 1, e presto diventa uno dei maggiori fornitori dell'industria commerciale dei satelliti.	La Russia istituisce la Roskosmos, un'agenzia che riunisce i diversi uffici di progettazione dell'ex programma sovietico.	Le agenzie spaziali giapponesi si fondono nella Japanese Aerospace Exploration Agency (JAXA). Esistono agenzie spaziali anche in India (1969), Canada (1989) e Cina (1993).	L'Indian Space Research Organization (ISRO), con la sonda spaziale Mangalyaan raggiunge Marte al primo tentativo.

Tecnologia spaziale per la Terra

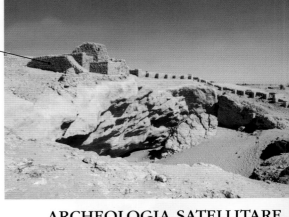

Resti dell'antica fortezza di pietra di Shisr (Oman).

Alcuni considerano l'esplorazione dello spazio come pura ricerca scientifica, o persino come uno spreco di denaro, ma in realtà la tecnologia spaziale ha trasformato le nostre vite. Non solo i satelliti hanno portato molti vantaggi, ma la sfida di far volare l'uomo nello spazio e farlo ritornare in piena sicurezza ha ispirato innumerevoli progressi ingegneristici, che hanno poi trovato applicazioni sulla Terra.

ARCHEOLOGIA SATELLITARE

Il telerilevamento (v. pp. 262-263) si è dimostrato molto utile anche in archeologia. I ricercatori che usano foto satellitari riescono a identificare antiche tracce e anomalie che rivelano la presenza di rovine sepolte, come quelle di una città perduta, soprannominata l'Atlantide delle sabbie, presso Shisr, in Oman.

Sensore CMOS

IMMAGINI DIGITALI

I primi satelliti e sonde spaziali usavano telecamere o pellicole fotografiche. All'inizio degli anni '90, lo scienziato della NASA Eric Fossum inventò un sensore ottimizzato per riprendere immagini sotto forma di dati elettronici digitali. I sensori CMOS sono ora usati in cellulari, fotocamere digitali e altri sistemi di realizzazione di immagini.

Fotocamera digitale senza obiettivo

COPERTE ISOTERMICHE

Le coperte di foglio di alluminio isolante fornite nelle gare di resistenza e per tenere calde le persone in zone disastrate provengono dall'isolamento usato sul modulo lunare Apollo. Realizzate applicando un rivestimento di alluminio su una pellicola di plastica, riflettono le radiazioni infrarosse mantenendo il calore del corpo di chi le indossa.

CIBO LIOFILIZZATO

Sebbene il procedimento di liofilizzazione sia stato inventato negli anni '30 del 1900, i suoi vantaggi unici furono scoperti dagli scienziati della NASA che cercavano un metodo per conservare il cibo nei voli di lunga durata dell'Apollo. La liofilizzazione elimina l'acqua ma conserva le vitamine, i sali minerali e altri nutrienti, che si riattivano quando il materiale è reidratato.

La frutta mantiene un colore e un sapore appetitoso.

Fragole liofilizzate

WOW!

Secondo alcune stime, ogni dollaro investito nel programma spaziale americano ha prodotto oltre 10 dollari in vantaggi a lungo termine.

SICUREZZA ANTINCENDIO

L'incendio è uno dei maggiori rischi per le navicelle spaziali e i loro equipaggi, e le agenzie spaziali hanno fatto grandi progressi nella sicurezza antincendio. I vigili del fuoco usano bottiglie d'aria, maschere e altre attrezzature di un composto di alluminio molto resistente, che fu prodotto per i rivestimenti dei razzi. Inoltre, per isolare i sostegni strutturali d'acciaio in edifici particolarmente alti, vengono usati materiali basati sugli scudi di calore dell'Apollo.

Leghe leggere resistenti al calore riducono il peso dell'attrezzatura.

Materiali tessili resistenti al calore ispirati alle tute degli astronauti.

Microgetti
direzionali

Celle
solari

Apertura per
la telecamera

Antenne per
comunicazioni

Sonde robotiche

L'esplorazione dello spazio è stata limitata all'orbita terrestre, ma le agenzie spaziali hanno inviato decine di sonde automatizzate per esplorare pianeti, satelliti, comete e asteroidi. I passaggi ravvicinati di alcune missioni permettono un breve sguardo su questi corpi celesti, i satelliti orbitali danno maggiori dettagli, e lander e rover vengono a contatto con la superficie per misurare condizioni e analizzare rocce.

LUNA 3

La Luna, il corpo celeste a noi più vicino, è stato l'ovvio bersaglio delle prime esplorazioni spaziali. La prima sonda, Luna 3 di fabbricazione sovietica, vi passò accanto nell'ottobre del 1959, inviando immagini della faccia nascosta del nostro satellite. Per tutti gli anni '60, Stati Uniti e Unione Sovietica inviarono vari satelliti orbitali e lander per studiarla meglio.

**Immagine di Venera 9
su Venere**

LE MISSIONI VENERA

Venere è il pianeta più vicino alla Terra, ma inviarvi sonde si è rivelato molto problematico. Molte sonde americane e sovietiche vi si avvicinarono o entrarono in orbita, ma i primi lander sovietici furono distrutti dalla sua atmosfera ostile. Nel 1975, la sonda corazzata russa Venera 9 inviò finalmente la prima immagine del paesaggio vulcanico.

FIONDA GRAVITAZIONALE

Raggiungere i pianeti più lontani del sistema solare richiede anni di viaggio, anche ad alta velocità. Gli ingegneri della NASA scoprirono un modo di abbreviare i tempi, usando la gravità di altri pianeti come "fionda" in una manovra detta fionda gravitazionale. Negli anni '70 e '80, ciò ha permesso a due sonde spaziali Voyager di fare il giro del sistema solare.

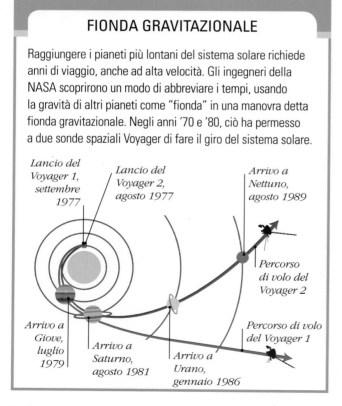

Lancio del
Voyager 1,
settembre
1977

Lancio del
Voyager 2,
agosto 1977

Arrivo a
Nettuno,
agosto 1989

Percorso
di volo del
Voyager 2

Arrivo a
Giove,
luglio
1979

Arrivo a
Saturno,
agosto 1981

Arrivo a
Urano,
gennaio 1986

Percorso di volo
del Voyager 1

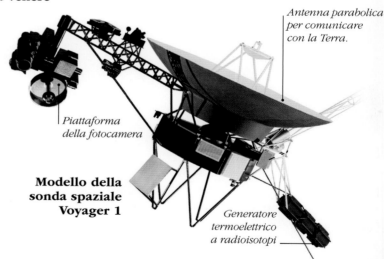

Antenna parabolica
per comunicare
con la Terra.

Piattaforma
della fotocamera

**Modello della
sonda spaziale
Voyager 1**

Generatore
termoelettrico
a radioisotopi

ENERGIA SENZA SOLE

Le sonde che viaggiano all'interno del sistema solare producono elettricità mediante pannelli solari, mentre le missioni che si avventurano oltre Marte, lontano dal Sole, hanno bisogno di una fonte di energia alternativa. La NASA ha perciò sviluppato generatori termoelettrici a radioisotopi (RTG). Queste fonti di energia nucleare producono elettricità sfruttando il leggero calore emesso da piccole quantità di plutonio radioattivo.

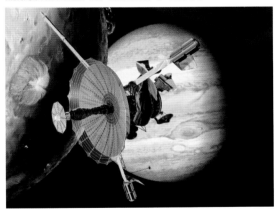

Fotocamera

Strumenti meteorologici

Lander del Viking 1

Braccio che prende campioni della superficie.

LANDER SU MARTE

Marte è il pianeta più facile da raggiungere, ma atterrare nella sua sottile atmosfera è un problema. Nel 1976, due satelliti orbitali Viking della NASA deposero due lander sulla superficie, controllandone la discesa con paracadute e retrorazzi di precisione. Mentre i Viking mappavano Marte dallo spazio, i lander trasmisero le prime immagini e dati dal suolo.

Illustrazione di Galileo e Giove

SONDARE I GIGANTI

Dopo i primi brevi passaggi ravvicinati dei pianeti esterni giganti, la NASA inviò due satelliti orbitali per studiare Giove e Saturno. Galileo, arrivato su Giove nel 1995, sganciò una sonda più piccola, che poi fu calata con un paracadute nell'atmosfera del pianeta. Nel 2005, la missione Cassini portò un lander costruito in Europa su Titano, luna gigante di Saturno.

▶ CURIOSITY SU MARTE

Curiosity, rover della NASA a energia solare delle dimensioni di un'auto, è sceso su Marte nell'agosto del 2012; da allora, ha percorso oltre 18 km.

ROVER MARZIANI

Sin dal 1997, la NASA ha inviato rover robotici sempre più perfezionati per esplorare Marte, studiare la sua atmosfera e la geologia e cercare segni di vita e di acqua. Le condizioni insidiose della superficie rocciosa e polverosa non permettono di percorrerla, e la velocità limitata dei segnali radio impedisce di guidare veicoli comandati da Terra. I rover recenti usano sistemi di intelligenza artificiale per prendere decisioni basilari senza intervento umano, come evitare gli ostacoli e riconoscere quali tipi di rocce analizzare.

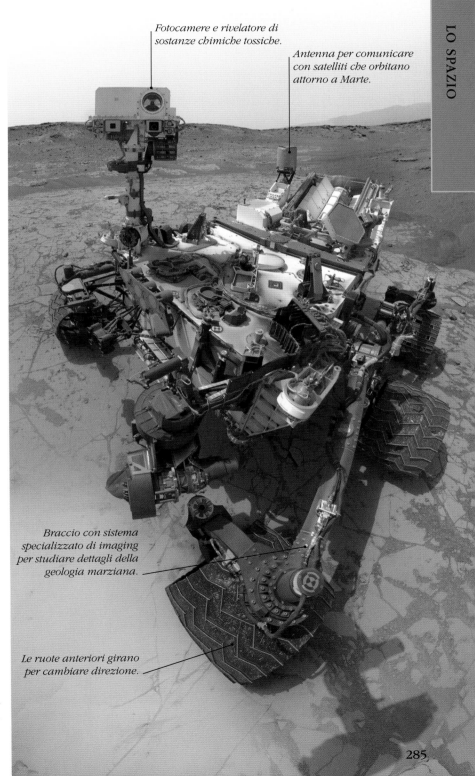

Fotocamere e rivelatore di sostanze chimiche tossiche.

Antenna per comunicare con satelliti che orbitano attorno a Marte.

Braccio con sistema specializzato di imaging per studiare dettagli della geologia marziana.

Le ruote anteriori girano per cambiare direzione.

Oltrepassare i confini

Sin dalla fine degli anni '50, decine di sonde robotiche si sono spinte in ogni parte del sistema solare. Le prime missioni si sono concentrate sulla nostra Luna, in preparazione dell'allunaggio dell'Apollo. Una prima ispezione dei maggiori pianeti fu completata alla fine degli anni '80, e da allora le sonde sono diventate sempre più complesse e imponenti.

In orbita intorno a Marte

- **Che cosa è?** Mariner 9
- **Chi?** NASA
- **Dove e quando?** USA, lanciato nel 1971

Dopo essersi avvicinato a Venere e a Marte negli anni '60, il Mariner 9 divenne il primo velivolo spaziale a orbitare attorno a un altro pianeta. Arrivò a Marte nel novembre del 1971, proprio mentre stava scatenandosi una tempesta di polvere. Le immagini che inviò dopo la tempesta modificarono le nostre conoscenze del pianeta rosso.

Antenna

Pannello solare

Telecamere

Mariner 9

Esplorare asteroidi

- **Che cosa è?** NEAR Shoemaker
- **Chi?** NASA
- **Dove e quando?** USA, lanciato nel 1996

Dopo numerosi passaggi ravvicinati a piccoli asteroidi, la sonda Near Earth Asteroid Rendezvous Shoemaker (NEAR Shoemaker) nel 2000-2001 trascorse un anno in orbita attorno all'asteroide near-Earth Eros, poi scese sulla sua superficie. Più di recente, una missione della NASA chiamata Dawn ha studiato due dei più grandi asteroidi del sistema solare: Cerere e Vesta.

Illustrazione del NEAR Shoemaker in orbita attorno a Eros

Illustrazione di Giotto e della cometa di Halley

Studiare la cometa di Halley

- **Che cosa è?** Giotto
- **Chi?** ESA
- **Dove e quando?** Europa, lanciato nel 1985

A metà degli anni '80, le agenzie spaziali lanciarono sonde per intercettare la cometa di Halley che, per la prima volta dopo 76 anni, passava vicino al Sole. Allo studio parteciparono l'Unione Sovietica, il Giappone e l'Europa. La sonda dell'Agenzia spaziale europea, Giotto, lanciata dalla Guyana francese, volò a 596 km dal nucleo di ghiaccio della cometa.

WOW!

Il Voyager 1, che sta viaggiando nello spazio a 20,9 miliardi di km dalla Terra, è l'oggetto artificiale più lontano mai lanciato.

In orbita intorno a Saturno

- ■ **Che cosa è?** Cassini/Huygens
- ■ **Chi?** NASA/ESA
- ■ **Dove e quando?** USA/Europa, lanciato nel 1997

Dopo i primi passaggi ravvicinati, la NASA lanciò sonde orbitali verso i pianeti giganti Giove e Saturno. Cassini, grande quanto un autobus, raggiunse Saturno nel 2004. Trascorse oltre 10 anni a studiare il pianeta, i suoi anelli e i suoi satelliti. Sganciò anche un lander europeo, chiamato Huygens, che scese su Titano, una misteriosa luna gigante di Saturno.

Illustrazione di Philae sulla cometa 67P

Atterrare su una cometa

- ■ **Che cosa è?** Rosetta/Philae
- ■ **Chi?** ESA
- ■ **Dove e quando?** Europa, lanciato nel 2004

La sonda europea Rosetta impiegò oltre 10 anni per raggiungere il suo obiettivo: una cometa conosciuta come 67P, attorno alla quale orbitò per circa 2 anni. Poco dopo il suo arrivo, sganciò un piccolo lander, il Philae, che purtroppo rimbalzò in una zona d'ombra dove non poté ricaricare le celle solari. Alla fine della missione, tuttavia, la stessa Rosetta fu guidata sulla superficie della cometa.

Corsa verso Plutone

- ■ **Che cosa è?** New Horizons
- ■ **Chi?** NASA
- ■ **Dove e quando?** USA, lanciato nel 2006

Il sistema solare esterno, al di là dei pianeti, è circondato da un anello di piccoli oggetti gelati, detto fascia di Kuiper. Nel 2006, la NASA lanciò una sonda ad alta velocità verso Plutone, uno delle più grandi e vicine a questi mondi. Fu l'oggetto più veloce a lasciare l'orbita terrestre e, dopo una fionda gravitazionale (v. p. 284) all'altezza di Giove, nel giugno del 2015 volò vicino a Plutone, poi continuò verso nuovi obiettivi.

Avvicinamento a Giove

- ■ **Che cosa è?** Juno
- ■ **Chi?** NASA
- ■ **Dove e quando?** USA, lanciato nel 2011

Juno è l'ultimo satellite orbitale della NASA. Parte del programma New Frontiers, è progettato per studiare maggiori dettagli di Giove. Al suo arrivo, nel 2016, è entrato in orbita polare e, per la prima volta, ha inviato vedute delle alte latitudini del grande pianeta. A differenza delle missioni precedenti, la sonda ha 3 enormi "ali" per incamerare energia solare.

FATTI IN BREVE

- ■ A differenza dei satelliti, le sonde hanno bisogno di abbastanza velocità per allontanarsi dalla gravità terrestre: una "velocità di fuga" di 11,2 km/sec.
- ■ Le Voyager 1 e 2 trasportano un "Voyager Golden Record", un disco con incisi saluti in varie lingue, musica, canti di uccelli e altri suoni della vita sulla Terra, che potrebbero essere ascoltati nello spazio da future civiltà di viaggiatori.

In questa immagine inviata da Juno si vedono fasce di nuvole e tempeste che girano vorticosamente nell'emisfero meridionale di Giove.

Inventori geniali

Come riuscirono gli inventori ad avere idee originali è un argomento affascinante e imprevedibile. Ecco le storie di alcuni inventori molto noti e di altri meno, anche se sono famose le loro invenzioni!

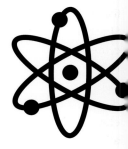

ANDERSON, MARY (1866-1953)

In una giornata nevosa del 1903, l'inventrice americana Anderson viaggiava in tram quando le venne l'idea di un tergicristalli. Fino ad allora i conducenti dovevano sporgersi dal finestrino e pulire a mano il lunotto. Il suo congegno, di legno e lame di gomma, si controllava dall'abitacolo con una manopola. Anderson non trovò un finanziatore, e nei decenni seguenti altri copiarono l'idea; i tergicristalli divennero un comune accessorio dei veicoli.

BABBAGE, CHARLES (1791-1871)

Il matematico e ingegnere meccanico inglese è spesso chiamato il "padre del computer". Babbage fece vari prototipi di macchine matematiche, fra cui il Different Engine del 1821, usato per compilare tabelle matematiche, poi l'Analytical Engine, che aveva persino una forma di memoria. Non riuscì a completarli in vita, ma il suo contributo all'informatica è innegabile.

BERNERS-LEE, TIM (1955-)

Si riconosce a Berners-Lee l'invenzione del World Wide Web. Nel 1980, l'ingegnere progettista di software e informatico inglese ebbe per primo l'idea di condividere informazioni fra persone di tutto il mondo. Nel 1989, sviluppò il sistema di informazioni globali, o Web. Come direttore dell'agenzia degli standard del Web, la World Wide Web Foundation, Berners-Lee dice: «Ce l'abbiamo messa tutta a costruire il Web così com'è, e ora sta a noi farne quello che vogliamo, per tutti».

BRUNEL, ISAMBARD KINGDOM (1806-1859)

Per il suo contributo all'ingegneria civile e meccanica, Brunel è ritenuto uno degli inglesi più importanti di tutti i tempi. La rete di binari e ponti che costruì per la Great Western Railway e il pionieristico lavoro sulle navi a vapore, come la SS *Great Britain*, varata nel 1843 (v. p. 106), testimoniano la sua genialità.

COOPER, MARTIN (1928-)

La prima dimostrazione pubblica di un telefono cellulare fu fatta dall'ingegnere americano Martin Cooper nell'aprile 1973. In quel periodo, Cooper era impiegato alla Motorola e la telefonata fu fatta con il Dyna-Tac, un piccolo apparecchio palmare su cui aveva lavorato con la sua équipe. Cooper inventò anche il primo sistema di semafori controllati via radio e le radio palmari per la polizia.

DA VINCI, LEONARDO (1452-1519)

Il pittore e inventore italiano è più conosciuto per il dipinto *La Gioconda* e l'affresco *L'ultima cena*. Aveva però anche un forte interesse per la scienza, l'architettura, la matematica, l'ingegneria e l'anatomia, e riempiva taccuini di schizzi di innovative invenzioni. Gran parte delle note che li accompagnavano erano scritte da destra a sinistra. Una macchina volante, un veicolo corazzato, un elicottero, un paracadute e un autorespiratore sono fra i suoi tanti progetti.

FLEMING, SANDFORD (1827-1915)

Nel 1876, l'ingegnere delle ferrovie canado-scozzese era in viaggio in Irlanda, quando perse il treno. L'orario, o il suo orologio, non erano forse precisi, ma la circostanza gli fece pensare alla necessità di unificare il tempo e di introdurre uno standard valido per tutto il mondo. Nel 1879, Fleming propose di dividere la Terra in 24 zone, e nel 1884 tutti gli orologi vennero reimpostati in linea con la sua idea.

FRANKLIN, BENJAMIN (1706-1790)

Franklin è un personaggio storico fondamentale e uno dei Padri fondatori degli Stati Uniti. Si appassionò anche di scienza e invenzioni. Iniziò a studiare l'elettricità e nel 1756, con l'aiuto di un aquilone e una chiave, dimostrò che i fulmini sono scariche elettriche; la scoperta portò all'invenzione del parafulmine. Inventò poi gli occhiali bifocali, la stufa di ghisa e uno strumento musicale di vetro, chiamato armonica a bicchieri.

GOODE, SARAH E. (1855-1905)

L'inventrice e imprenditrice americana fu forse una delle prime donne afroamericane a ottenere un brevetto. Poco si sa della sua vita: fu liberata dalla schiavitù e si trasferì a Chicago, dove gestiva un negozio di mobili con il marito carpentiere. Nel 1885 conseguì il brevetto di un letto ripiegabile a scomparsa. La sua ingegnosa invenzione, grazie a un geniale incastro di parti a cerniera che si alzavano o abbassavano, poteva trasformarsi da letto in scrivania.

GUTENBERG, JOHANNES (1395 ca.-1468 ca.)

Il tipografo tedesco, la cui "Bibbia a quarantadue linee" (nota anche come "Bibbia di Gutenberg") fu il primo libro stampato in Europa con caratteri mobili metallici, perfezionò la sua macchina da stampa attorno al 1439. Prima, la stampa era un compito laborioso eseguito con blocchi di legno inciso. Nonostante l'invenzione rivoluzionaria, Gutenberg morì povero.

HANNAH, MARC (1956-)

Gli effetti speciali di film come *Jurassic Park* e *La bella e la bestia* sono dovuti in parte all'ingegnere elettrico e progettista di grafica digitale afroamericano Marc Hannah. Nel 1982 cofondò la ditta Silicon Graphics Inc. (SGI) e fu uno dei pionieri della tecnologia grafica tridimensionale usata in molti successi di Hollywood. Di recente, ha lavorato sui plugin multimediali per audiolettori MP3 e sui lettori di videogiochi palmari.

HUYGENS, CHRISTIAN (1629-1695)

Questo olandese del XVII secolo è considerato uno degli scienziati e astronomi più importanti di tutti i tempi. Negli anni '50 del 1600 migliorò i telescopi, riuscendo a osservare gli anelli e i satelliti di Saturno. Diffuse teorie d'avanguardia sulle onde luminose e sul calcolo della forza centrifuga. Fu anche un ottimo inventore: costruì il primo orologio a pendolo (1657), prototipi di piccoli orologi da polso, vari telescopi e un motore a combustione che funzionava con polvere da sparo.

JONES, ELDORADO (1860-1932)

L'americana Eldorado Jones fu soprannominata "la donna di ferro" perché inventò un piccolo ferro da stiro portatile, ma anche per l'atteggiamento rigido verso il lavoro e gli uomini (si rifiutò sempre di assumerli). Inventò anche un'asse da stiro da viaggio, una saliera antiumidità e un attaccapanni pieghevole. La sua invenzione più famosa, brevettata nel 1923, fu il silenziatore per aerei, che ne riduceva il fortissimo rumore senza che perdessero potenza.

KNIGHT, MARGARET (1838-1914)

Knight inventò una macchina per fare sacchetti di carta a fondo piatto. Nel 1871 ne ottenne il brevetto, dopo una lunga disputa legale con un uomo che aveva cercato di rubarle l'idea. Fu un'inventrice prolifica: ideò una macchina per tagliare le suole delle scarpe, un dispositivo di sicurezza per telai di cotone, un telaio per finestre e vari congegni per i motori.

KWOLEK, STEPHANIE (1923-2014)

L'inventrice americana era destinata al mondo della moda, ma scelse la chimica dei polimeri. Nel 1965, mentre lavorava nell'azienda chimica DuPont, scoprì una nuova fibra sintetica, il kevlar. Forte ma leggero, viene attualmente usato per i giubbotti antiproiettile di polizia ed esercito, ma anche per aeroplani, barche e funi.

LAKE, SIMON (1866-1945)

L'ingegnere navale americano Simon Lake è ricordato come il "padre del sottomarino moderno". Nel 1894 costruì il primo sottomarino con scomparto pressurizzato, un'imbarcazione da acque poco profonde, che chiamò *Argonaut Jr*. Proseguì creando l'*Argonaut I*, che si poteva usare in mare e si spostava su ruote sul fondo. Nel 1901, produsse un sottomarino militare, il *Protector*, ma solo nel 1912 la marina militare americana adottò un suo progetto.

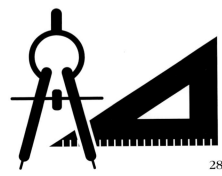

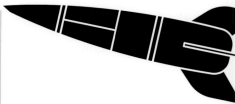

LAMARR, HEDY (1914-2000)

L'austro-americana Lamarr, più nota come attrice di Hollywood, oggi è considerata un'importante inventrice. Nel 1941, insieme al suo socio in affari George Antheil, ottenne il brevetto per un sistema di comunicazioni senza fili (precursore del Wi-Fi e del Bluetooth) a uso militare. Più tardi disse: «Le invenzioni mi vengono bene, penso di essere di un altro pianeta».

LEIZU O XI LING SHI (II millennio a.C.)

Il saggio cinese Confucio raccontò la storia dell'antica imperatrice Leizu, che scoprì la seta. Attorno al 2640 a.C., la giovane moglie dell'imperatore Huangdi era seduta sotto un gelso, quando nella sua tazza di tè cadde un bozzolo di baco da seta. Lei osservò che era formato da fili sottili ed ebbe l'idea di allevare i bachi. Provò a filare le fibre al telaio, ideando la sericoltura: l'allevamento dei bachi e la produzione della seta.

MANGANO, JOY (1956-)

L'inventrice americana Mangano brevettò centinaia di prodotti di uso quotidiano: il trolley, il portagioie, le scarpe con la zeppa di gomma e gli occhiali da lettura. Nel 1990, inventò il Miracle Mop, un cencio di cotone autopulente con un manico di plastica che lo strizza. Ora è milionaria, e nel 2015 ha fondato una propria azienda, la Ingenious Design Inc. La sua storia è diventata un film, *Joy*, interpretato da Jennifer Lawrence.

MARCONI, GUGLIELMO (1874-1937)

Lo scienziato italiano Guglielmo Marconi è considerato il "padre della radio". Affascinato dalle onde radio, dopo incessanti esperimenti fu il primo a eseguire trasmissioni radio a lunga distanza e radiotelegrafiche. Nel 1896 effettuò la prima trasmissione senza fili fra edifici di Londra. L'anno seguente, il suo apparecchio trasmise attraverso il canale della Manica e, nel 1901, attraverso l'oceano Atlantico negli Stati Uniti. Vinse il premio Nobel per la fisica nel 1909 insieme a un fisico tedesco.

MASON, STANLEY (1921-2006)

L'uomo d'affari e inventore americano ideò molti oggetti di consumo, come forni a microonde, filo interdentale, salviettine umidificate, reggiseni e maschere da chirurgo. Sue famose creazioni sono il dispenser spremibile per il ketchup e i pannolini usa-e-getta per bambini. I suoi figli gli diedero l'idea per questi ultimi: «Il pannolino di stoffa era quadrato, io guardavo mio figlio, che era rotondo, redendomi conto che era un problema di progettazione».

IBUKA, MASARU (1908-1997)

L'industriale giapponese iniziò a lavorare in un laboratorio fotochimico, dove dimostrò le prime capacità di inventore con un dispositivo di modulazione della trasmissione luminosa, una specie di neon. Fondò l'azienda, che sarebbe diventata la Sony nel 1949, producendo i primi registratori a nastro giapponesi e il sistema di TV Trinitron. Il Walkman, del 1979, gli fu ispirato dalla passione per l'ascolto di opere liriche durante i lunghi voli e dalla necessità di un apparecchio personale, leggero e portatile.

MATZELIGER, JAN ERNST (1852-1889)

L'inventore del Suriname, di padre olandese e madre schiava, sviluppò un precoce interesse per le macchine nel cantiere navale del padre. Nel 1877, quando lavorava in una fabbrica di scarpe nel Massachusetts, si mise a studiare come poter cucire a macchina una suola e una tomaia. Era un lavoro che si faceva a mano, e persino un operaio esperto non superava le 50 paia di scarpe al giorno. La macchina di Matzeliger, brevettata nel 1883, fece salire la produzione a 150-700 paia al giorno.

MONTAGU, JOHN (1718-1792)

Nel 1762, lo statista inglese e quarto conte di Sandwich ordinò al cuoco di preparargli qualcosa da mangiare con le mani, in modo da fare uno spuntino senza sedersi a tavola. Il risultato fu il sandwich: due fette di pane che contengono carne o altro.

OTIS, ELISHA (1811-1861)

L'inventore americano del dispositivo di sicurezza per ascensori e argani era un meccanico autodidatta, che aveva brevettato anche un tornio automatico per lettiere di legno, un aratro a vapore e un freno di sicurezza per treni. Il dispositivo di sicurezza, creato negli anni '50 del 1800, utilizzava molle per fermare l'ascensore in caso di caduta per la rottura di un cavo. Nel 1861, Otis brevettò una macchina a vapore per ascensori, ma morì lo stesso anno.

RAUSING, RUBEN
(1895-1983)

Un giorno, a pranzo nella sua casa in Svezia, la moglie di Rausing, Elizabeth, gli suggerì di inventare qualcosa di leggero per trasportare liquidi come il latte o il succo di frutta. Ruben, che era direttore di un'azienda di imballaggi, raccolse la sfida. Nel 1944, insieme all'ingegnere svedese Erik Wallenberg, brevettò un contenitore di cartone sterile a forma di tetraedro, rivestito internamente di plastica. Qualche anno dopo, l'azienda adottò la forma quadrata. Oggi la Tetra Pak è una delle aziende di imballaggi più famosa del mondo.

RITTY, JAMES
(1836-1918)

Il registratore di cassa fu l'ingegnosa idea di Ritty, proprietario di un bar americano. Gli venne dopo aver visto sparire soldi che non aveva annotato. Insieme al fratello meccanico John, inventò una macchina con tasti da premere per registrare quanto denaro era stato incassato in ogni transazione. Nel 1879, brevettò la "Incorruttibile cassiera di Ritty" e in seguito aprì una fabbrica a Dayton, in Ohio, per produrre la sua invenzione.

TALBOT, WILLIAM HENRY
FOX (1800-1877)

Nel 1835, Talbot fece un negativo fotografico della finestra di casa sua, a Lacock Abbey, in Inghilterra: è il primo negativo che ci rimane. La passione per il disegno lo aveva spinto a trovare un modo diverso per fissare un'immagine sulla carta. Nel 1841 perfezionò la tecnica del calotipo (prima fotografia), usando una fotocamera e carta trattata con nitrato d'argento e ioduro di potassio.

TOYODA, SAKICHI
(1867-1930)

L'industriale giapponese e fondatore del gruppo che sarebbe diventato la Toyota, fu anche l'inventore del telaio a motore automatico. Quando decise di diventare inventore, Toyoda aveva 18 anni. Nel 1891 brevettò la sua prima invenzione: il telaio a mano di legno che funzionava con una mano sola invece di due. Nel 1896 ideò il primo telaio a vapore giapponese. Per tutta la vita si dedicò a migliorare i suoi progetti originali, ottenendo brevetti in tutto il mondo.

SIKORSKIJ, IGOR
(1889-1972)

L'inventore russo-americano dell'elicottero era sempre stato attratto dal volo. Credeva che il modo migliore di volare fosse sollevarsi con un rotore orizzontale. In Russia produsse alcuni primi prototipi di elicottero, che non ebbero successo. Nel 1919 emigrò negli Stati Uniti, fondò un'azienda aeronautica e progettò il primo aereo quadrimotore. Poi, nel 1939, realizzò il primo elicottero, il VS-300, che fu adottato dall'esercito americano.

WAKEFIELD, RUTH GRAVES
(1903-1977)

Molte invenzioni nascono da casi fortunati: è ciò che accadde a Wakefield attorno al 1938, cuocendo biscotti per i clienti della sua locanda affacciata su una strada del Massachusetts. In seguito sostenne che i suoi biscotti con gocce di cioccolato erano studiati ad arte, ma altri dicono che credeva che i pezzetti di cioccolato si sarebbero sciolti. Comunque sia, il "Toll House Chocolate Crunch Cookie" di Wakefield è il biscotto preferito dagli americani.

WELLESLEY, ARTHUR
(1769-1852)

I famosi stivali Wellington prendono il nome dallo statista e comandante militare inglese Arthur Wellesley, primo duca di Wellington, che si vedeva spesso con indosso i suoi stivali di cuoio preferiti. All'inizio del 1800, gli fu regalato un paio di stivali dell'Assia da un gruppo di soldati tedeschi. Wellington chiese al proprio calzolaio di copiare il disegno, togliendo però la nappa e allungando la protezione frontale del ginocchio. Lo stile fu imitato dagli aristocratici di tutto il mondo, e soprannominato "Wellington". La versione di gomma fu brevettata nel 1852.

WOODS, GRANVILLE
(1856-1910)

Woods fu un ingegnere afroamericano che ottenne oltre 50 brevetti, molti dei quali sulla sicurezza e il miglioramento delle ferrovie. Nel 1887 inventò il "Syncronous Multiplex Railway Telegraph" che permetteva di inviare messaggi fra un treno in movimento e una stazione. Thomas Edison lo portò in giudizio, sostenendo di averlo inventato per primo, ma Woods vinse la causa. Contribuì anche a migliorare invenzioni come il circuito di sicurezza, il telegrafo e il fonografo, e inventò un incubatore per uova e un freno automatico.

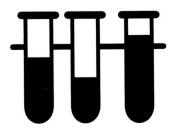

Glossario

Accensione Sistema di un motore a benzina che permette di accendere la miscela di benzina e aria nel cilindro.

Accensione elettronica Sistema per avviare una macchina, come un'auto, che si avvale di un circuito elettronico.

Acciaio Metallo duro e forte fatto di ferro e di una piccola quantità di carbonio. È usato in edilizia, per grattacieli e ponti.

Albero a camme Albero metallico di un motore che trasforma il movimento su e giù dei pistoni in movimento rotatorio per spingere le ruote.

Altitudine Altezza di un oggetto rispetto al livello del mare o del suolo.

Ammoniaca Gas incolore formato da azoto e idrogeno. Si usa spesso per produrre fertilizzanti, per far crescere meglio le piante.

Anestetico Farmaco antidolorifico o gas che è somministrato a un paziente prima di un intervento chirurgico. Può essere "locale", se interessa una sola parte del corpo, o "generale", se la persona perde temporaneamente conoscenza prima di un'operazione.

Anodo Elettrodo carico positivamente di una pila, o batteria.

Antenato Persona di origini lontane da cui discende un uomo. Si parla di antenati anche per piante e animali.

Antenna Dispositivo usato per trasmettere o ricevere segnali radio o televisivi.

Antibiotico Farmaco che uccide, o limita, la diffusione di infezioni batteriche nell'organismo umano o animale.

Antisettico Sostanza che si mette sulle ferite per prevenire le infezioni.

Archeologia Studio di oggetti che mostrano come vivevano i popoli antichi.

Arpione Attrezzo simile a una lancia, usato per cacciare grandi pesci e balene.

Assorbimento Quantità di cibo, acqua, aria o altra sostanza assunta dal corpo o da una macchina.

Astronomia Studio di oggetti nello spazio: pianeti, stelle e galassie.

Atomo La più piccola parte di un elemento chimico, formata da particelle dette protoni, neutroni ed elettroni.

Attrito Tipo di forza che si manifesta fra due oggetti le cui superfici si strofinano rallentando il movimento.

Batteri Minuscoli organismi formati da una sola cellula. Alcuni provocano malattie, altri proteggono il corpo umano.

Batteria Contenitore portatile di sostanze chimiche che immagazzina e fornisce elettricità a vari apparecchi, da giocattoli ad auto.

▲ *BUSSOLA OCEANICA CINESE DELLA METÀ DEL XIX SECOLO*

Benzina Liquido infiammabile utilizzato soprattutto per alimentare diversi tipi di trasporto, come auto e imbarcazioni.

Bipede Uomo, animale o altro, per esempio robot, che cammina su due gambe.

Bitume Sostanza nera vischiosa fatta di catrame e petrolio, usata soprattutto per superfici di strade.

Brevetto Attestato legale per proteggere un prodotto dalle imitazioni.

Bronzo Lega metallica giallo-bruna formata da rame e stagno. Si usa di solito per sculture perché è robusta e non si arrugginisce.

Cambio Insieme di ingranaggi che collegano il motore di un veicolo alle ruote.

Campo magnetico Area che circonda un magnete e attira oggetti.

Carbone Solido poroso grigio-nero, prodotto dalla combustione del legno in assenza di ossigeno. Ha diversi usi: si può bruciare per generare calore per riscaldarsi o cucinare, o utilizzare come materiale per disegnare.

Carbonio Importante elemento chimico che si presenta in varie forme: dal carbone al diamante. Il carbonio si combina anche con se stesso e con altri elementi per produrre milioni di composti, dalla plastica al DNA.

Carico utile Quantità di oggetti o persone su un aereo o navicella spaziale.

Catodo Elettrodo carico negativamente di una pila, o batteria.

Celeste Oggetto o evento che avviene nel cielo o nello spazio, come una cometa o un'eclisse.

Circuito Percorso completo e chiuso dell'elettricità. Tutti gli elementi elettrici ed elettronici contengono circuiti.

Combustibile fossile Sostanza che si è formata dai resti di piante o di altri organismi antichi che brucia facilmente liberando il calore. Sono combustibili fossili il carbone, il gas naturale e il petrolio.

Combustione Reazione chimica in cui un combustibile, come legno o carbone, brucia con l'ossigeno dell'aria rilasciando energia termica.

Conduttore Sostanza facilmente attraversata dal calore o dall'elettricità.

Contaminazione Processo di inquinamento o di intossicazione, per esempio petrolio che sporca l'oceano o pericolosi batteri che contaminano il corpo umano.

Corrente alternata (AC) Corrente elettrica che cambia direzione di flusso molte volte al secondo, per permettere un uso efficiente dell'elettricità.

Corrente continua (DC) Corrente elettrica, come quella di una batteria, che scorre in un'unica direzione per generare elettricità.

Cosmico Qualcosa che appartiene o è relativo all'universo.

Densità Quantità di materiale compresa in un volume noto di materia.

Differenziale Insieme di ingranaggi che ruotano a velocità diverse, permettendo al veicolo di girare attorno ad angoli.

Domesticazione Processo di miglioramento di metodi agricoli (di animali o di piante) o stili di vita (come cani in casa) per aiutare a vivere meglio.

Efficiente Macchina o sistema che raggiunge un alto livello di produttività.

Elasticità Proprietà di un materiale che gli permette di allungarsi e piegarsi quando si tira o si spinge, per poi tornare alla forma originale.

▲ *THOMAS EDISON E I SUOI COLLEGHI PROVANO UNA LAMPADINA*

Elemento Sostanza pura che non si può dividere in sostanze più semplici. Gli elementi sono le pietre fondamentali della materia. Esistono 118 elementi, molti dei quali naturali.

Elettricità Tipo di energia provocata da elettroni dentro gli atomi. L'elettricità statica è dovuta a elettroni che si accumulano, mentre nella corrente elettrica gli elettroni si spostano.

Elettrodo Contatto elettrico di un circuito.

Elettromagnete Spirale di fili che genera un magnetismo temporaneo quando è attraversato dall'elettricità.

Elettrone Particella con carica negativa contenuta nell'atomo. Gli elettroni girano attorno al nucleo dell'atomo in strati chiamati orbitali.

Elica Dispositivo con pale collegato a un'imbarcazione o a un aereo. Il motore fa girare l'elica, che spinge avanti il veicolo.

Eliocentrico Modo di vedere o misurare il Sole come se fosse al centro dell'universo.

Energia Capacità di produrre lavoro. Può derivare da una fonte, come carbone, o dal Sole, e può essere usata per generare elettricità.

Energia rinnovabile Tipo di energia che non si estingue, generata da fonti come il Sole, il vento e l'acqua.

Equatore Linea immaginaria che gira attorno alla Terra e divide il pianeta in due emisferi. Spesso è disegnato in mappe e mappamondi.

Età del bronzo Periodo storico compreso fra l'età della pietra e l'età del ferro, caratterizzato dall'uso del bronzo come materiale preferenziale per armi e utensili. Iniziato attorno al 3000 a.C. in Medio Oriente, si è diffuso in tutto il mondo per circa 2.500 anni.

Età del ferro Periodo storico che segue l'età del bronzo, definito dall'uso del ferro come materiale principale per la costruzione di armi e utensili. Iniziato attorno al 1200 a.C. in Medio Oriente, si è diffuso in tutto il mondo per circa 1.500 anni.

Fonetica Uso di linguaggio scritto per rappresentare diversi suoni della lingua.

Forza Azione di tirare o di spingere che modifica la velocità di un oggetto, la direzione del movimento o la forma.

Fusibile Dispositivo di sicurezza per macchine elettriche, che interrompe un flusso di corrente troppo forte.

Fusione Processo di estrazione di un metallo dal suo minerale.

Generatore Apparecchio che converte l'energia da moto rotazionale in elettricità.

Geocentrico Modo di vedere o misurare la Terra come se fosse il centro dell'universo.

Germe Piante o animali microscopici, in particolare quelli che provocano malattie.

Geroglifici Antica forma di scrittura che utilizza immagini per rappresentare suoni e parole. Gli antichi Egizi e alcuni altri popoli usavano questo sistema.

Gravità Forza di attrazione che esiste fra gli oggetti, e che attira anche gli oggetti verso terra. Nello spazio le forze gravitazionali sono molto minori, ecco perché gli astronauti galleggiano.

Idrogeno L'elemento chimico più semplice, leggero e abbondante. Questo gas è uno dei componenti dell'acqua e si può usare come combustibile sostenibile.

Incandescente Così è descritto qualcosa di molto caldo e brillante, come il filamento di una lampadina.

Infrarosso Tipo di radiazione elettromagnetica che trasporta energia da oggetti caldi attraverso onde invisibili.

Inquinamento Introduzione nell'ambiente di una sostanza pericolosa o tossica.

Isolante Materiale che non lascia passare facilmente il calore e l'elettricità.

Laser Acronimo che sta per amplificazione di luce attraverso emissione stimolata di radiazione. Il laser, eccitando gli atomi all'interno di un tubo, produce un fascio di luce molto potente.

LED Acronimo che sta per diodo a emissione di luce. Il LED è un apparecchio che produce luce quando viene attraversato da una corrente elettrica. Il colore dipende dai composti che contiene.

Lega Combinazione di due o più metalli.

Leva Arnese che trasforma una piccola forza in grande, per esempio quando una persona esercita una piccola forza su uno schiaccianoci rompendo la noce.

▼ *OROLOGIO DEI MARINAI DI JOHN HARRISON, 1735*

▲ *SPETTACOLO DI LASER IN UN CONCERTO*

Levitazione Azione di sollevarsi o rimanere sospesi in aria.

Magnete Pezzo di ferro che attira metalli contenenti ferro e acciaio.

Mantice Congegno che si espande per assorbire aria attraverso una valvola, poi si contrae per spingerla in un tubo.

Medievale Termine che si riferisce al periodo di storia europea che va dal 600 al 1400.

Mesopotamia Attuale Iraq e zone circostanti, fra i fiumi Tigri ed Eufrate.

Mezzatinta Tecnica di incisione che consiste nel raschiare e lucidare una lamina di rame.

Microonde Onde elettromagnetiche molto corte, usate in radar, forni a microonde, o per inviare informazioni via radio.

Microrganismi Organismi viventi troppo piccoli per essere visti a occhio nudo. Ne esistono tre tipi: batteri, virus e funghi. Possono essere utili o dannosi a piante e animali.

Minerale Roccia o minerale da cui si estrae e si isola un elemento chimico.

Modulo (spaziale) Parte indipendente di navicella spaziale.

Momento torcente Forza che fa ruotare un oggetto.

Motore Apparecchio che brucia combustibile e ossigeno per rilasciare energia termica che aziona una macchina.

Muffa Vegetazione morbida che si sviluppa su cibo deteriorato o su oggetti lasciati a lungo in condizioni umide.

NASA Acronimo per National Aeronautics and Space Administration. Ente americano che studia lo spazio ed è responsabile dei viaggi nello spazio.

Navicella spaziale Velivolo usato per esplorare il sistema solare.

Navigazione Procedimento per trovare la posizione di un'auto, nave o aereo e la strada migliore da lì a un altro luogo.

Neutrone Particella senza carica del nucleo di un atomo.

Nucleo Centro di un atomo, costituito da protoni (particelle cariche positivamente) e neutroni (particelle senza carica).

Nutriente Cibo o sostanza nutriente di cui hanno bisogno piante e animali per vivere e crescere.

Orbita Percorso che fa un oggetto nello spazio quando si muove attorno a una stella, pianeta o satellite.

Oscillare Azione di muoversi avanti e indietro, come un pendolo.

Pendolo Peso sospeso a un punto fisso che oscilla liberamente avanti e indietro per la forza di gravità. Si usa comunemente per regolare i movimenti, per esempio negli orologi.

Pesticida Sostanza chimica usata per distruggere insetti o altri organismi dannosi a piante e animali.

Polimero Molecola organica formata da molte unità identiche unite insieme. Un esempio di polimero è la plastica.

Preistorico Periodo storico di cui non abbiamo testimonianze scritte.

Protone Particella con carica positiva contenuta nell'atomo. Il numero di protoni dell'atomo ne determina le proprietà chimiche.

Prua Parte anteriore di un'imbarcazione.

Radiazione Processo attraverso il quale il calore si trasferisce nell'aria o in uno spazio vuoto.

Radioattivo Sostanza il cui nucleo atomico è instabile e si spezza, rilasciando particelle ad alta energia sotto forma di radiazioni nucleari.

Rame Elemento chimico metallico morbido, ottimo conduttore di elettricità e di calore.

Reattore nucleare Apparecchio progettato per mantenere e controllare reazioni nucleari. È usato soprattutto per generare energia in impianti nucleari.

Refrigerante Sostanza, di solito liquida, usata per ridurre la temperatura di qualcosa, come il motore di un'auto o un macchinario di una fabbrica.

Resistenza aerodinamica Forza che spinge contro un oggetto che si sposta nell'aria, rallentandolo. Detta anche "drag".

Resistore Componente elettronico che riduce la corrente elettrica in un circuito.

Salnitro Altro nome del nitrato di potassio. È un ingrediente attivo di molte sostanze, come fertilizzanti e fuochi d'artificio.

Satellite Oggetto nello spazio che viaggia attorno a un altro, seguendo un percorso detto orbita. Gli scienziati hanno inviato satelliti artificiali nell'orbita terrestre per fare fotografie, trasmettere dati e permettere di orientarsi nella navigazione sulla Terra.

Scafo Corpo principale di una nave o di un'imbarcazione, esclusi gli alberi, i pennoni, le vele e le manovre.

Semaforo Primo sistema di segnaletica usato per trasmettere informazioni a distanza. La posizione di due bracci o pale montati su un perno rappresenta lettere o numeri.

Semiconduttore Sostanza usata in elettronica, in grado di passare da isolante che blocca l'elettricità a conduttore che la trasporta.

Sintetico Sinonimo di artificiale.

Sistema solare Il Sole e tutti i pianeti, i loro satelliti e altri corpi celesti che girano attorno al Sole.

Solare Tutto ciò che è relativo o provocato dal Sole.

Sonda Velivolo spaziale robotico senza equipaggio controllato da terra. Una sonda spaziale si può avvicinare alla Luna, al suolo di un pianeta o una cometa o viaggiare fuori dal sistema solare.

Spinta o forza. Quando qualcosa spinge o accelera in una direzione, esiste una forza altrettanto grande in direzione opposta.

Spostare Azione di muovere qualcosa dalla sua posizione normale; per esempio, un oggetto in un bicchiere d'acqua sposta l'acqua, facendola versare.

Sumero Tutto ciò che si riferisce all'antica civiltà della Mesopotamia (oggi Iraq), o linguaggio dei Sumeri.

Transistor Apparecchio semiconduttore di cristalli di silicone mescolati a una piccola quantità di altri elementi che ne alterano le proprietà elettriche. Il risultato è un congegno che controlla con precisione il flusso della corrente elettrica.

Turbina Macchina progettata per produrre energia continua. Comprende una ruota, o rotore, che gira rapidamente a causa del flusso di acqua, vapore o gas che vi passano sopra.

Virus Microrganismo patogeno molto più piccolo di un batterio e responsabile di molte malattie.

Vuoto Spazio vuoto che non contiene aria né altri materiali.

▼ *4 FASCI LASER CHE INDIVIDUANO LE STELLE EMERGONO DA UN TELESCOPIO DELL'OSSERVATORIO PARANAL IN CILE*

Indice analitico

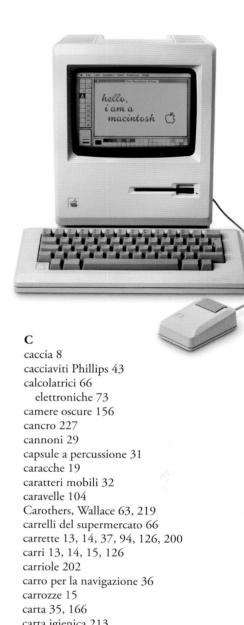

Ringraziamenti

Smithsonian Institution:
Tricia Edwards, Lemelson Center, National Museum of American History, Smithsonian

Dorling Kindersley desidera ringraziare:
Ellen Nanney dello Smithsonian Institution; Square Egg Studio per le illustrazioni; Liz Gogerly per aver scritto le pp. 288-291 Inventori geniali; Helen Peters per l'Indice; Victoria Pyke per la correzione bozze; Charvi Arora, Bharti Bedi, Aadithyan Mohan, Laura Sandford e Janashree Singha per l'assistenza editoriale; Revati Anand e Baibhav Parida per l'assistenza grafica; Surya Sarangi e Sakshi Saluja per la ricerca delle immagini; Vishal Bhatia per l'assistenza informatica; Nityanand Kumar per l'assistenza tecnica.

L'Editore ringrazia anche per la cortese concessione a riprodurre le proprie foto:

(Legenda: a-sopra; b-sotto/in fondo; c-centro; f-all'estremità; l-sinistra; r-destra; t-in cima)

RINGRAZIAMENTI

Helmet: (tl). **86 Alamy Stock Photo:** Alex Ramsay (cb). **Dorling Kindersley:** Bicycle Museum Of America (bl); National Cycle Collection (cla); Gary Ombler / Jonathan Sneath (cra). **87 Dorling Kindersley:** Bicycle Museum Of America (ca). **Getty Images:** Saro17 (bl). **88–89 iStockphoto.com:** Homydesign. **90–91 Alamy Stock Photo:** SuperStock (tc). **90 Getty Images:** Science & Society Picture Library (clb). **91 BMW Group UK:** BMW Motorrad (br). **Dorling Kindersley:** Motorcycle Heritage Museum, Westerville, Ohio (cra). **Dreamstime. com:** Austincolle (c). **Getty Images:** Science & Society Picture Library (tc). **Lightning Motorcycle/Worlds Fastest Production Electric Motorcycles:** (clb). **92 Getty Images:** Bettmann (cl). **92–93 Getty Images:** Joseph Sohm (c). **93 Getty Images:** fStop Images - Caspar Benson (crb). **magiccarpics.co.uk:** John Colley (bc). **94 Foundation Museum Autovision/Museum AUTOVISION:** (cb). **Dorling Kindersley:** Simon Clay / National Motor Museum, Beaulieu (cra). **Rex Shutterstock:** Gianni Dagli Orti (cla). **94–95 Alamy Stock Photo:** Drive Images (b). **95 Audi AG:** (cra). **Getty Images:** Owaki / Kulla (tr). **96 Alamy Stock Photo:** Granger Historical Picture Archive (cr). **Image from the Collection of The Henry Ford:** (cl). **Getty Images:** Bettmann (tl). **97 Alamy Stock Photo:** Granger Historical Picture Archive. **Getty Images:** Heritage Images (bl). **98–99 Alamy Stock Photo:** Fabian Bimmer. **100 Alamy Stock Photo:** Oldtimer (tr). **Getty Images:** Rolls Press / Popperfoto (bc); Ullstein Bild Dtl. (cl). **100–101 Getty Images:** Paul Kane (b). **101 Alamy Stock Photo:** Viennaslide (cra). **Getty Images:** Bloomberg (br); Underwood Archives (cla). **102 Alamy Stock Photo:** Studio Octavio (br). **Getty Images:** Javier Larrea (r). **103 Getty Images:** Keystone (b); VCG (tr). **104 Alamy Stock Photo:** Dudley Wood (tr). **Getty Images:** Bettmann (clb); Science & Society Picture Library (c). **104–105 © ORACLE TEAM USA:** Photo Sander van der Borch (b). **105 BURGESS YACHTS:** Rupert Peace (cr). **106 Alamy Stock Photo:** Lordprice Collection (clb). **Getty Images:** Science & Society Picture Library (cla). **106–107 Alamy Stock Photo:** ITAR-TASS News Agency (c). **107 Alamy Stock Photo:** Loop Images Ltd (cra). **iStockphoto.com:** crokogen (tl). **108 Dorling Kindersley:** Science Museum, London (cb). **108–109 SD Model Makers:** (b). **109 Alamy Stock Photo:** Chronicle (tl); dpa picture alliance archive (cb). **Getty Images:** Rainer Schimpf (cra). **Yara International:** (br). **110 Getty Images:** Imagno (clb); Science & Society Picture Library (cla). **110–111 Alamy Stock Photo:** Granger Historical Picture Archive (c). **111 Getty Images:** Todd Gipstein (br). **112 Dorling Kindersley:** The Royal Navy Submarine Museum (tl). **Getty Images:** Universal History Archive (r). **112–113 Getty Images:** Education Images / UIG (b). **113 123RF.com:** Roy Pedersen (bl). **114–115 Rex Shutterstock:** Sipa USA. **116–117 Copyright The Boeing Company. 116 Dorling Kindersley:** Real Aeroplane Company (bl). **Getty Images:** Science & Society Picture Library (tl). **117 123RF.com:** Shutterbas (tr). **Alamy Stock Photo:** Robert Harding (cla). **118 Getty Images:** Apic / RETIRED (tl). **118–119 Library of Congress, Washington, D.C.:** (b). **119 Alamy Stock Photo:** American Photo Archive (bc); Science History Images (tl). **Getty Images:** Universal History Archive (cra). **120 Bridgeman Images:** Avion de chasse Heinkel He 178 / © SZ Photo (tr). **Maurits Eisenblätter:** (b). **121 Alamy Stock Photo:** RGB Ventures (cl). **DARPA Outreach:** (br). **Getty Images:** NASA (tr); Jean Revillard-Handout (cr). **122 Alamy Stock Photo:** imageBROKER (cra). **Getty Images:** Barcroft Media (bl); Science & Society Picture Library

(cla). **123 Lilium GmbH:** (b). **Volocopter:** Nikolay Kazakov (tl). **124–125 Getty Images:** Bloomberg. **126 Alamy Stock Photo:** Chronicle (tr). **Getty Images:** Science & Society Picture Library (b). **127 Dorling Kindersley:** The National Railway Museum, York / Science Museum Group (b). **iStockphoto.com:** Daseaford (r). **128 Alamy Stock Photo:** Archive PL (tr). **Dorling Kindersley:** National Railway Museum, York (bl). **Getty Images:** Science & Society Picture Library (ca, clb). **129 Getty Images:** Paul Almasy (cla); Gavin Hellier / robertharding (tr); VCG (b). **130–131 Alamy Stock Photo:** blickwinkel. **132 Getty Images:** Science & Society Picture Library (crb). **Science Photo Library:** Royal Institution Of Great Britain (cl). **133 Getty Images:** Science & Society Picture Library (bc). **134–135 Alamy Stock Photo:** Jochen Tack. **135 Alamy Stock Photo:** Sean Pavone (cla); Ahmet Yarali (ca). **Getty Images:** Ullstein Bild (ca/sea). **136 Dorling Kindersley:** The Science Museum, London (b). **Getty Images:** Print Collector (tr); DEA / A. DAGLI ORTI (ca). **137 Getty Images:** Science & Society Picture Library (tl); Universal History Archive (tr). **138 Alamy Stock Photo:** National Geographic Creative (cla). **Dreamstime.com:** Drimi (bl). **Getty Images:** FPG (br). **139 Alamy Stock Photo:** Greg Balfour Evans (cr); Lander Loeckx (t). **Getty Images:** Science & Society Picture Library (b). **140 Alamy Stock Photo:** DPA picture alliance (bc). **Dorling Kindersley:** The Science Museum, London (cr). **Getty Images:** SSPL (cl). **141 Cottone Auctions:** (tr). **Getty Images:** J. B. Spector / Museum of Science and Industry, Chicago (tl); SSPL (c); Neil Godwin / T3 Magazine (crb). **Seiko U.K Limited:** (bc). **142 Getty Images:** Stefano Bianchetti / Corbis (cla); SSPL (r). **143 123RF.com:** Antonio Diaz (bl). **Getty Images:** SSPL (cra); Welgos / Hulton Archive (tl). **Rex Shutterstock:** J. L. Cereijido / Epa (cb). **144 Getty Images:** Nicholas Eveleigh (bl). **145 Dreamstime.com:** Norman Chan (bl); Krystyna Wojciechowska - Czarnik (cl); Boris Fojtik (br); Kenishirotie (tc). **Getty Images:** Heuser / Ullstein Bild (tr); SSPL (tc). **146 Alamy Stock Photo:** Deezee / iPhone® is a trademark of Apple Inc., registered in the U.S. and other countries. (c). **Ericsson:** (tr). **147 123RF.com:** Shao-Chun Wang (bl). **Alamy Stock Photo:** Cristian M. Vela (tl). **Depositphotos Inc:** Prykhodov (br). **iStockphoto.com:** MarKord (cl). **Rex Shutterstock:** AP (tr). **148–149 Alamy Stock Photo:** Xinhua. **150 Dorling Kindersley:** The Science Museum, London (cla). **Getty Images:** Science & Society Picture Library (c). **Science Photo Library:** Miriam And Ira D. Wallach Division Of Art, Prints And Photographs / New York Public Library (clb). **150–151 Bridgeman Images:** Granger (b). **151 Alamy Stock Photo:** Ahmet Yarali (crb). **Science Photo Library:** Emmeline Watkins (tr). **152 Getty Images:** Science & Society Picture Library (r). **Mary Evans Picture Library:** Interfoto / Hermann Historica GmbH (bl). **153 akg-images:** Interfoto (c). **Alamy Stock Photo:** Jeffroy Blackler (bl). **Dreamstime.com:** Mphoto2 (crb). **Joe Haupt:** (cr). **154–155 Getty Images:** Ullstein Bild. **156 from Camera Obscura & World of Illusions, Edinburgh:** (bl). **Getty Images:** Science & Society Picture Library (r, cb). **157 akg-images:** Interfoto (c). **Alamy Stock Photo:** imageBROKER (cr). **Getty Images:** Royal Photographic Society (tc); Science & Society Picture Library (bl, br). **158 Alamy Stock Photo:** Sergio Azenha (cr). **Getty Images:** CBS Photo Archive (cb); Science & Society Picture Library (cl, bl). **159 Dreamstime.com:** Bagwold (tl). **Getty Images:** Digital Camera Magazine (bl); George Rose (tr); Hulton Archive (c); T3 Magazine (crb, br). **160 Alamy Stock Photo:** World History Archive (clb). **Getty Images:**

Science & Society Picture Library (cl). **160–161 Getty Images:** Science & Society Picture Library (c). **161 Alamy Stock Photo:** David Cook / blueshiftstudios (cr); Mike V (br). **Getty Images:** Science & Society Picture Library (tl). **Toshiba Corporation:** (cra). **162 Alamy Stock Photo:** Darkened Studio (crb). **Dorling Kindersley:** Glasgow City Council (Museums) (bl). **Getty Images:** Fox Photos / Hulton Archive (cla); Thomas J Peterson (cra). **163 Alamy Stock Photo:** Goran Mihajlovski (clb); Hugh Threlfall (cra). **Getty Images:** Thomas Trutschel / Photothek (tr); SSPL (bl). **164 Alamy Stock Photo:** Interfoto (bl, br). **Getty Images:** Steven Taylor (c). **165 123RF.com:** Sergey Kohl (clb); Andriy Popov (br). **Alamy Stock Photo:** Interfoto (cla); Vitaliy Krivosheev (tr). **166 123RF.com:** Carolina K. Smith, M.D. (cr). **akg-images:** (bl). **Getty Images:** Science & Society Picture Library (cl). **167 Alamy Stock Photo:** imageBROKER (b). **"Courtesy of Perkins School for the Blind Archives, Watertown, MA":** (tr). **168–169 Alamy Stock Photo:** Sean Pavone. **170 Dorling Kindersley:** The Science Museum, London (cl). **Getty Images:** Joe McNally (tr). **170–171 Alamy Stock Photo:** Mike Stone (b). **171 Alamy Stock Photo:** Science History Images (c). **Dreamstime.com:** Leung Cho Pan / Leungchopan (ca). **Getty Images:** Apic (cra); Mark Madeo / Future Publishing (crb). **172 Alamy Stock Photo:** Agencja Fotograficzna Caro (clb). **Getty Images:** Future Publishing (cla); Mark Madeo / Future Publishing (cr, br). **173 Alamy Stock Photo:** DJG Technology (c); Sergey Peterman (crb). **Dreamstime.com:** Alexander Kirch / Audioundwerbung (tr); Jovani Carlo Gorospe / iPad® is a trademark of Apple Inc., registered in the U.S. and other countries. (bc). **Getty Images:** SSPL (tl). **174 Alamy Stock Photo:** ukartpics (c). **Science Photo Library:** CERN (b). **175 Alamy Stock Photo:** Ian Dagnall (bl). © **CERN:** (tr). **Depositphotos Inc:** simpson33 (crb). **Getty Images:** AFP (cla). **176 Getty Images:** De Agostini Picture Library (cl); Science & Society Picture Library (br). **176–177 Getty Images:** Print Collector (c). **177 Bridgeman Images:** British Library, London, UK / © British Library Board. (cra). **Fotolia:** Sai Chan / Zoe (br). **Science Photo Library:** European Space Agency / Cnes / Arianespace, Service Optique (cr). **178–179 Alamy Stock Photo:** Jerónimo Alba. **179 123RF.com:** Leo Lintang (cb). **Alamy Stock Photo:** Christina Peters (cb/mixer). **180 Alamy Stock Photo:** Artokoloro Quint Lox Limited (tr); Science History Images (c). **Getty Images:** Science & Society Picture Library (bl). **181 Dorling Kindersley:** The Science Museum, London (l). © **Philips:** Philips Hue Lights / Philips Lighting (tr). **182 Getty Images:** Tim Graham (cl). **182–183 Candice Gawne:** (b). **183 123RF.com:** swavo (br). **Alamy Stock Photo:** Hemis (tc); Jason Lindsey (cla). **Dreamstime.com:** Tamas Bedecs (cra). **184–185 Getty Images:** China News Service. **186 Alamy Stock Photo:** Pictorial Press Ltd (tl). **Getty Images:** Science & Society Picture Library (cl). **186–187 Getty Images:** Chris Hunter (t). **187 Alamy Stock Photo:** Falkensteinfoto (cra). **Getty Images:** Bettmann (bc). **Rex Shutterstock:** Ernest K. Bennett / AP (cla). **188–189 Getty Images:** Bettmann. **190 Science Photo Library:** Science Source (cl). **190–191 Reuters:** David Gray (b). **191 Depositphotos Inc:** Studioarz (ca). **Dorling Kindersley:** The Science Museum, London (t). **192 Getty Images:** Bettmann (cla). **192–193 123RF.com:** Stefano Sansavini (b). **Getty Images:** Science & Society Picture Library (c). **193 123RF.com:** Ivanna Grigorova (bc); Andriy Popov (cr). **Getty Images:** Science & Society Picture Library (tc). **194 The Advertising Archives:** (cl). **iStockphoto.com:** Blacklionder

RINGRAZIAMENTI

(tl). **Rex Shutterstock:** Alex Lentati / Evening Standard (c). **195 Alamy Stock Photo:** Cultura Creative (clb); Science photos (tl); Rasoul Ahadi Borna (bc). **Getty Images:** Pictorial Parade / Archive Photos (c). **196 Getty Images:** Science & Society Picture Library (r). **197 Alamy Stock Photo:** Bamboofox (cra). **Getty Images:** DAJ (tl); Ryan McVay (clb). **Samsung Electronics:** (br). **198 Alamy Stock Photo:** Martin Lee (tr). **Getty Images:** Bert Hardy Advertising Archive (b). **199 123RF.com:** Anurak Ponapatimet (bc). **Alamy Stock Photo:** Felix Choo (c). **Depositphotos Inc:** Mrsiraphol (cla). **iStockphoto.com:** Dbhanu (cra). **200 Science & Society Picture Library:** Science Museum (tl). **200–201 Bridgeman Images:** Private Collection / © Look and Learn (b). **201 Alamy Stock Photo:** Korn Vitthayanukarun (cb). **Getty Images:** Science & Society Picture Library (cl, tr). **202 Tony Buckingham:** (cl). **Rex Shutterstock:** (crb). **TopFoto.co.uk:** (tl). **203 Alamy Stock Photo:** Randy Duchaine (br). **Dyson Ltd. 204 Getty Images:** Science & Society Picture Library (tr). **Mary Evans Picture Library:** (b). **205 Alamy Stock Photo:** Julian Ingram (clb); Pillyphotos (cra). **Rex Shutterstock:** Gavin Roberts / Future Publishing / iPad® is a trademark of Apple Inc., registered in the U.S. and other countries. (br). **206 Alamy Stock Photo:** Lynden Pioneer Museum (tl); Yakoniva (br). **Getty Images:** Science & Society Picture Library (c). **207 Alamy Stock Photo:** Design Pics Inc (br); Granger Historical Picture Archive (tc); D. Hurst (cl). **iStockphoto.com:** Gratomlin. **208 Alamy Stock Photo:** Heritage Image Partnership Ltd (c); Science History Images (bl). **Getty Images:** Yasuhide Fumoto (tr). **209 Alamy Stock Photo:** Tracey Lane (bl). **Dreamstime.com:** Bazruh (cb). **Getty Images:** STR (br). © 2019 The LEGO Group: (t). **210 Alamy Stock Photo:** Chris Willson (ca, bc). **Getty Images:** GamesMaster Magazine (cr). **National Museum of American History / Smithsonian Institution:** (clb). **211 Alamy Stock Photo:** B Christopher (cra); Mouse in the House (tc); Oredia (b). **212 Alamy Stock Photo:** ART Collection (cla). **Getty Images:** Otto Herschan (b); Science & Society Picture Library (cr). **212–213 Mary Evans Picture Library:** INTERFOTO / Sammlung Rauch (c). **213 123RF.com:** Alexghidan89 (c). **Ningbo JT Intelligent Sanitary Ware Technology Co., Ltd.:** (br). **214 Alamy Stock Photo:** Neil Baylis (c); John Frost Newspapers (br). **Getty Images:** Science & Society Picture Library (bl). **215 Alamy Stock Photo:** XiXinXing (br). **Getty Images:** Lambert (tr); Science & Society Picture Library (bc). **Mary Evans Picture Library:** Illustrated London News Ltd (cl). **216–217 Science Photo Library:** US PATENT AND TRADEMARK OFFICE. **218 123RF.com:** vitalily73 (tr). **Dreamstime.com:** Raja Rc (crb). **Getty Images:** Topical Press Agency (c). **Mary Evans Picture Library:** Illustrated London News Ltd (clb). **219 Bridgeman Images:** Peter Newark American Pictures (tr). **Dreamstime.com:** Ilja Mašík (c). **220 Depositphotos Inc:** pp_scout (tr). **Getty Images:** H. Armstrong Roberts / ClassicStock (cb). **iStockphoto.com:** Kyoshino (crb). **Science Photo Library:** (clb). **The Metropolitan Museum of Art:** Gift of J. Pierpont Morgan, 1917 (c). **221 123RF.com:** Ellirra (tl). **Alamy Stock Photo:** Igor Kardasov (cr). **Getty Images:** POWER AND SYRED / SCIENCE PHOTO LIBRARY (cb). **222–223 Getty Images:** Science Photo Library - SCIEPRO. **223 Alamy Stock Photo:** Phanie (cb/eye); Kumar Sriskandan (cb). **iStockphoto.com:** Annebaek (clb). **224 Dorling Kindersley:** Science Museum, London (crb). **Getty Images:** Petershort (cl); Ariel Skelley (bl). **Wellcome Images http://creativecommons. org/licenses/by/4.0/:** (tr). **225 Getty Images:** Hero Images (tl); Alfred Pasieka / SCIENCE PHOTO LIBRARY (r). **226 Alamy Stock Photo:** Science History Images (c). **Getty Images:** Paul Popper / Popperfoto (bc). **227 Dorling Kindersley:** RGB Research Limited (tr). **Science Photo Library:** Library Of Congress (clb). **Wellcome Images http://creativecommons. org/licenses/by/4.0/:** (c). **228 Getty Images:** Science & Society Picture Library (ca, bl). **228–229 Getty Images:** Universal Images Group (b). **229 Depositphotos Inc:** Simpson33 (crb). **Getty Images:** Science & Society Picture Library (tl). **iStockphoto.com:** Annebaek (tr). **230 Alamy Stock Photo:** Heritage Image Partnership Ltd (clb). **Wellcome Images http:// creativecommons.org/licenses/by/4.0/:** Science Museum, London (ca). **230–231 Wellcome Images http://creativecommons. org/licenses/by/4.0/:** Science Museum, London (c). **231 Getty Images:** BSIP (tr); Echo (cr). **Wellcome Images http://creativecommons. org/licenses/by/4.0/:** Science Museum, London (tl). **232 Alamy Stock Photo:** Everett Collection Inc (bl). **Getty Images:** Denver Post (c); Science & Society Picture Library (cr). **233 Alamy Stock Photo:** Joe Loncraine (br); Kumar Sriskandan (bl). **Getty Images:** Business Wire (cr). **Wellcome Images http://creativecommons. org/licenses/by/4.0/:** Science Museum, London (tl). **234 Alamy Stock Photo:** Pictorial Press Ltd (clb). **Dorling Kindersley:** The Science Museum, London (r). **Wellcome Images http:// creativecommons.org/licenses/by/4.0/:** Science Museum, London (tl). **235 Alamy Stock Photo:** The Granger Collection (clb). **Science Photo Library:** Custom Medical Stock Photo (tl); Dr Tony Brain & David Parker (br). **236 Depositphotos Inc:** Monkeybusiness (tr). **Getty Images:** Bettmann (b). **237 123RF.com:** Evgeniya Kramar (c); Tyler Olson (br). **Alamy Stock Photo:** Lowefoto (cla). **Wellcome Images http://creativecommons.org/licenses/by/4.0/:** Science Museum, London (tr). **238 Alamy Stock Photo:** Granger Historical Picture Archive (cl). **National Museum of American History / Smithsonian Institution:** (crb). **Science & Society Picture Library:** Science Museum (bl). **239 Alamy Stock Photo:** Phanie (cla). **Science Photo Library:** Peter Menzel (b). **240–241 Wellcome Images http://creativecommons. org/licenses/by/4.0/:** David Gregory & Debbie Marshall (b). **242 Getty Images:** Culture Club (bl); Science & Society Picture Library (c). **Wellcome Images http://creativecommons.org/licenses/ by/4.0/:** Wellcome Collection (tl). **243 Reuters:** Khaled Abdullah (br). **Science Photo Library:** TSGT. DOUGLAS K. LINGEFELT, US AIR FORCE (tr); NIBSC (cl). **244 Getty Images:** Douglas Miller (cla); Science & Society Picture Library (crb, bc). **244–245 Getty Images:** Heritage Images (c). **245 Alamy Stock Photo:** The Granger Collection (cr). **246 Getty Images:** Science & Society Picture Library (c). **Wellcome Images http://creativecommons.org/licenses/ by/4.0/:** Wellcome Collection (clb). **246–247 Wellcome Images http://creativecommons. org/licenses/by/4.0/:** Science Museum, London (b). **247 Getty Images:** Barcin (cl); Science Photo Library - PASIEKA (tl). **Science Photo Library:** British Dental Association Museum (r). **248 Alamy Stock Photo:** Interfoto (cla). **Getty Images:** Science & Society Picture Library (cb); Thomas Trutschel (br). **Science Photo Library:** (cra). **249 Alamy Stock Photo:** WENN Ltd (bc). **Getty Images:** Martin Hunter (r). **Science Photo Library:** Hank Morgan (tl). **250–251 NASA:** NASA / JPL-Caltech. **251 NASA:** (ca, ca/ISS). **Science Photo Library:** Babak Tafreshi (cla). **252 ESO:** ESO / J. Emerson / VISTA. (cra). **Getty Images:** SSPL (cla). **Science & Society Picture Library:** Science Museum (ca). **252–253 ESO:** ESO / F. Kamphues (c). **253 Alamy Stock Photo:** Archive PL (tr). **Getty Images:** Science & Society Picture Library (cra). **NASA:** (crb). **254 Alamy Stock Photo:** The Granger Collection (c); ZUMA Press, Inc. (br). **Getty Images:** Science & Society Picture Library (bc). **SuperStock:** Iberfoto (tl). **255 Alamy Stock Photo:** NG Images (cl). **ESO:** (bc). **NASA:** (tr). **256–257 ESO:** ESO / B. Tafreshi (twanight.org). **258 Getty Images:** Alinari Archives (br); Print Collector (cl); Stocktrek Images (c). **258–259 Wellcome Images http://creativecommons.org/licenses/ by/4.0/:** (c). **259 Depositphotos Inc:** Prill (cra). **260 Alamy Stock Photo:** SPUTNIK (crb). **ESA:** ESA / CNES / ARIANESPACE-Optique Video du CSG, P. Baudon (bl). **Science Photo Library:** Detlev Van Ravensswaay (t). **261 ESA:** ESA / ATG medialab (t). **NASA:** (clb). **262 Getty Images:** Science & Society Picture Library (cla). **Science Photo Library:** US GEOLOGICAL SURVEY (cb); US AIR FORCE (clb). **263 DLR (CC-BY 3.0):** (b). **NASA:** (tr). **Science Photo Library:** NASA (cl). **264 Getty Images:** SSPL (crb). **NASA:** (cl). **National Air and Space Museum, Smithsonian Institution:** (bc). **265 Alamy Stock Photo:** Everett Collection Inc (tl); imageBROKER (b). **266–267 ESA. 268 Getty Images:** SSPL (cl); Sovfoto / UIG (bl). **Rex Shutterstock:** Sovfoto / Universal Images Group (tr). **269 Alamy Stock Photo:** Newscom (2/ca); SpaceX (ca); PJF Military Collection (cra). **NASA:** (l). **270 Alamy Stock Photo:** RGB Ventures / SuperStock (cr). **Getty Images:** Hulton-Deutsch Collection / CORBIS (l). **271 Alamy Stock Photo:** NG Images (b). **Getty Images:** Stephane Corvaja / ESA (l). **NASA:** JPL / Martha Heil (tc). **Rex Shutterstock:** Scaled Composites (cr). **272 Getty Images:** SSPL (cla). **National Air and Space Museum, Smithsonian Institution:** (b). **273 Getty Images:** Scott Andrews (c). **NASA:** (clb, crb). **Science Photo Library:** Detlev Van Ravensswaay (tl). **274 ESA:** ESA / NASA (bc). **NASA:** (cr). **Science Photo Library:** SPUTNIK (cl). **275 Getty Images:** AFP (bl). **NASA:** (t). **Science Photo Library:** SPUTNIK (br). **276 Getty Images:** SVF2 (tr). **NASA:** (bl). **Rex Shutterstock:** Sovfoto / Universal Images Group (c). **276–277 NASA:** (b). **277 NASA:** (ca, tr). **278 NASA:** (l, crb, bl). **279 NASA:** (tl, cra). **Rex Shutterstock:** George Frey (b). **280 ESA:** ESA–Pierre Carril (cla). **NASA:** (br); NASA / MSFC / David Higginbotham (cb). **281 NASA:** Bill Stafford (c). **282 123RF.com:** Valentin Valkov (clb). **Alamy Stock Photo:** Jurate Buiviene (tr); sportpoint (bc). **282–283 Getty Images:** Shaunl (b). **283 Alamy Stock Photo:** Björn Wylezich (ca). **284 Alamy Stock Photo:** Granger Historical Picture Archive (c). **NASA:** ARC (crb). **Science Photo Library:** GIPhotoStock (tl). **285 NASA:** (cl); JPL-Caltech / University of Arizona (tl); JPL-Caltech / MSSS (r). **286 ESA:** (tr). **NASA:** NSSDCA / COSPAR (c, bc). **286–287 NASA:** JPL-Caltech / SwRI / MSSS / Kevin M. Gill (b). **287 Getty Images:** ESA (tc). **NASA:** Johns Hopkins University Applied Physics Laboratory / Southwest Research Institute (JHUAPL / SwRI) (cr); NASA / JPL (cl). **292 Getty Images:** Science & Society Picture Library (bc). **293 Getty Images:** Chris Hunter (tc). **294 Alamy Stock Photo:** Granger Historical Picture Archive (bl). **Dreamstime.com:** Tamas Bedecs (tc). **295 ESO:** ESO / F. Kamphues (tr). **296 Dreamstime.com:** Alexander Kirch / Audioundwerbung (tr). **297 Getty Images:** Alfred Pasieka / SCIENCE PHOTO LIBRARY (br). **298 Alamy Stock Photo:** Mouse in the House (bc). **299 Dreamstime.com:** Anurak Anachai (tl); Mphoto2 (br). **300 Dorling Kindersley:** Ernie Eagle (br). **301 Depositphotos Inc:** Mimadeo (br)

Per tutte le altre immagini © Dorling Kindersley
Per ulteriori informazioni:
www.dkimages.com